解密游资
思维模式与操盘技法

屠龙刀◎编著

中国宇航出版社
·北京·

版权所有　侵权必究

图书在版编目（CIP）数据

解密游资思维模式与操盘技法 / 屠龙刀编著.
北京：中国宇航出版社，2024.8. -- ISBN 978-7-5159-2411-3

Ⅰ．F830.91

中国国家版本馆CIP数据核字第2024V0K375号

策划编辑	卢　珊		封面设计	王晓武
责任编辑	吴媛媛		责任校对	谭　颖

出版发行	**中国宇航出版社**			
社　址	北京市阜成路 8 号		邮　编	100830
	（010）68768548			
网　址	www.caphbook.com			
经　销	新华书店			
发行部	（010）68767386		（010）68371900	
	（010）68767382		（010）88100613（传真）	
零售店	读者服务部			
	（010）68371105			
承　印	三河市君旺印务有限公司			
版　次	2024 年 8 月第 1 版		2024 年 8 月第 1 次印刷	
规　格	710×1000		开　本	1/16
印　张	12.5		字　数	185 千字
书　号	ISBN 978-7-5159-2411-3			
定　价	49.00 元			

本书如有印装质量问题，可与发行部联系调换

前 言

游资并不神秘。与散户相比，游资的资金体量大，对股价走势的影响力也较大，而与主力机构和基金相比，游资又仅仅相当于较大的散户而已。但不可否认的是，游资目前正以其特有的方式参与A股市场，并成为活跃市场的重要力量。

通过近些年对游资的追踪和了解发现，这类资金具有如下几个共同特征。

第一，在操盘方面，以短线交易为主，绝不恋战。持股周期非常短，从两个交易日到十几个交易日不等。

第二，以抢入涨停板为主要攻击手段。很多顶级游资都是龙虎榜的常客就是一大明证。

第三，以市场热门股票为主要标的。游资操作的股票，绝大多数都不是绩优股，很少具备长期投资价值，游资入场也并非看好其未来的投资价值，而仅仅是为了在下一个交易日或几个交易日内可以卖出更好的价格。同时，由于游资进出的资金量相对较高，这就要求这些股票的换手率必须高，否则无法完成出货。

以上种种要求，决定了游资操作的个股必然是市场的热门股票。

人的思维决定行为。游资之所以采取这种交易策略，从本质上来讲，与其特有的思维模式有直接的关系。也就是说，正是游资所持有的与散户完全不同的思维模式，决定了游资与众不同的交易策略和交易方法。游资的交易思维模式概括起来，可以分为投机思维、合力思维、概率思维、赢家思维、短线思维、龙头思维、打板思维等。

虽然游资的思维体系中有些比较有特点，有些并没有什么新奇，然而即使是最普通的思维模式，游资与散户的理解也会有所不同。比如，很多散户也都秉持短线思维，但在游资的世界里，短线思维只是最基础的一种思维模式，所有的交易都是短线交易，最简单的短线交易模式就是"今日进，隔日出"。假如次日股价出现下跌，那么游资会干脆地、毫不留情地出货，而不会幻想可能出现的反弹。尽管散户中也有很多人秉持这一思维，但在交易过程中总会拖泥带水，明明股价朝着自己预期相反的方向运行了，还在等待未来可能的反弹；有些人按照短线交易模式选股并入场，但被套牢后又开始做中线或长线。也就是说，散户并没有努力践行这种短线思维。其他的思维模式也是如此。

研究游资的思维模式，就是要努力用游资的思维武装自己，进而改变自己的交易行为。即使其中有些思维对散户并不适用，但散户仍可通过市场和股价盘面的波动来感知这些思维所发生的作用，并修正自己的交易行为。

俗话说，七亏二平一盈利。在市场上，十个散户中至少有七个是亏钱的。也就是说，当我们的思维离普通散户越远时，也就离盈利更近了一步，而脱离散户思维模式的有效办法就是努力研究游资思维，因为游资也属于散户群体中特殊的一员。

目 录

第一章 游资底层思维模式及应对策略

第一节 游资底层思维模式 / 2
一、投机思维：游资交易的本质 / 3
二、合力思维：游资的内在驱动因素 / 4
三、概率思维：努力追求最大获胜率 / 6
四、赢家思维：与赢家为伍，而不是散户 / 7
五、短线思维：小资金做大的最佳途径 / 8
六、龙头思维：与强者同行，方可成为强者 / 10
七、打板思维：打板，打的就是确定性 / 11

第二节 正确理解与应用游资思维 / 12
一、正确理解游资的思维模式 / 12
二、单纯跟风游资是危险的 / 13
三、找到适合个人特点的操作模式 / 15

第二章 投机思维：简单而纯粹的交易

第一节 投机思维的本质 / 18
一、投机的核心——低买高卖 / 18
二、赚钱的核心逻辑 / 22

第二节　投机思维的衍生思维 / 24
　　一、投机思维与概率思维 / 24
　　二、投机思维与短线思维 / 27
　　三、投机思维与强势股、打板思维 / 28

第三节　投机思维的操作策略 / 31
　　一、构建稳定的交易系统 / 31
　　二、资金、仓位与分仓 / 32
　　三、止损与小赔大赚 / 35

第三章　合力思维：游资时代的新思维

第一节　合力思维与股价涨跌 / 39
　　一、合力思维与市场情绪共振 / 39
　　二、合力思维的精髓——顺势而动 / 40

第二节　量能变化看资金合力 / 43
　　一、换手决定高度 / 43
　　二、量能与一字连板股 / 45

第三节　合力思维操作策略 / 46
　　一、合力思维与板块龙头股的炒作 / 46
　　二、热点题材必是多路资金的交汇点 / 50

第四章　概率思维：追求大概率事件

第一节　概率思维与股市盈利 / 54
　　一、炒股就是炒概率 / 55
　　二、技术分析与概率论 / 57

第二节　涨停概率论 / 59
　　一、涨停板走高的概率 / 59
　　二、连续涨停的概率 / 61

三、行情与涨停概率 / 63

　　四、游资向左，散户向右 / 64

第三节　追随大概率，站在胜利者一方 / 66

　　一、不会空仓永远做不大 / 66

　　二、神奇的复利效应 / 66

　　三、寻找确定性：打板与做核心 / 68

第五章　赢家思维：用赢家视角审视交易

第一节　赢家思维的核心 / 72

　　一、忽视大盘，重视板块题材 / 72

　　二、市场差不可怕，就怕题材多 / 74

　　三、寻找并固化交易模式 / 76

　　四、赢面越大，仓位越大 / 78

第二节　散户情绪波动与游资操盘 / 79

　　一、赚钱效应与游资借势 / 79

　　二、恐惧心理与游资借势 / 82

　　三、羊群效应与游资借势 / 86

第三节　赢家是如何操盘的 / 89

　　一、跟对热点，反复操作 / 89

　　二、小波段，高频交易 / 91

　　三、踏着首个涨停入场 / 92

　　四、滚动操作，循环获利 / 94

　　五、标准的超短线作业 / 96

第六章　短线思维：小资金滚大的捷径

第一节　短线思维的核心 / 101

　　一、炒股基本靠势 / 101

二、超短是快速做大的最佳途径 / 102

　　三、空仓即主动 / 104

　　四、短线的基础是市场情绪 / 105

　　五、短线不讲技术，只讲故事 / 107

第二节　短线看盘的核心参数 / 109

　　一、成交量：短线强势股的血液 / 109

　　二、5日均线：短线牛股的生命线 / 111

　　三、板块：寻找强势板块 / 114

第三节　游资短线交易思路与策略 / 116

　　一、寻找并磨炼自己的交易模式 / 116

　　二、控仓与止损是短线交易持续的关键 / 118

　　三、有利则止，积少成多 / 121

　　四、滚动交易，让盈利倍增 / 123

第七章　龙头思维：与强者同行

第一节　龙头思维与龙头股 / 127

　　一、龙头股，整个行情的"旗帜" / 127

　　二、人心所向，牛股所聚 / 130

　　三、多维共振，龙头出世 / 131

第二节　龙头股是如何炼成的 / 133

　　一、三板分化原则 / 133

　　二、龙头股必须爆量 / 135

　　三、龙头股有多条命 / 137

　　四、龙头股的生命周期 / 139

第三节　如何选到龙头股 / 141

　　一、龙头股的典型特征 / 141

　　二、新题材易出龙头股 / 143

三、大题材出大龙头 / 144

四、想象空间大的题材 / 145

第四节　龙头操盘战法 / 147

一、抢大龙头 / 148

二、接力龙头股 / 150

三、龙头股二次启动 / 151

四、龙头首阴战法 / 153

五、龙头不倒，行情不灭 / 155

第八章　打板思维：实现最大确定性

第一节　打板思维与股票涨停板 / 160

一、打板最好要有板块效应 / 160

二、打板成功率提升三要素 / 162

三、为何会有那么多人追捧打板 / 165

四、选择打板就是选择确定性 / 169

第二节　游资经典打板战法 / 171

一、追涨热点，短线的基本操作 / 171

二、游资经典打板术 1：涨停打板 / 174

三、游资经典打板术 2：快速涨停第一板 / 175

四、游资经典打板术 3：龙头分化打板 / 177

第三节　游资打板实操案例 / 182

一、赵老哥：超短线打板获利 / 182

二、上海溧阳路：强攻第二波 / 184

三、首板挖掘：风格偏向首板 / 186

四、炒新一族：偏好新股一字板 / 187

五、炒股养家：引领补涨行情 / 188

第一章
游资底层思维模式及应对策略

很多散户投资者在对游资的学习与研究中，都投入了大量的时间和精力，但实际效果未必理想。虽然每个人都有不同的原因，但是缺少对游资底层思维模式的研究，片面地、机械地追踪游资炒作的股票，往往是交易亏损的重要原因。

第一节　游资底层思维模式

其实，从股市诞生伊始，市场上就有类似游资一样投机交易者的存在。目前，市场上的很多游资，都是在经历了股市洗礼幸存下来的。这些游资之所以能够生存下来，必然有其遵循的操盘法则。不同的游资，其所坚持的法则可能有所不同，但核心的底层思维模式是相似的。

通常来说，游资所秉持的底层思维模式包括但不限于以下几项，如图 1-1 所示。

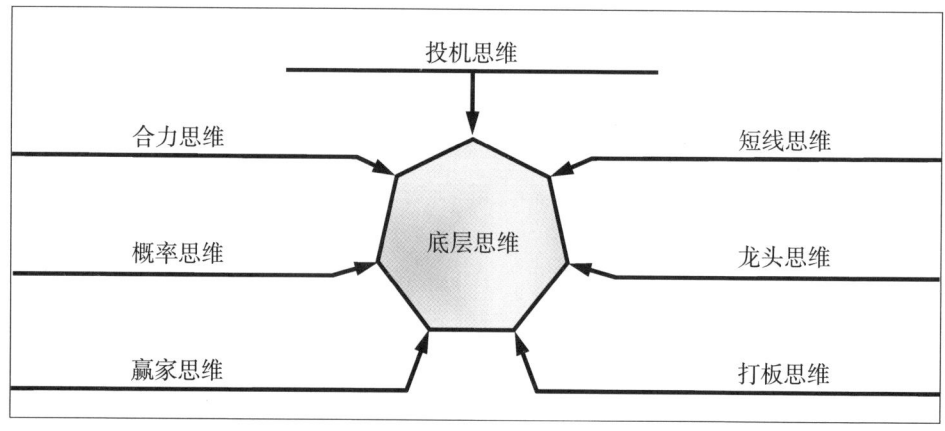

图 1-1　游资底层思维模式

一、投机思维：游资交易的本质

无须讳言，游资交易本身就是一种投机活动。尽管股票交易活动在一定程度上属于典型的投资活动，但游资的交易与投资完全不相干。很多散户在追踪游资交易的股票时，总是会存在这样的不解：很多股票的价格已经明显高于内在价值了，游资为什么还在追？

在游资的思维体系中，一只股票要不要买入，并不取决于其有多大的内在价值，而是取决于有没有人愿意用更高的价格买入股票。这就有些类似于击鼓传花式的投机了，但这就是游资交易的本质。这也是很多散户在心里无法接受游资交易逻辑的原因。很多投资者在交易过程中，会考虑股票本身的质地、价值、技术指标的超买等，但在游资的眼中，这些都不重要，在恰当的时间，有一个合适的故事，只要认为还能继续找到接盘的人，那么这只股票就有炒作的价值。

下面来看一下华生科技的案例，如图1-2所示。

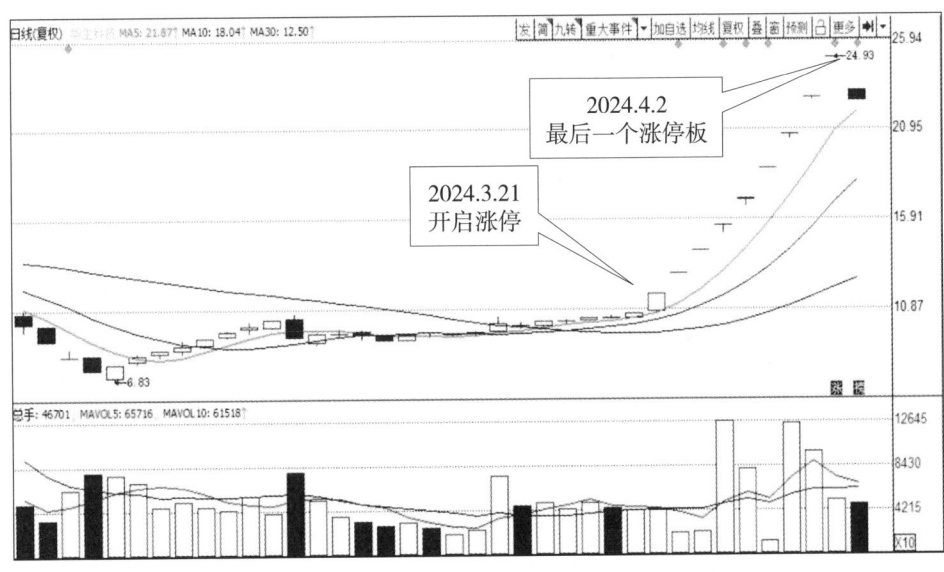

图1-2 华生科技（605180）日K线走势图

华生科技自2024年3月21日开始，连续拉出9个涨停，直至4月2日最后一个涨停。该股炒作的起点，是市场对低空经济概念的挖掘。开始时，市场传闻华生科技有降落伞业务，带有一定的低空经济色彩。后面即使华生科技一再声明，该公司没有涉及降落伞业务，但市场依旧延续着对该股的炒作。

在该股整个强势上攻期间，多家知名游资所处的营业部参与了对该股的炒作。登上龙虎榜前五位的游资有诸如苏南帮（东海证券南京洪武北路证券营业部）、秋千（财通证券台州滨海西路证券营业部）、涅槃重生（上海证券苏州人民路证券营业部）、炒股养家（华鑫证券上海茅台路证券营业部）、成都系（国融证券青岛分公司）、益田路（华鑫证券深圳益田路证券营业部）、宁波和源路（甬兴证券宁波和源路证券营业部）、粉葛（东亚前海证券深圳分公司）等，可谓群英聚会了。

其实，对于这些游资来说，该公司即使有降落伞业务，其股票仍处于被高估状态。但是当时这只股票属于市场的大龙头股，聚集了大量的人气和热度，有大量的资金仍旧看好股价的进一步上攻，赚钱效应凸显，使得游资愿意入场参与这只股票的炒作。

二、合力思维：游资的内在驱动因素

合力思维，本意是指汇集各方资源和观点，共同解决问题，以期实现共同的目标。在游资领域，这一思维与通常的定义有所区别。游资领域的合力思维实质上是一种合力打板思维，即通过众多游资加上散户的力量，共同推动股价触及涨停板。

很多投资者也许并不理解游资的这一思维。毕竟这些游资少则几亿元的资金体量，大则几十亿元的资金，凭借个人力量有时也可以完成打板，那为何要把到嘴的肉分给别人吃呢？其实，这就是游资的高明之处。

游资凭借个人力量拉升股价就是吃独食，不给其他游资机会。在K线图上倒是比较容易发现这类股票，就是通过一字板连续涨停的股票。倒不是说操作这类股票的游资不需要其他资金，只是这些游资在操盘方面的做法较为激进，基本上都是早早地用大单封住涨停板，其他游资想买入也没有多少机会或者只能买入很少的股票。

这类股票大多有一个共性的问题，就是当一字板终结时，往往就是股价到顶的时刻。因为操作这些股票的游资没有给其他游资机会，那么，当股价达到高位后，其他游资也就不愿意入场接盘了。大家知道，市场上的龙头股其实都是游资接力炒作形成的，如果没有其他游资入场接盘，那这类股票势必走不远。

下面来看一下长江投资的案例，如图1-3所示。

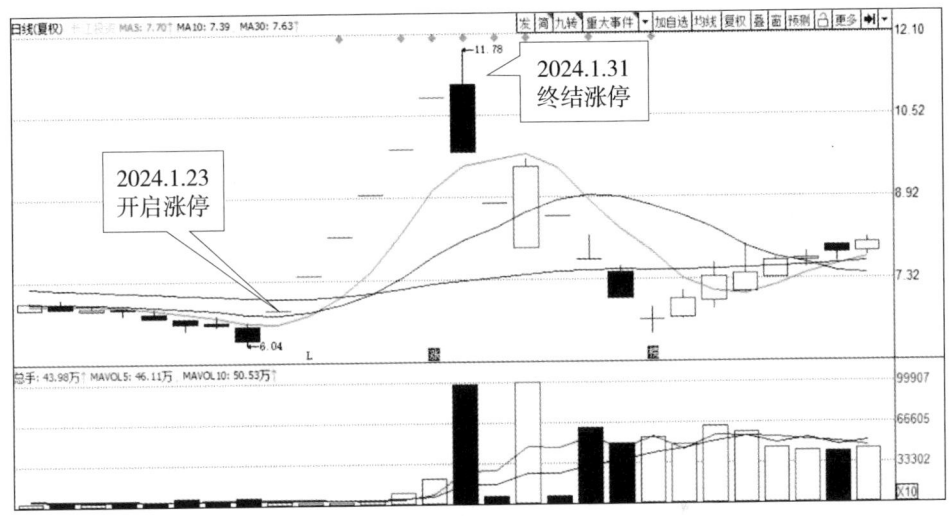

图1-3　长江投资（600119）日K线走势图

2024年1月下旬，上海本地股出现了一波大幅上涨行情。长江投资的股价在2024年1月23日直接一字封板。随后的几个交易日里，该股股价也都是以一字涨停板上攻。别说是普通散户，就是很多游资也无法入场。

到了2024年1月31日，该股的一字板被砸开。表面上来看，该股给了其他投资者入场的机会，但此时的风险已经相当大了。当日入场的投资者全部被套牢在高位，随后该股股价出现了一波单边下跌走势。

也就是说，这类缺少资金合力运作的股票，一旦涨停终结，常常会很快转入直线下跌通道。

再来看一下艾艾精工的股价走势情况，如图1-4所示。

2024年3月初，新质生产力、新型工业化概念股出现了一波大幅上涨行情，艾艾精工成为这波行情的龙头股。该股股价从 2024 年 3 月 5 日强势封板开始，连续拉出 13 个涨停板。不过，该股的涨停板与前面介绍的长江投资完全不同。艾艾精工在上攻过程中，每天都有打开涨停板的时间，每天都有大量成交。也就是说，在该股上攻过程中，想要进入该股或离开该股都有机会。

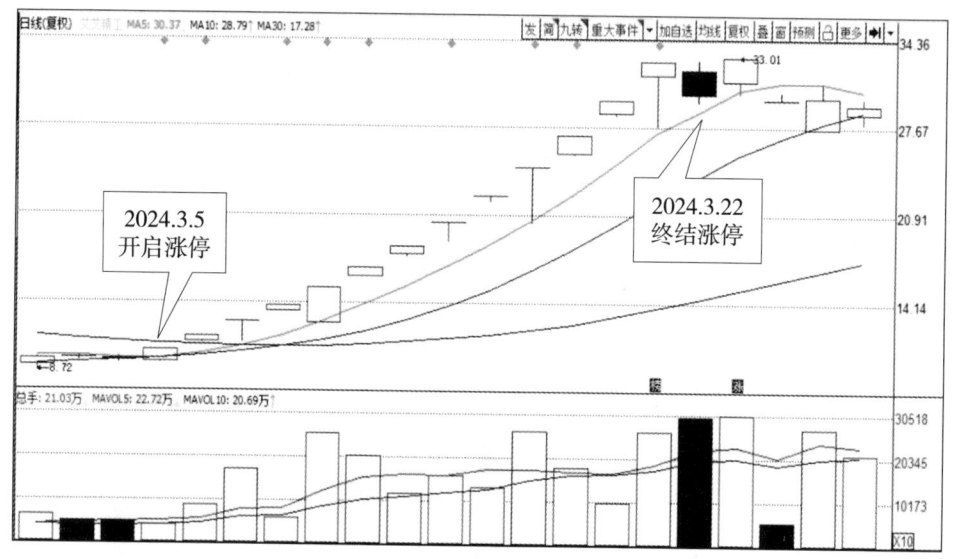

图 1-4　艾艾精工（603580）日 K 线走势图

到了 2024 年 3 月 22 日，该股股价终结了涨停趋势，但仍给了投资者出逃的机会，这就是游资合力运作的股票。股价的持续涨停，就如同"击鼓传花"一样，从这波游资传到下一波游资。大家都有赚钱的机会，才会有游资愿意入场接手，股价才会走得更远。

其实，回顾市场上的大龙头股，无一不是在游资合力思维运作下产生的。

三、概率思维：努力追求最大获胜率

概率思维，从本意上来讲，是指利用数学统计中概率论的方法思考分析问题的一种思维。最简单的一个例子就是抛硬币。正常情况下，当你抛出硬币后，出现正面和反面的概率都是 50%。那么，你抛硬币的次数越多，你获得的正面或反面的概率就会越接近于 50%。因此，当一个人让我们猜硬币正

反面时，大家都清楚，自己获胜的概率也就是 50% 左右，这就是最简单的概率思维。

从理论上来说，做交易买入股票后，股价无非就是上涨或下跌两种可能，那么盈利的概率也应该是 50%。但从以往的经验来看，并非如此。由于市场上充斥着各类信息、交易分析工具、交易指标等，这就让投资者在判断股价时无法做到完全客观。那么，经过各种分析，投资者盈利的概率是不是会大于 50% 呢？事实并非如此，这主要是由于市场充斥的信息都为主力、机构，甚至上市公司想让投资者了解的信息，对于有些信息，却被有选择性地隐藏了，这就使得投资者猜股价涨跌时，明显会受到诱导，使得盈利概率低于 50%。事实上，股市中经常所说的"一赢二平七亏损"才是普通投资者真正的盈利概率，即普通散户中 70% 的人会面临亏损的情况，这就是概率。因此，每个在市场中苦苦挣扎的投资者所做的就是努力提升自己的获胜概率。游资所做的也是如此。

游资所做的就是通过各种分析和计算，找寻获胜概率最大的交易方式。也许很多投资者不理解，为什么游资那么热衷于打板交易。其实在游资的概率体系中，打板交易是盈利概率较大的一种方式。有的游资喜欢使用打板，有的游资喜欢低吸，还有的游资喜欢撬板，都是因为他们已经熟练掌握了自己的交易战法。他们确信通过这些模式交易股票，获胜的概率会超过 50%，甚至 70%，这样他们才会入场交易。

当然，这里还有一点应该注意：没有一种交易模式能够百分百盈利，因此，游资会努力控制单只股票的仓位，避免因单只股票交易失败对整个资金仓造成较大的损失。

四、赢家思维：与赢家为伍，而不是散户

散户与游资最大的区别在于思考问题的方式和角度。看见某一类或某只股票出现利好消息时，散户总是会积极做多看涨，而游资更多的则会分析背后的原因，而后再决定自己的交易策略。这也是我们常常看到，明明一只股票出现了较大的利好消息，股价也同步给出了高开的反应，但当散户入场追

涨买入时，股价却步步走低，最后甚至可能会以阴线收盘。其实这类股票之所以低收，就是由于主力资金趁机出货造成的。

从这个角度来说，如果我们的想法与大多数散户一样，那么，非常不幸，我们的思维只能是赔钱的那70%。也就是说，要想在股市中生存下来，就必须学会换一种思维，拒绝散户思维，才能成为赢家。

在股票交易市场上，想要交易时，只能是股价在未来一到两个交易日内上升的可能更大，甚至超过80%才行，即这只股票已经呈现出了上攻的迹象或趋势。没有其他理由。事实上，很多散户总是轻信自己的预判，总是感觉某只股票要涨了，某只股票回调到位了，某只股票已经严重超跌要反弹了，等等。这些其实都是赢家思维的对立面。

五、短线思维：小资金做大的最佳途径

短线交易，被认为是最适合小资金散户的交易模式。散户资金体量小，如果不能实现快速翻滚，那么可能永远都无法真正地在股市中立足。假如你有2万元资金，若是从事长线交易，也许两三年时间才能赶上一波大的行情，就是股价上涨了30%，也就盈利了6000元。而从事短线交易则不同，若操作得当，能让资金快速翻滚起来，可能一年就可以翻一番，甚至更多，这样资金就会慢慢滚大。

看看市场上游资大佬们的成长史，很多游资大佬其实都是从几万元的小资金做起来的，而且无一例外都是通过短线交易实现的。当你将交易定位为短线交易（比如隔日交易或三日内交易），那么，考虑到资金的复利效应，就可以将盈利目标降低，再降低。通常只要能够覆盖交易费用略有盈余就可以卖出，长期坚持下来，收益就会慢慢滚大。而且你若如此交易，就会发现自己对盈利预期、仓位控制、止损等都有了一个新的理解。

短线交易，无论盈利或亏损都要快速撤出，这样你也许就不会再考虑加仓，也不会考虑股价该止损时要不要止损的问题了。总之，当你用真正的短线思维来考虑问题时，你的交易一定会发生改变。

下面来看一下引力传媒的案例，如图1-5所示。

第一章 游资底层思维模式及应对策略

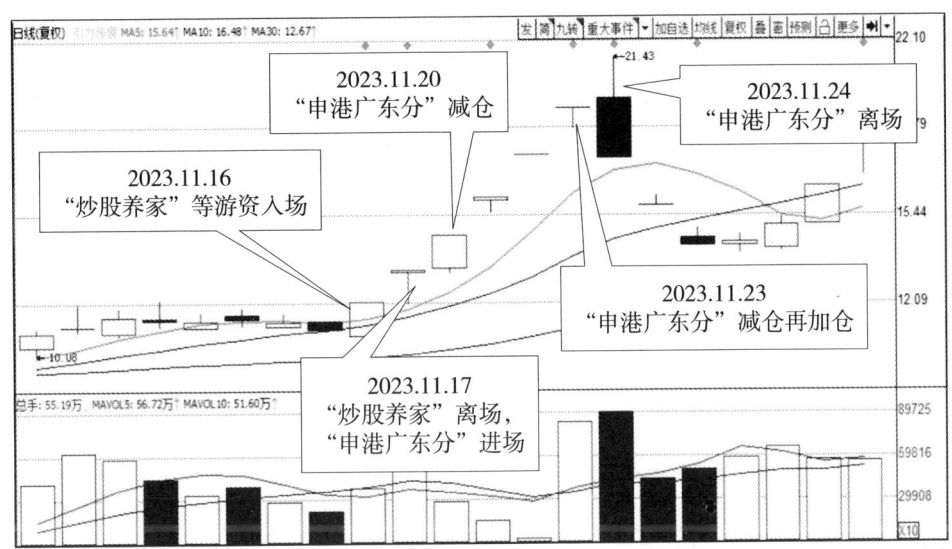

图 1-5 引力传媒（603598）日 K 线走势图

引力传媒属于 2023 年 11 月中旬的经典大牛股。该股股价自 2023 年 11 月中旬启动，第一波上涨至 2023 年 11 月 24 日终结。按照一般投资者的理解，该股自 11 月 16 日拉出涨停，著名游资"炒股养家"入手了 1514 万元；次日也就是 11 月 17 日，"炒股养家"卖出了 1636 万元，隔日交易盈利 122 万元，盈利 8 个点。

再来看另一路游资"申港广东分"的交易情况。11 月 17 日，游资"申港广东分"买入了 2249 万元，11 月 20 日，"申港广东分"卖出了 770 万元；11 月 23 日，卖出了 2677 万元，又加仓买入了 2016 万元；11 月 24 日，该游资全数清仓 2206 万元。整个交易过程盈利达到了 1388 万元。可谓收益颇丰。

综合观察两路游资的交易过程可以发现，两路游资在交易引力传媒过程中都形成了较多的盈利。但这两路游资都没有一直持股不动，哪怕该股整个上攻过程仅有 7 个交易日，这些游资几乎每个交易日都在交易，都在应对可能出现的风险。

其实，这已经不是短线交易了，而是超短线交易，只要有盈利就可以撤出。撤出后，若发现买入该股还能盈利，就重新再买入。如此反复。这就是短线思维的核心精要，即永远只看次日能否盈利，能盈利就买入，不能盈利就卖出，不多持有一天股票。

六、龙头思维：与强者同行，方可成为强者

龙头思维，即以市场主要龙头股，甚至总龙头股为交易目标的交易模式。相对于其他股票来说，龙头股往往拥有最大的涨幅空间、最好的交易机会，甚至很多龙头股还会为投资者预留足够的出逃空间。

通常来说，在一波主线行情的演绎过程中，大龙头股的连续涨停板数量能够达到 9 个；而同题材的二线龙头股最好也就 6 个左右；其他起涨的股票也就产生一到两个涨停板。大家不要以为涨停板少的股票会比涨停板多的更安全，事实上，那些只有两个涨停板的股票，跌下来的时候，跌幅可能会更大。反倒是一些龙头股，特别是大龙头股，即使终结涨停趋势，也不会立即转入直线下跌走势。换句话说，龙头股在同类题材上攻时，涨幅最大；在下跌时，跌幅却不一定最大，这样的股票又有谁不爱呢？

下面来看一下圣龙股份的案例，如图 1-6 所示。

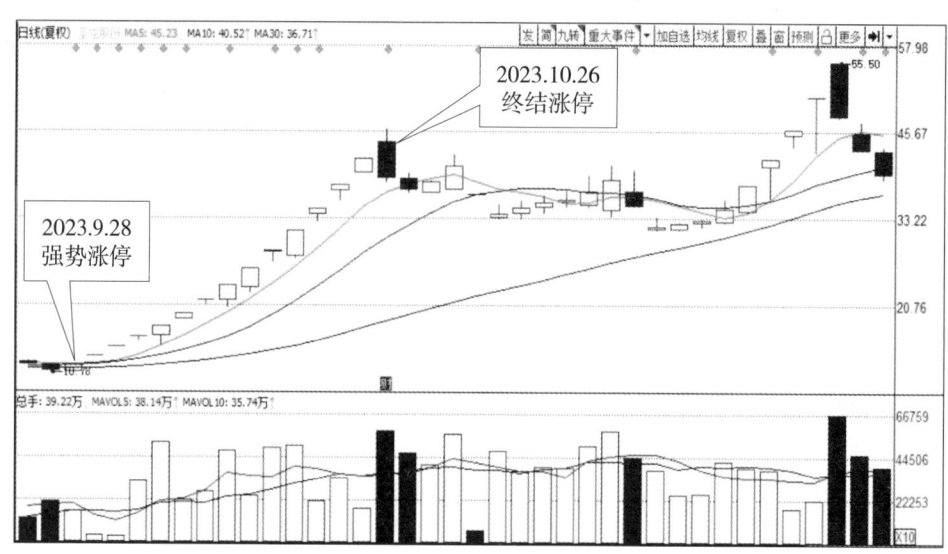

图 1-6　圣龙股份（603178）日 K 线走势图

2023 年 9 月底，市场上出现了一波炒作新能源汽车零部件概念的热潮，圣龙股份成为这波行情中的大龙头。该股股价自 9 月 28 日强势涨停后，一

共拉出 14 个涨停板。与很多股票的涨停不同，圣龙股份只在初期拉出两个一字板外，更多的涨停板都伴随着巨大的成交量与换手率，也就是说，投资者想要进出都有足够的机会，这就是典型的龙头风采。

到了 10 月 26 日，该股股价终结了涨停趋势，并以大阴线报收。该股股价并未直接转入下跌趋势，而是经历了一波较长时间的振荡后，又出现了二度上攻。这就意味着高位入场的投资者也有足够的机会出逃，甚至还有盈利的可能。

很多游资大佬都曾这样形容龙头股：龙头股不套人，而且还有多条命。这也是很多投资者，特别是游资喜欢炒作龙头股的原因。

七、打板思维：打板，打的就是确定性

理解了游资的概率思维和短线思维后，就应该清楚这样一件事：游资努力寻求的就是能够实现资金稳定增长的模式。只要资金能够增长（最好每天都能增长），哪怕只有一点点，也可以通过资金的复利效应将资产滚大。因此，那些确定性较高的交易模式就成了游资的首选。何为确定性较高的模式？是指当日买入，次日股价一定会冲高的交易模式。放眼整个市场，能够实现这一模式的方法，可能就要数打板交易了。

股票的涨停板是如何形成的？这与我们股市的交易规则有直接的关系。市场监管机构为了防止股票被过度炒作，而为各类股票分别设置了涨跌停板制度，即当一只股票涨幅达到最高限度后，再高的买价就会成为无效买单。因此，当股票涨停时，在买一位置就会聚集大量买单。这些买单都是因为看好股价后面的走势，想要买入该股，但在当日又无法以更高的价格买入而形成的单子。这些想要买入又未能成交的单子，就构成了次日股价上攻最重要的推动力量。也正因如此，多数涨停股票，次日都会出现冲高的走势，甚至再度封上涨停板。相对于其他股票价格走势来说，这就是较大的确定性，也是游资喜欢打板的重要原因。

下面来看一下白银有色的案例，如图 1-7 所示。

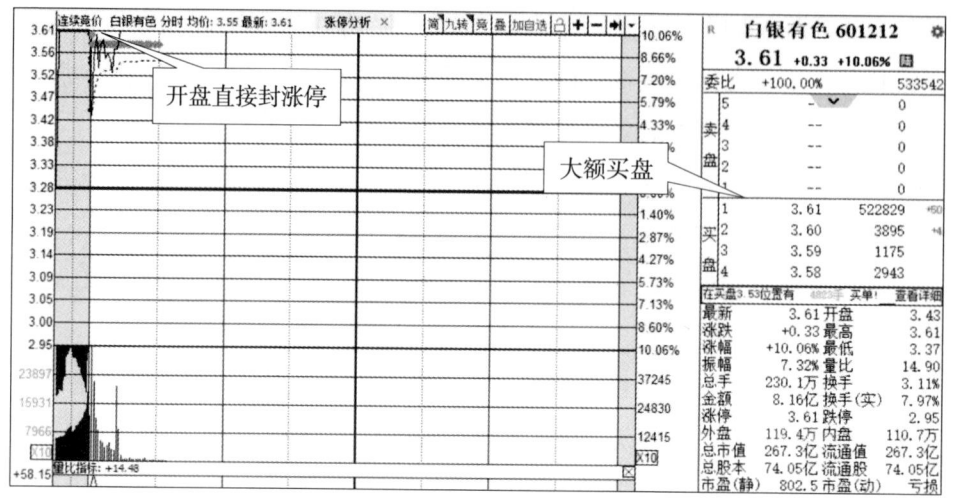

图1-7　白银有色（601212）分时走势图（2024.4.8）

白银有色的股价在2024年4月8日早盘高开后，经过一波振荡立即封上了涨停板。在买一位置聚集了超过52万手的大买单。这就意味着这些买一位置的买盘，在当日未成交的，次日还会继续买入，这就有了推动股价进一步上升的基础力量，次日股价走高的概率较高，而游资的打板思维恰恰就是为了买入这种确定性。

第二节　正确理解与应用游资思维

学习与了解游资的思维模式，并不是要照抄照搬游资的思维模式，并按照其操作方法去操作股票，而是要正确理解，并有选择地加以应用。

一、正确理解游资的思维模式

正确理解游资的思维模式，需要认清以下几点。

第一，游资的思维和操盘的出发点几乎是完全站在散户对面的。相对于机构资金，游资资金的规模并不大，因此，游资参与炒作的股票多数都是没有机构资金参与的标的。这类股票的股权除了大股东的股份外，多数都分散在散户手中。因此，游资的思维模式，主要就是考虑如何吸引散户和其他游资跟风，如何顺利撤出股票。当然，这其中也存在游资之间的博弈，但归根结底，无论通过何种方式，游资是不会被套牢在高位的，被套在高位的还是普通散户。游资宁肯止损割肉，也会选择坚决离场，而不是坐等股价涨回来。这也是游资与散户最主要的一个区别。

第二，从某种意义上来说，游资就是规模较大的散户。因此，游资的思维模式、操盘方法都可以为广大散户提供借鉴。特别是一些短线操盘思维、龙头股思维、概率思维等，都可以为散户的操作提供重要参照。散户，特别是小资金散户要想在股市中生存下来，就需要运用一些短线思维，学会找到确定性较高的交易模式，控制好资金仓位，借助资金的复利效应将自己的资产滚大。

第三，游资的思维模式是建立在其巨大的资金量前提下的。这点是普通散户无法企及的。游资可以通过抛出股票以测试市场的承接能力，也可以通过大笔买入将股价迅速拉升，甚至直接封到涨停板，这些都不是以散户的能力能够办到的。同时，相对于普通散户投资者来说，游资的资金体量很大，在交易开户时可以对证券营业部有所选择，并要求其给予较为优惠的交易费用。对于普通小散来说，若使用短线或超短线交易，加之本金相对较少，还要考虑分仓的问题，这就使得交易费用可能会侵占一定的本金或交易利润。

二、单纯跟风游资是危险的

市场上从来不乏跟风游资者，并不是说跟随游资不好，只是对于散户来说，很难第一时间掌握游资的动态。因为你能够获得消息的时间，最快也要在交易日收盘之后。你要买入的话，就需要在次日开盘后，等你买入股票，可能游资早跑了。

下面来看一下安记食品的案例，如图1-8所示。

安记食品的股价在2023年12月初出现了一波异动走势。12月12日，安记食品的股价强势涨停，给人一种股价即将大幅上攻的感觉。当日，该股还登上了沪深两市的龙虎榜，这就让很多散户了解到拉升该股的主力资金来源，如图1-9所示。

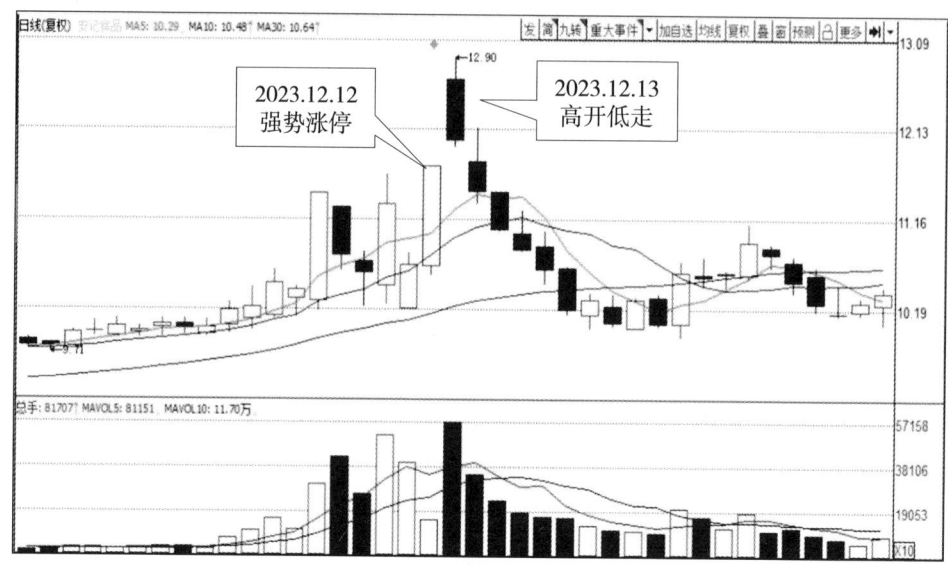

图1-8 安记食品（603696）日K线走势图

图1-9 安记食品（603696）龙虎榜数据（2023.12.12）

从图1-9中可以看出，安记食品在12月12日涨停当日，多路游资入场抢筹，知名游资"炒股养家"也参与其中。这就让很多散户对该股后市的走势产生了很多期待。不过，由于A股执行的是"T+1"交易制度，游资在12

月12日买入的股票，12月13日可以卖出；而散户看到游资12月12日入场后，最快也要在12月13日买入，想要卖出只能等12月14日。喜欢追涨散户所面对的情形，游资是心知肚明的，他们要做的就是在12月13日开盘后，先来一波拉升，引诱散户入场，就可以顺利完成出货了。至于出货后股价是否上涨，他们是不会再考虑了，毕竟他们已经完成了一次成功的短线交易。

三、找到适合个人特点的操作模式

喜欢研究交易模式的投资者可以发现，游资有游资的交易模式，机构有机构的交易模式，一些做得比较成功的散户也有自己的交易模式。这些模式可能大相径庭。市场上比较流行的交易模式也都不乏追捧者，有很多应用这些模式取得较好业绩的投资者。

总之，几乎每种交易模式都有其可取之处，但作为投资者，若是机械地照搬套用，那么市场必将给予"重重的一拳"。

归根结底，无论学习何种技术、方法与思维，最终的交易还是要靠自己来完成，这是别人无法替代的。因此，若是想要在股市中有所作为，要结合个人实际情况，找到适合自己的交易模式，并不断打磨，使之成为自己交易成功的利器，如图1-10所示。

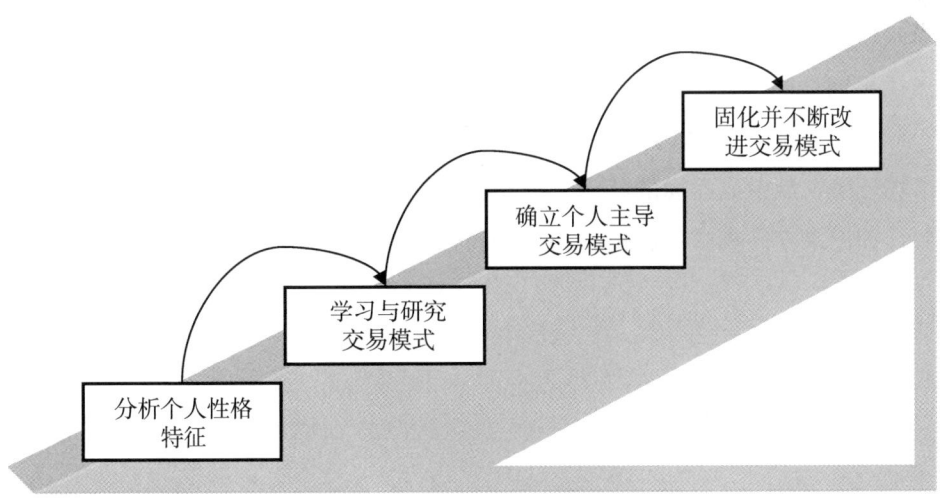

图1-10 个人交易成长路径

第一，分析个人性格特征。

性格决定命运，性格也决定了一个人的操作模式。尽管不能说某种性格的人就一定不能进行某类交易，但性格对交易行为所产生的影响是不可否认的。性子较慢的人，从事短线或超短线交易，就容易错失较佳的交易时机；而性子较急的人，若从事中长线交易，则会是一种煎熬。因此，在选择交易路线前，投资者需要对自己的性格及适合的交易模式有一个大致的定位和了解。

第二，学习与研究交易模式。

选定大的交易路线之后，就可以对各类交易模式进行深入研究和学习，并选出适合自己的交易模式。市场上的交易模式有很多种，即使同属游资，其交易模式也有所区别，有的游资善于打首板，有的游资喜欢低吸，还有的游资喜欢撬跌停板，等等。每种模式都有其特定的适用环境，投资者需要进行深入研究和理解。

第三，确立个人主导交易模式。

通过少量资金的试用或追踪评价，最终确立某一交易模式或几种交易模式作为自己的主导交易模式。通常情况下，投资者最好先确定一种模式，当这种交易模式应用非常熟练了，再去研究另一种交易模式。总之，一种交易模式用好了，胜过千百种。

第四，固化并不断改进交易模式。

将确立的交易模式应用于实战，并不断总结使用注意要点，包括外围的市场环境、盘中或盘面的特点、个人心理波动等，都需要仔细地总结。同时，要详细记录交易模式实战的胜率，并通过不断地总结来提升胜率。

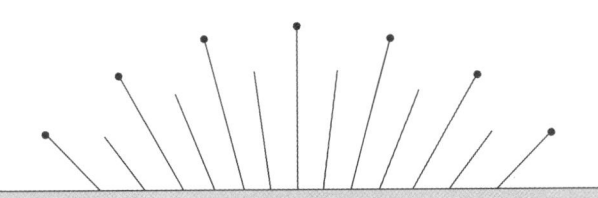

第二章
投机思维：简单而纯粹的交易

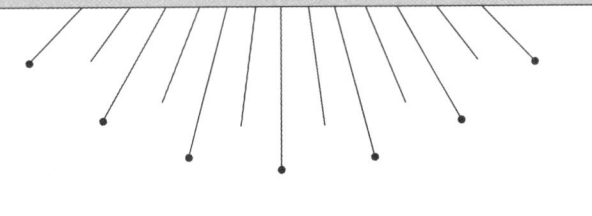

在游资的世界里，交易是非常纯粹的，是不掺杂任何其他色彩的一种行为。游资的交易，本质上就是一种投机行为。

第一节　投机思维的本质

投机，按照其基本定义是指根据对市场的判断，把握机会，利用市场出现的价差进行买卖，并从中获得利润的交易行为。更为通俗的一个定义是：投机就是投资机会（投资行为中的一种），没有机会就不进场交易，就如同打猎，不看见猎物绝不开枪。游资的交易正是如此。

一、投机的核心——低买高卖

从某种意义上来说，几乎所有的商业行为都带有一定的投机成分，只是没有证券市场表现得那么充分。"低价买入，高价卖出"是投机行为的核心。从股票交易角度来看，所有投资者交易股票的目的，其实都是为了实现"低买高卖"这一目标。从游资交易的角度来看，这点表现得更为明显。毕竟游资交易都是短线快进快出式的交易，其选择某只股票的唯一理由，就是该股股价将会上涨。除此之外，没有其他原因了。

投机是非常纯粹的交易行为。从理论上来看，投资者既可以看空"先卖出再买入"，也可以看多"先买入再卖出"。只有存在价差，才有操作空间。但由于A股市场缺乏做空机制，投机者想要盈利，就只有看多这一条路。再具体到操作层面，这种投机又有多种操作方式，下面简单介绍几种比较有代表性的操作方式。

第一，追涨。无论股价有多高，只要股价还能继续上升，卖出价格可能会大于买入价格，就有投机的空间和价值。这几乎是所有游资都会选择的投机方式。毕竟当一只股票进入上升趋势后，继续走高的概率远远大于处于下跌趋势中的股票。从实战经验来看，上升趋势越强的股票，上升的概率就越高，上升的幅度也可能会越大。也正因如此，每个交易日的龙虎榜上都会有大量游资现身，毕竟封上涨停板就是一只股票强势的直接体现。

下面来看一下 2024 年 2 月热炒概念 Sora 的龙头股华扬联众的股价走势情况，如图 2-1 所示。

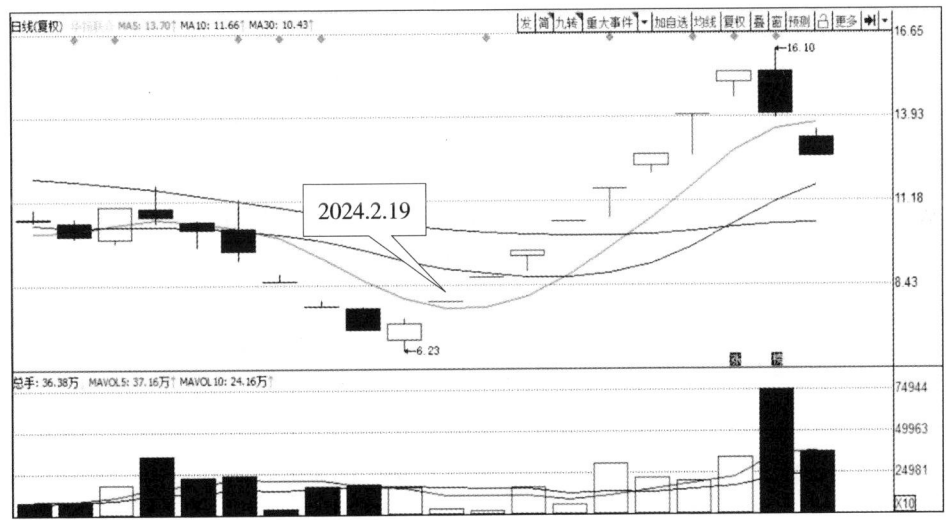

图 2-1　华扬联众（603825）日 K 线走势图

华扬联众的股价自 2024 年 2 月 19 日开始连续拉出涨停板。该股股价在几个交易日内翻了一番有余。尽管该公司一再公告并未涉足 Sora 业务，但股价仍旧持续上攻。在此期间，多家知名游资所处的营业部现身该股的龙虎榜，包括国泰君安昆明人民中路证券营业部、中信证券杭州凤起路证券营业部、甬兴证券宁波分公司、东亚前海证券江苏分公司等。

尽管从基本面上来看，该股质地一般，其具有的炒作概念也被该企业否认了，但由于该股拥有较高的市场热度，加之股价持续上攻，形成了良好的资金接力效应，投机资金涌入积极性很高。其实这些资金的意图非常明确，股价的上攻是不可持续的，但当日处于上攻趋势的股价，下一个交易日仍旧有很大的上攻动能，从投机角度来看，这就足够了。

第二，做回调。这里的回调，并非普通股票经过一段上升走势后的回调，而是龙头强势股的回调。只有这些股票的回调，短期内恢复攻势的概率才大，才有投机的空间和价值。也就是说，从游资的角度来看，并不是要等到股价回调到位（到达甚至低于其合理价格空间后）再入场。对于强势股来说，此时人气可能早散了，根本无法形成有效的市场情绪效应。反之，一些大龙头的回调才是游资的目标。这些大龙头股票的回调多在一个交易日内（最多三个交易日）完成。

短期内完成回调有这样几个原因：其一，这些强势龙头股的人气并未消失，只要股价启动，就不愁跟风追涨盘；其二，抢入这些大龙头的主力资金都是游资，游资的交易都以短线为主，很少有游资持股超过五天；其三，龙头股的回调也是对其市场热点的一次检验，若其三个交易日内没有恢复攻势，则说明市场热度不足，未来也不会有太大的上攻动能，很多场外资金也就不会入场了。

下面再来看一下 2024 年年初冰雪旅游概念龙头股长白山的股价走势情况，如图 2-2 所示。

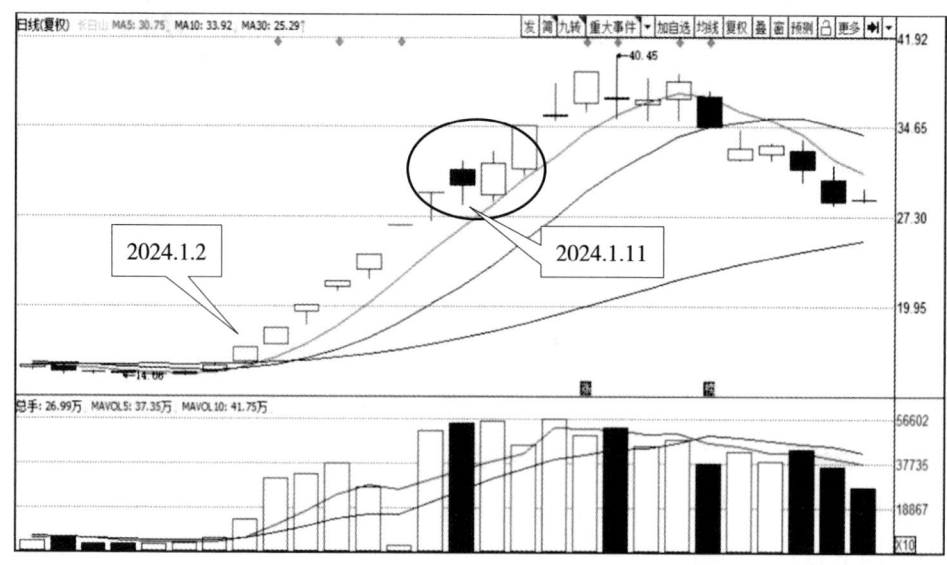

图 2-2　长白山（603099）日 K 线走势图

第二章　投机思维：简单而纯粹的交易

长白山的股价自 2024 年 1 月 2 日开始走出涨停板，此后连续走出了多个涨停板。1 月 11 日，该股股价出现强势调整。此时的股价相对于启动初期已经有了一倍左右的涨幅，这就意味着此时入场的资金都是奔着投机来的。

1 月 11 日，该股股价出现回调，也是很多先前入场的获利资金开始离场的时刻。但是，作为当时市场的总龙头，市场情绪仍旧十分火热，在回调的两个交易日内，成交量持续走高，股价也没有出现明显的下跌，这说明场外投机资金持续入场，让该股股价掀起了二度上攻行情。

第三，抢反弹。股价不会一直上涨，自然也不会一直下跌。当股价跌至一定程度就会出现反弹走势。很多散户投资者都喜欢抢反弹，特别是热衷于那些经过长时间的下跌后，进入低估值区域的股票。不过，游资所抢的反弹和普通散户所抢的反弹不同。游资的目标并不在于股价是否被低估，而是一只股票持续大幅走低后，是否聚集了足够的做多能量，同时还要有一把可以让股价起来的"由头"或"概念"。

从游资投机的角度来看，买入这类股票不是因为"股价过低，必会反弹"的逻辑，而是因为股价超跌后，相关利好出现，只要游资入场拉升股价就会有场外资金跟风入场。至于这些利好消息是否能够真的引领行业走出逆境，这并不是游资关心的。对于这些游资来说，只要下一个交易日股价还能有走高的机会就有投机的价值。

下面来看一下 2022 年 3 月房地产概念中的龙头 ST 阳光城的股价走势情况，如图 2-3 所示。

ST 阳光城的股价自 2020 年下半年到 2022 年年初长时间下跌后，股价已经到达极低的位置。其实，整个房地产板块都已经步入了超跌的区域。不过，很多投资者单凭股价超跌入场抄底，肯定会被套在半山腰。2022 年 3 月中旬，在地产暖风频吹的情况下，房地产调控政策松动的预期开始升温，因此引爆了一波房地产超跌反弹行情。众多游资涌入房地产板块，ST 阳光城更成为此波行情的大龙头。深圳金田路、东亚前海深圳分公司、宁波解放南路等游资纷纷入局。

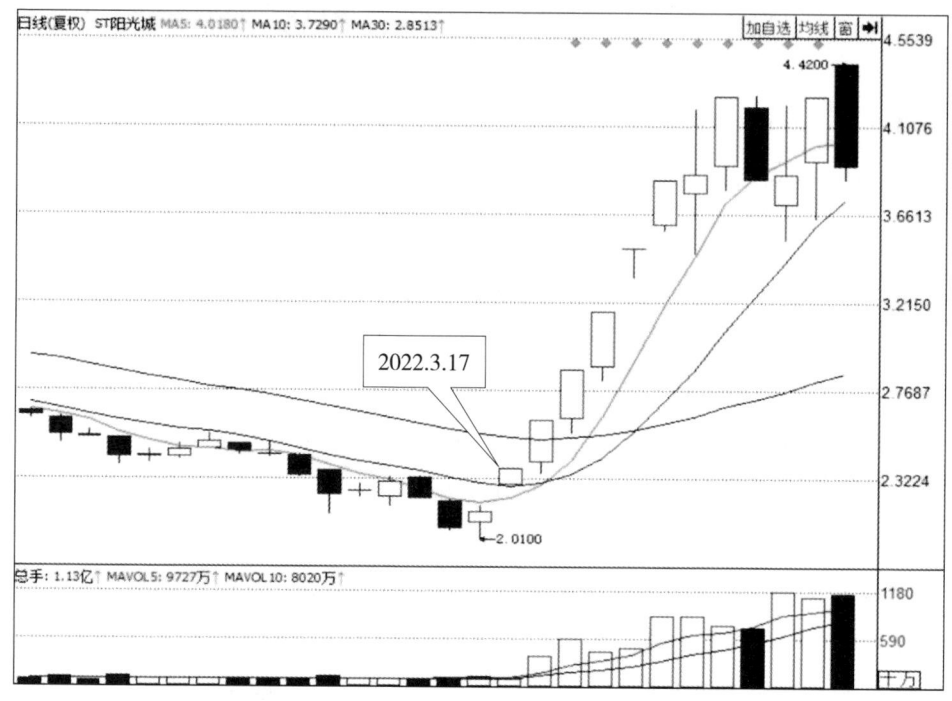

图 2-3 ST 阳光城（000671）日 K 线走势图

其实，这些游资并不是相信房地产行业的拐点来临了，只是因为房地产板块下跌时间太久了，抑制了很多的做多情绪。借助这一波利好预期，释放了做多动能。当做多动能耗尽，房地产板块又重归下跌通道了，毕竟短期利好的刺激还是难以促成行业拐点的到来。

二、赚钱的核心逻辑

随资金流而动，资金去哪里投资者就去哪里。入场前，投资者一定要弄清楚自己要的是什么。很多投资者抱着炒短线的心理入场，被套后又觉得炒中长线也不错。其实，本质上来说，这就是投资者没有想明白投资、赚钱是怎么回事。如果想炒中长线，是否做好了持股三到五年，乃至十年的准备？股价如果下跌 50%、80% 该怎么做？这些问题想清楚了吗？如果没有，那还是老老实实炒短线的好！

炒短线就是一种投机，没有其他的借口或说辞。当买入股票后，如果股

第二章 投机思维：简单而纯粹的交易

价没有照着预期方向上行，就说明判断错误，应该认赌服输。此时若还在加仓，试图拉低成本，就是错上加错。从投机的角度来看，这是再简单不过的逻辑。不过，将其拿到股票市场，很多人就理解不了，明明是想投机一把买入了股票，可是当判断出错，股票被套牢后，又说想要做投资，想要长线持股，于是开始不停地加仓。随着股价的持续走低，当加仓无法继续的时候，又是坐等套牢；亏损幅度大了，又要割肉。

总之，投资者需要首先将自己的短线交易行为明确为投机行为。面对错综复杂的市场和变化莫测的价格，投资者需要为股价上涨还是下跌而下注。投资者能做的是什么？收集足够的信息，努力训练自己的盘感，找好入场机会，想好下注失败该怎么撤出，然后控制好仓位，就可以入场了。

下面来看一下神雾节能的股价走势情况，如图 2-4 所示。

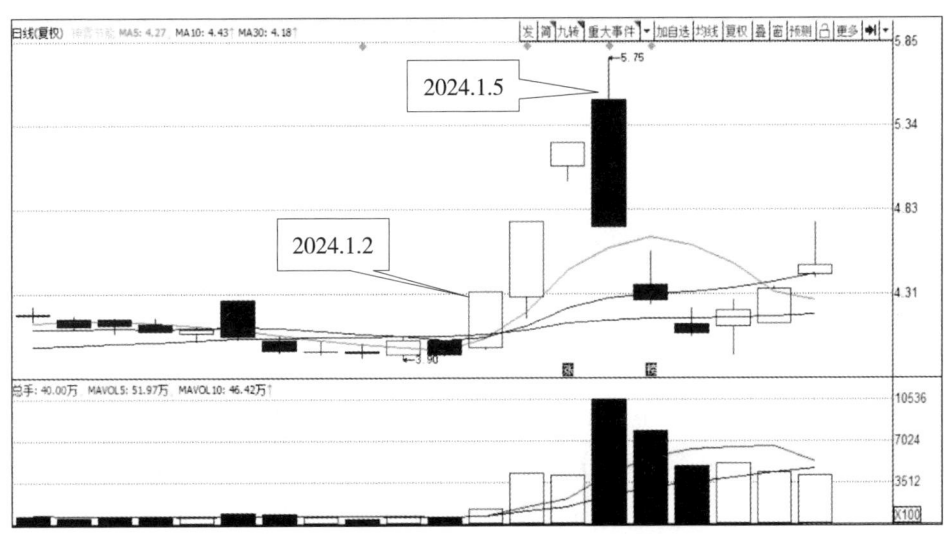

图 2-4　神雾节能（000820）日 K 线走势图

受日本地震及核泄露的影响，神雾节能的股价自 2024 年 1 月 2 日开始连续三个交易日以涨停报收，强势尽显。很多投资者都将其看成未来的龙头股，于是纷纷入场买入。但是在 1 月 5 日，该股股价高开后冲击涨停板失败，一路下行，最终收在了跌停板。

从 1 月 5 日当天的走势来看，股价最高达到涨停板，而收盘收在了跌停板。当日买入的投资者都面临高位套牢的窘境。对于这些投资者来说，当日的交易就是典型的投机失败。作为投资者，最合理的选择就是止损认输，不要有什么做长线投资的想法。比如游资领域比较有代表性的宁波解放南路，就曾在1月2日股价打板涨停的首日入场买入了360万元左右的股票；次日，即1月3日，又把前一个交易日买入的股票全部卖出了。从龙虎榜数据来看，宁波解放南路卖出的时机应该在股价低开之后，全部卖出金额在353万元，说明其略有亏损就选择了出局。当然，从投资者角度来看，次日明明拉出了涨停板，但宁波解放南路也没有等，而是选择低开之后就出局了。这并不是最佳的选择。这就是游资的典型打法，发现或感觉行情不利于自己，果断出手，绝不后悔。

第二节　投机思维的衍生思维

基于投机思维，在具体实战操作过程中又衍生出了多种思维。这几种思维模式，同样属于游资的主导思维模式。

一、投机思维与概率思维

投机与投资是完全不同的概念。从理论上来说，投资某种股票，肯定会对发行股票的企业进行系统分析与研究，并根据该企业股票的价格判断其有无投资价值。也就是说，只有具备投资价值的股票，才会买入。而投机则不同。投机所依据的原则非常简单，即买入价格会低于自己的卖出价格。无论其所依据的是股价的运行趋势，还是市场情绪等，总之，投资者当前所做的判断就是，买入股票后，价格将会上升。那这里又出现了一个新的问题，这个判断真的会实现吗？判断的准确性如何？这就涉及一个概率问题。游资大佬们常说的一句话是：不断磨炼自己的交易系统并坚持，剩下的交给概率。也就是说，从交易者角度来看，既然自己的交易是一场投机，就要努力提升投机的成功率,不断改进和完善自己的交易策略与方法,以提升交易成功率。

从游资的交易记录来看,无论是什么级别的游资,都不会有百分之百的成功,甚至可能连50%的概率都不到。他们的方法是:一方面通过磨炼交易系统来提升成功概率;另一方面通过降低失败的损失,提高成功的收益,来换取整个投资收益的改善。

下面来看一下游资大佬"章盟主"的常用席位国泰君安上海江苏路证券营业部操作恒宝股份的案例。

恒宝股份的股价自2022年2月18日强势涨停,并正式进入大幅上攻趋势,如图2-5所示。

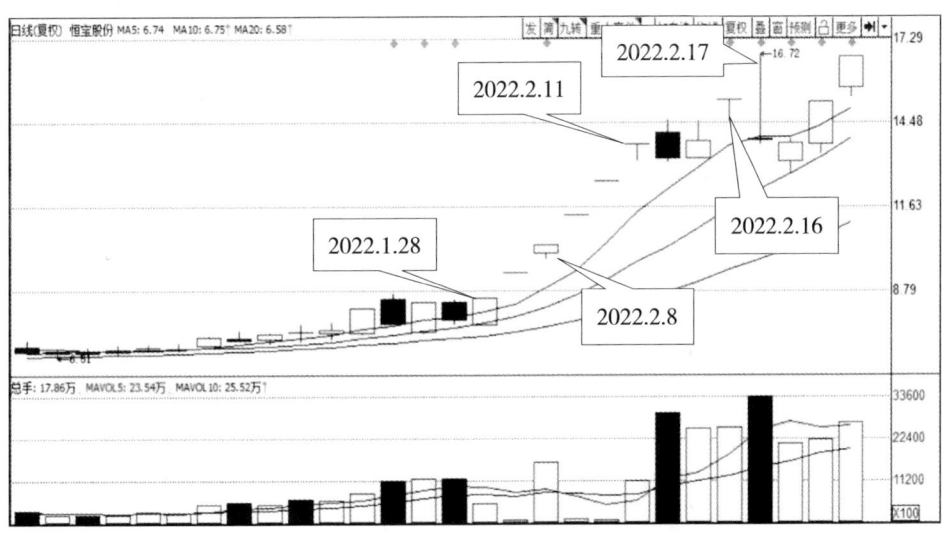

图2-5 恒宝股份(002104)日K线走势图

2022年1月28日,恒宝股份的股价再度以涨停板终结了持续五个交易日的横向振荡。此后因春节休市,直至2月7日才重新开盘。2月7日该股股价直接一字板封盘,2月8日,该股高开高走再度封板。其后,该股股价一路强势上攻,直至2月11日后,股价才出现调整。

该股股价经过调整后,又出现了一波上升走势。在股价这波大幅上攻过程中,国泰君安上海江苏路证券营业部曾多次参与炒作。其具体交易记录如表2-1所示。

表 2-1　恒宝股份龙虎榜数据

日期	买入金额（万元）	卖出金额（万元）
2022.2.8	34.8	2294.07
2022.2.11	17794.9	31.1
2022.2.14	17.95	18000.5
2022.2.16	6996.62	16.04
2022.2.17	99.74	6978.98

对照国泰君安上海江苏路证券营业部的交易记录以及恒宝股份的股价走势可以发现以下几点。

第一，2022 年 2 月 8 日，股价上攻启动后的第三个涨停板，"章盟主"卖出了 2294.07 万元。这笔股票的买入记录并没有体现在龙虎榜信息上，这就意味着，"章盟主"可能在 1 月 28 日左右买入了股票。那么，这笔卖出操作至少可以让"章盟主"收获 20% 以上的利润。

第二，2022 年 2 月 11 日，"章盟主"再度买入 17794.9 万元。这是该股在连续多个一字板后开板，"章盟主"大手笔杀入。次日，该股股价冲高回落，并没有按照预期实现涨停，"章盟主"直接清仓，卖出了约 1.8 亿元。这笔交易盈利 200 万元左右。

第三，2022 年 2 月 16 日，恒宝股份再度封上涨停板，"章盟主"三度入场，买入了 6996.62 万元。次日（即 2 月 17 日），该股股价再度冲击涨停板失败，"章盟主"直接清仓卖出 6978.98 万元。整个交易小有亏损。

通过"章盟主"交易恒宝股份的实盘记录，可以看出以下几点。

第一，游资也不是每笔交易都能盈利。尽管恒宝股份连续上攻多日，股价上涨幅度相当大，但很多游资也并没有全额享受这波利润。"章盟主"的三次交易也不过是一赢、一亏与一平。

第二，游资之所以能够在市场长久立足并保持盈利，与其严格遵守交易纪律有直接的关系。通过"章盟主"的几次交易可以看出，其交易风格极为凶悍，多采用一次性进场与出场的方式，绝不拖泥带水。发现行情不利，宁可有亏损，也会坚决出清，没有像散户一样等待行情向着有利于自己的方向发展。

二、投机思维与短线思维

投机并不一定都是短线思维,但在股市中,投机思维与短线思维却是一脉相承的。当将自己的交易定位为投机交易,那此时所秉持的就应该是一种短线思维。也就是说,想投机一把时,就应该按照短线思维来操作,快进快出,绝不拖泥带水。而现实中,很多散户明明是抱着投机的心态入场,在股价朝着自己预测的方向反向运行时,其所想的并不是止损离场,而是尝试不断地加仓将短线交易变成中长线投资。游资的操盘很少有超过三个交易日的,大部分情况下都是当日买入,次日卖出,观察市场上头部游资的操作记录就可以印证这一点。只有极少数情况,才会持有三五个交易日。而且无论盈亏,该撤退时绝对会撤出,从不拖泥带水。

下面来看一下中信证券上海溧阳路证券营业部(简称"溧阳路")超短线操作天龙股份的案例。天龙股份的股价自 2022 年 4 月 14 日强势涨停,并出现了一波小幅上升趋势,如图 2-6 所示。

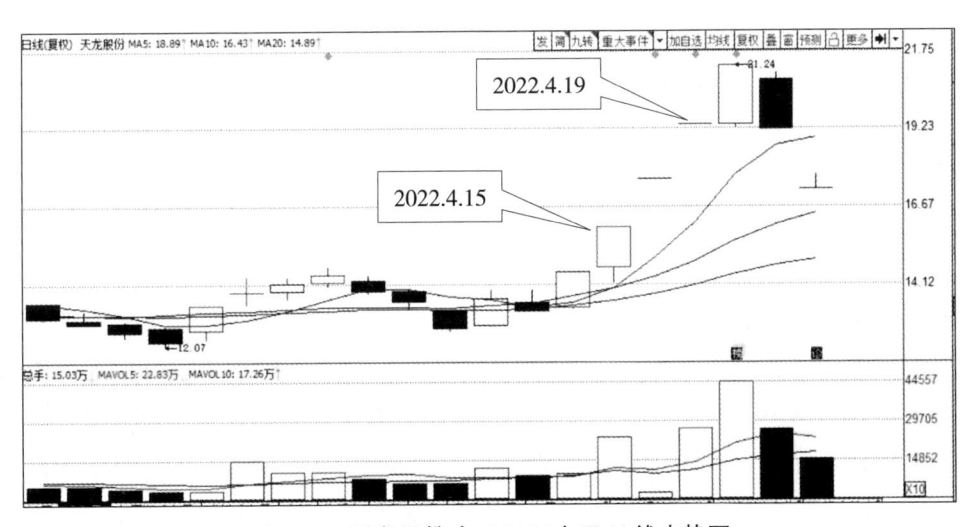

图 2-6 天龙股份(603266)日 K 线走势图

2022 年 4 月 14 日,天龙股份的股价强势涨停,并向上突破了多条均线的压制。此后,该股股价开启了一波上升走势。4 月 15 日,该股经过一波振荡后,下午强势上攻,并再度封上涨停板,当日溧阳路强势买入。

此后，该股连续两个交易日出现一字板。不过溧阳路的操作却十分干脆，在 4 月 19 日直接出清了仓位，尽管后面该股还有一个涨停，也没有留恋。其具体交易记录如表 2-2 所示。

表 2-2　天龙股份龙虎榜数据

日期	买入金额（万元）	卖出金额（万元）
2022.4.15	1416.78	0
2022.4.19	0	1717.43

对照溧阳路的交易记录以及天龙股份的股价走势可以发现以下几点。

第一，这是一次典型的超短线交易。从入场到离场也就三个交易日。不过，这三个交易日却实现了较高的投资收益。

第二，从 K 线图上来看，4 月 15 日天龙股份出现第二个涨停板时，溧阳路开始强势介入，买入金额约为 1416 万元。

第三，4 月 18 日，该股直接一字封板。4 月 19 日，尽管该股还是一字封板，但盘中溧阳路直接获利了结出局了（卖出约 1717 万元）。也就是短短三个交易日，就实现了 20% 以上的收益，这波交易做得相当漂亮。

三、投机思维与强势股、打板思维

投机思维主导着游资的交易活动，投机的收益则需依赖于投机成功的概率。因此，为了提升投机成功的概率，必须选择一种相对稳妥的交易模式。通过长期以来的实践和总结，投资研究者们发现：越是处于强势上升周期的股票，继续走高的概率就会远远大于其他股票。这些强势股中，又以涨停板股票表现得最为明显。也就是说，当一只股票在某一交易日强势涨停后，次日继续冲高的概率要远远大于其他股票。也正因如此，游资中出现了很多以狙击涨停板为主要操盘手法的流派，其中以前些年的宁波解放南路证券营业部最为著名。

在游资和 A 股交易历史上，宁波解放南路证券营业部留下了很深的印记。其核心打法为：凭借资金优势大幅拉升股价至涨停板，吸引众多资金和散户跟风，感觉差不多就反手卖出撤退了事，将很多散户和资金套在高位。

手法相对单一，较为凶狠，是其主要特征。从具体营业部来说，当年的宁波解放南路证券营业部汇集了三家证券营业部，分别为银河证券宁波解放南路证券营业部、光大证券宁波解放南路证券营业部和银河证券宁波和义路证券营业部。目前，银河证券旗下的两家营业部已经搬迁到新址了，只剩下光大证券宁波解放南路证券营业部。该营业部同样有多路游资活跃其中，打法依旧十分彪悍。

拉升股价至涨停板，然后次日借着股价冲高吸引跟风盘入场的机会离场了事。这几乎是所有喜欢使用打板战法的游资的操盘路数。

下面来看一下光大证券宁波解放南路证券营业部参与竞业达炒作的案例，如图2-7所示。

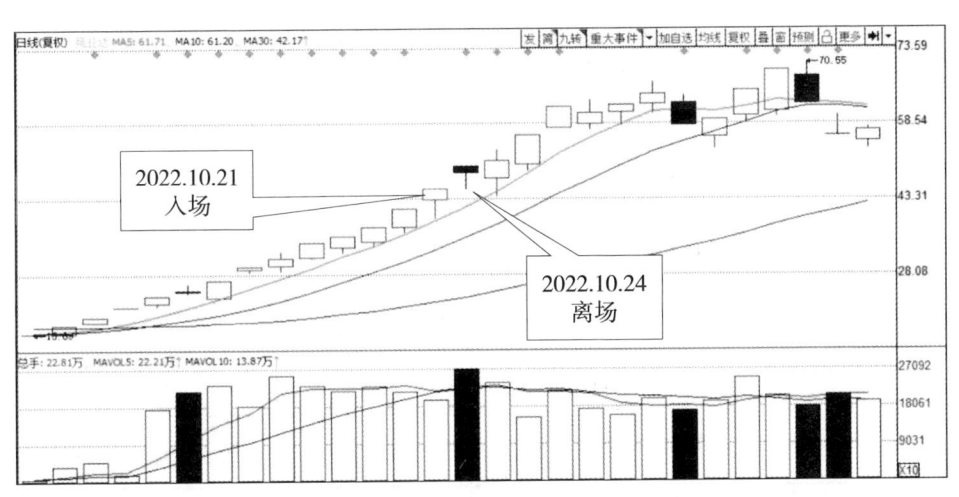

图2-7　竞业达（003005）日K线走势图

自2022年9月底开始，市场上掀起了一波信创概念的热炒。光大证券宁波解放南路证券营业部也不是第一时间入场的游资。到了10月21日，该股股价经过一波振荡再度封上涨停板前，光大证券宁波解放南路证券营业部才入场，如图2-8所示。

光大证券宁波解放南路证券营业部在2022年10月21日股价冲击涨停板当日买入了2426万元的股票。其实，这已经是该股第二波拉升后的第三个

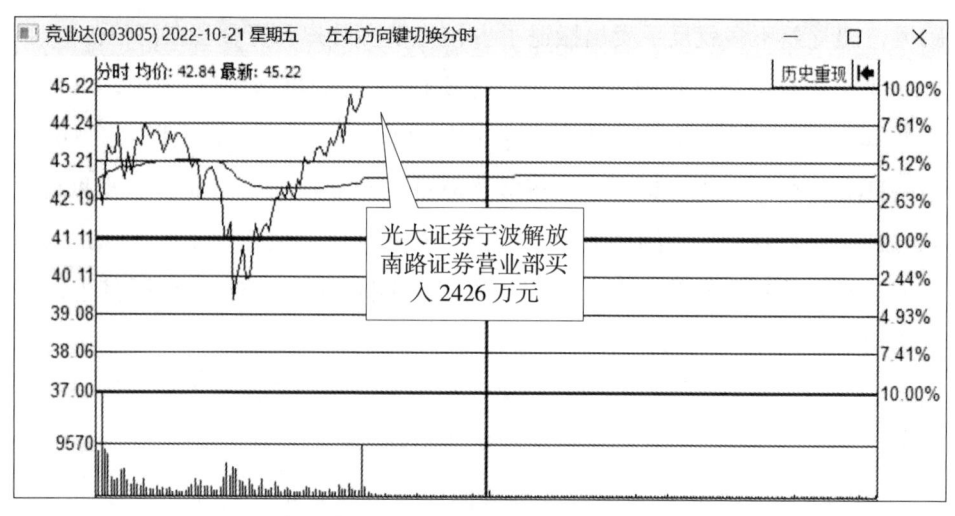

图 2-8　竞业达（003005）分时走势图（2022.10.21）

涨停板了，相对于 9 月底启动时的股价，此时的股价已经翻了一倍有余。很多散户看到风险都不敢再入场了，而游资则是反其道而为之，只要股价能够涨停就敢于入场。对于游资来说，只要次日股价能够创出新高就可以了，至于股价上行能否持续并不重要。

再来看该股次日的走势情况，如图 2-9 所示。

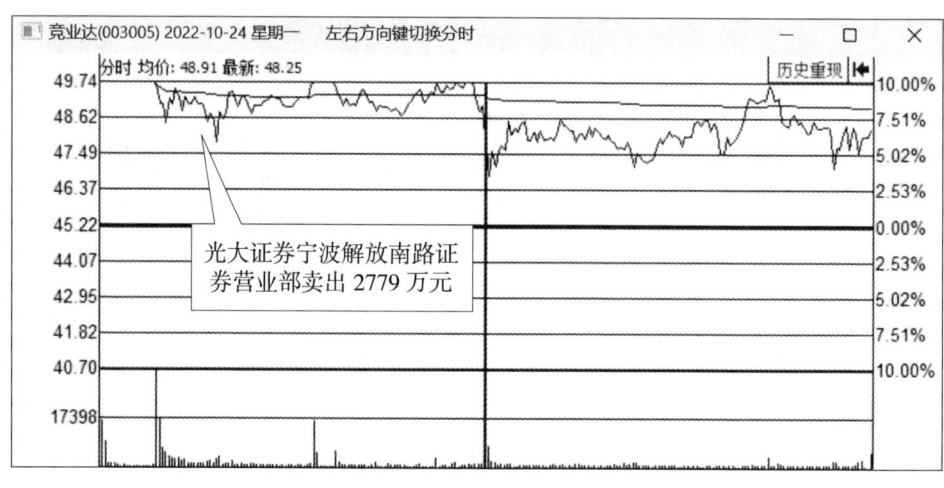

图 2-9　竞业达（003005）分时走势图（2022.10.24）

2022 年 10 月 24 日，竞业达的股价以涨停开盘后，盘中大量抛盘涌出，光大证券宁波解放南路证券营业部趁机出逃,卖出了 2779 万元。也就是说,在两个交易日内实现了 350 多万元的利润。

尽管该股之后还有一段时间的涨幅,但对于游资来说,只要能够把握一小波利润就是胜利。这也是打板思维的精华所在,即不求尽可能多的收益,只要能够拿到最容易拿的一小部分利润即可,剩下的交给时间和复利就可以了。

第三节　投机思维的操作策略

投机并不等同于凭运气赌输赢。选择参与投机的交易者,只有当自己觉得赢面大的时候才会出手。因此,投机参与者需要在以下两方面下功夫。

其一,提升自己获胜的概率。

其二,通过控制失败风险,保存自己再战的实力。

一、构建稳定的交易系统

稳健且能够持续帮助投资者从交易中获利的交易系统,是提升投机获利概率的基础和保障。固化自己的交易模式,专注自己的交易模式,给自己的交易模式定下框框,不断地去完善,才能在节奏上把握起来更加自如。

在武侠世界中,真正的高手都是那些将某一绝招练到出神入化的人物。这些高手们并不是凭借招法多取胜,而是靠自己的绝招行走江湖。在股票市场上其实也是如此。那些成名的游资大佬无疑不是把磨炼交易技术放在第一位。

在游资的交易系统中,历来有多种交易模式,比较有代表性的模式包括低吸、打板、追涨等。其中每种模式又可以根据市场环境或个股的不同分成若干种不同的细分模式。比如,在打板模式中,有的游资喜欢追涨首板,有的喜欢打早盘的涨停板,有的则比较擅长打高位板。单从具体的模式来看,其实并没有好坏之分。几乎每种模式都有成功者，也都有失败者。即使同样以涨停板或跌停板为操作方向的游资，也有各自完全不同的交易模式，如表2-3所示。

表2-3　各路游资经典打板模式

打板类型	游资 / 营业部
风格偏向打首板	"成都帮"　"佛山系"　"首板挖掘"　"著名刺客"等
擅长做连板	"清扬路"　"章盟主"　"宁波桑田路"　"作手新一"等
擅长做三板	"赵老哥"　"古北路"　"金田路"等
偏向高位连板	"章盟主"　"古北路"　"赵老哥"　"溧阳路"　"小鳄鱼"　"作手新一"　"方新侠"等
擅长一字板	"炒股养家"
擅长撬跌停板	"佛山系"　"撬板王"等

从表2-3中可以看出，这些游资尽管都比较热衷于追涨强势股和涨停板，但在实际的操作过程中，还是有所侧重。其所侧重的领域，其实也是他们经过多年的经验总结，成功率较高的方向。"不打无把握之仗"在游资操盘领域是一句至理名言。从这一点也可以看出，作为普通的短线交易者，也应该努力打磨自己的交易系统，争取早日练就属于自己的"独门绝技"。

很多投资者热衷于研究游资的交易系统、交易方法或思路，并想要克隆成自己的方法。倒不是说不应该学习别人的成功经验，只是每个投资者的性格特点不同，在临盘操作时必然也会不同。这个人有效的方法，另外一个人就可能无效。因此，投资者需要结合游资或其他成功投资者的经验或方法，根据自己的性格特征，开发一套属于自己的交易系统，然后在实战过程中不断地总结、完善，以提升成功率。

二、资金、仓位与分仓

资金管控也是在投机思维主导的操盘中必须贯彻始终的一个原则。投机必然是有输有赢，因此，确保在出现亏损的情况下还拥有再战的能力，就是资金管控的出发点。

在资金管控上，主要包括两个核心概念：其一，仓位控制；其二，分仓管理。

1. 将总仓位控制在较低的水平

股市是一个充满变数的场所。无论你当前的操作多么顺利，也要考虑瞬时降临的风险。以控制风险为中心的操作思路，可能会让你错过一些盈利的机会，特别是在强势的市场环境中，其他投资者都收获满满，而你可能只是获得了为数不多的利润。不过，半仓运行却可以让你回避市场上较大的风险，确保仓位不会出现大阴线。

控仓包括如下几点。

第一，这里的五成仓位并非是一直保持不变的仓位。通常来说，每个交易日的收盘时段，仓位维持在30%到60%即可。在节假日或周末前的最后一个交易日会更低一些。从以往的经验来看，节假日往往是影响盘面信息高发的时段，为了降低风险，就需要合理控制仓位。

第二，手中没有老仓位的情况下，第一个交易日开仓的仓位占比绝对不能超过30%。次日，只有先前的仓位实现盈利后，才能开新的仓位。若老仓位出现亏损，则应该将重心放在如何调整先前仓位的占比上，是低吸加仓还是减仓乃至清仓。总之，不入新仓，就可以为操作老仓位赢得时间和空间。

第三，除非先前入手的老仓位当日涨停，否则当老仓位出现盈利时，一定要分批次减仓，确保将盈利收到手中。在减仓时，若市场环境较佳，可考虑入手新仓；若环境不佳，则不宜入手新仓。

第四，若上午入手的新仓在下午时段开始出现亏损，则需加速老仓位的离场，确保临近收盘时段整体仓位维持在五成左右。

第五，早盘开盘后，若发现市场环境不佳，全天存在大幅走低的风险，则宜第一时间卖出所有老仓位，离场等待时机。

总之，短线交易过程中，最怕的是在原有仓位已经出现套牢的情况下，试图通过增加新仓拉低整个持仓的成本线，然后寄希望于市场的全面转暖，以实现解套。这是极端错误的交易方法,很多散户都是因此而被深度套牢的。

2. 合理的分仓管理

分仓并不是简单地将自己的资金分散到多只股票上,而是要根据市场环境确认买入股票的仓位。比如,买入的逻辑是市场情绪的崩溃低点,其实没有人能够准确把握这个低点,这时的分仓,其实就是分批建仓。而在正常的市场环境中,则确实需要购买几只股票来平衡风险。

分仓的核心是买入价尽可能地接近底价。买入的个股数量,能够大致体现整体胜率水平,不至于在一只股票上摔倒。游资控制风险,并不是靠止损位来完成的,而是分仓。当持仓的众多股票中的一只出现大幅下跌时,不至于对本金产生较大的影响。表 2-4 为持仓股票数量对整个资金净值波动的影响。

表 2-4　持仓股票数量与账户资金变动

其中一只股票跌幅	不同股票持仓量对应的账户资金波动					
	1	2	3	4	5	6
5%	5%	2.5%	1.67%	1.25%	1%	0.83%
10%	10%	5%	3.34%	2.5%	2%	1.67%
20%	20%	10%	6.67%	5%	4%	3.34%
30%	30%	15%	10%	7.5%	6%	5%
40%	40%	20%	13.34%	10%	8%	6.67%
50%	50%	25%	16.67%	12.5%	10%	8.34%

注:此表假定一只股票出现跌幅,而其他股票持平。

从表 2-4 中可以看出,如果投资者全部资金持仓一只股票的话,那么,这只股票的跌幅就是整个持仓的亏损。也就是说,在这种情况下,投资生命在很大程度上是与这只股票捆绑在一起的。当持仓的股票多于 1 只的时候,账户对单只股票的风险应对能力开始逐渐增强。当持仓 5 只股票时,即使某只股票出现了 50% 的跌幅,对整个资金的影响也在 10% 左右的水平,这种损失也是容易挽回的。

三、止损与小赔大赚

在维克托·思博朗迪（Victor Sperandeo）的《专业投机原理》一书中，曾提及其遵循的一项交易法则，即鳄鱼原则。鳄鱼原则是指在鳄鱼吞噬猎物时，猎物越挣扎，鳄鱼收获的越多。当鳄鱼咬住你的脚，它会咬着你的脚并等待你的挣扎。如果你用手臂试图挣脱你的脚，则它的嘴巴一张一合，同时咬住了你的脚和手臂。你越挣扎，陷入的便越深。因此，万一被鳄鱼咬住你的脚，你唯一的机会就是牺牲一只脚。

鳄鱼原则揭示了止损的必要性。特别是在投机思维的驱动下，投资者买入股票的依据是预判股价会上涨，而非股价具有长期的投资价值。也就是说，长线价值投资者可以在股价短线出现下跌时继续持有股票，他们可以等待股价慢慢回升，但投机者不可以。投机者买入股票的依据只能是股价短线上涨，很多股票在一波上涨过程中会创出阶段高点，甚至是自上市以来的最高点。这也就意味着，投机者一旦被套牢在高位，是很难通过股价重新上攻来完成解套的。因此，对于投机者来说，一旦判断错误，股价朝着相反的方向运行，最合理的选择就是止损离场。

事实上，在操作过程中，游资的操作路线都是通过先试仓再加仓的方式进行操作的。即只有试仓产生盈利，才能证明自己的判断是正确的，此后再加仓买入，将盈利放大。而试仓一旦出现亏损，则会认亏离场。也就是说，在试仓亏损时，投入的金额都比较少，而一旦确认自己判断正确，加仓后盈利都会是较为可观的。这就是"以小亏换大盈"的操作逻辑。

下面来看一下"苏南帮"操作浙江永强的案例。浙江永强的股价在2022年2月中旬出现了一波短线拉升走势。"苏南帮"在这波拉升过程中获利颇丰，且拉升动作如同标准的短线操作教科书。

自2022年2月17日开始，浙江永强强势涨停，并出现了一波小幅上升趋势，如图2-10所示。

浙江永强的股价在2022年2月中旬以前，一直呈横向盘整走势。2月

17日，该股股价在"轻工+外贸"概念走强的影响下，直线拉升至涨停板。"苏南帮"常用的国泰君安证券股份有限公司深圳登良路证券营业部从当日开始介入，其交易记录如表2-5所示。

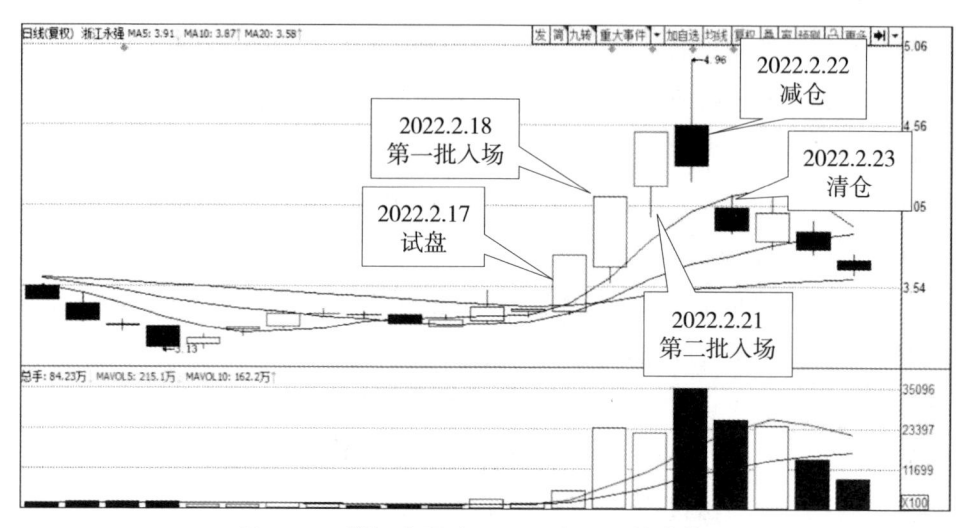

图2-10 浙江永强（002489）日K线走势图

表2-5 浙江永强龙虎榜数据

日期	买入金额（万元）	卖出金额（万元）
2022.2.17	500（估算）	0
2022.2.18	3897.51	531.96
2022.2.21	3100（估算，3个交易日合计7493.75）	0.16
2022.2.22	1109.52	6715.90
2022.2.23	1.68	2182.62

对照国泰君安证券股份有限公司深圳登良路证券营业部的交易记录以及浙江永强的股价走势可以发现以下几点。

第一，在2月17日浙江永强收出第一个涨停板时，"苏南帮"入手的金额仅为500万元左右。对于普通散户来说，这也许是很大的数字，但对于游资来说，这属于较低的仓位，也仅仅相当于试仓的水平。

第二，在2月18日该股股价低开高走时，"苏南帮"先是抛出手中的筹码，完成了试仓操作，其后该股股价又一次攻击涨停板，证明先前的预判正确。"苏南帮"于是加大了入场力度，入场了约3897万元。

第三，从"苏南帮"的操作来看，整个过程如行云流水，在上攻的顶峰大幅抛出筹码，次日直接将手中筹码全部清空，顺利完成一波短线交易，短短五个交易日获利在800万元以上。

第四，除了2月18日将试盘的筹码抛出外，2月21日股价大幅振荡过程中没有外抛任何筹码，还进行了加仓，这说明该游资对股价波动的掌控极佳。

第五，在2月22日股价触及短期顶部后，直接用手中筹码将涨停板砸开出逃了大部分筹码，同时也没有斩尽杀绝，而是将少部分筹码留给了次日，同日还买入了部分股票，这就给了很多追涨者以信心。若当日将筹码全部抛出，股价则有跌停的风险。

第六，2月23日股价低开之后，干脆地将手中筹码全部清仓，没有给后面留下任何底仓或后手，非常干脆。

总之，从整个操作过程来看，盈利水平还是相当不错的。游资的资金规模毕竟大一些，不像散户那样进出方便。

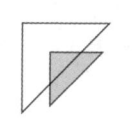

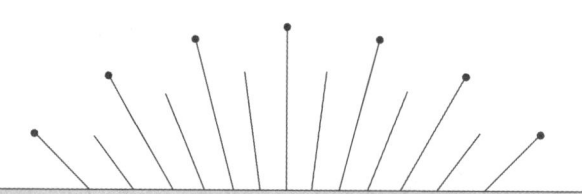

第三章
合力思维：游资时代的新思维

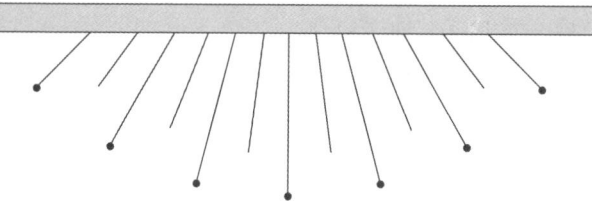

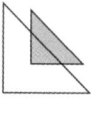

第三章 合力思维：游资时代的新思维

以前的股市股票数量较少，且各只股票的盘子都不大，因此出现了很多庄股。而当前股市中，股票数量大，且股票盘子也很大，这就使得很难有单一的资金能够对个股的走势施加较大的影响。看看市场上的热门股就可以发现，很多股票动辄十几亿元的交易量，这本就不是哪一路资金能够做到的。事实上，市场上大龙头股的形成都是资金合力的结果。这就是游资操作的基础性思维——合力思维。

第一节 合力思维与股价涨跌

顺着资金操作的轨迹，与众多资金合力拉升某只股票的股价，这只股价才会走强、走高；反之，总想着做冷门、抢反弹，其实是没有出路的。

从具体操作上来看，买入一只处于上升趋势的股票，即使出现了亏损，从操作上看也没有什么问题；反之，若买入了处于下跌趋势的股票，即使出现了盈利，也是偶然的，因为更多的时刻将面临亏损。

一、合力思维与市场情绪共振

提起游资，大家肯定会想到龙虎榜。很多投资者在每日收盘后都喜欢查看龙虎榜数据。这些投资者的想法也比较简单，即通过龙虎榜数据查看这些涨停板股票都有哪些游资在买入，买入量是多少。很多投资者都有这样的心理：如果某一路游资入手了较多某只股票，那么次日游资拉升股价的概率就会比较高。

其实这里明显存在一个思维上的误区。在市场上，游资也是普通的投资者，他们并不会贸然地投入大量资金去拉升一只股票，如果市场情绪不足，跟风盘不入场，游资也会被套牢在高高的山岗上。也就是说，游资之所以入场，也是看到市场情绪可用，自己下一个交易日有很大的可能完成高位出货。至于下一个交易日是不是真的就像很多投资者想的一样，游资入场后，股价就会上升，其实未必。从以往的龙虎榜数据来看，每天都有大量游资登上龙虎榜，但次日真正能够实现连板的股票并不多。尽管有些游资大量入场抢筹的股票次日实现了上涨，甚至封上了涨停板，但其根本原因还在于市场情绪可用，而非游资的因素。

这里并不否认游资具有较强的市场号召力。市场上有很多散户资金是跟着游资跑的，很多游资入场后，散户也会随之入场，但这相对于整个市场来说还是微不足道的。更何况经常炒股的投资者都知道，游资多数都是炒短线的，当日登上龙虎榜的游资，次日大概率是要出货的。那么，自己看见游资入场再入场时，已经晚了，搞不好就成了游资的"接盘侠"。

从另外一个角度来说，股价的上涨本身就是市场情绪共振、资金合力拉升的一个结果，并不是某一路游资的想法所能左右的。那么，是游资的资金实力不足以拉动一只股票吗？也不是。目前，很多游资的资金量都达到了几亿元，甚至几十亿元的量级。凭借这些游资的实力，拉升一只盘子大小只有十几亿元的股票，还是很容易的。但是，当你把股价拉升上去的时候，又有谁来接盘呢？也就是说，从游资入场拉升的时刻开始，如何退出就是其首先要考虑的问题。

游资不像散户，散户资金少，船小好调头，发现情况不对，立即撤出就可以了，但游资的资金量太大了，搞不好一抛出筹码，股价就跌停了。还怎么跑？因此，只有市场情绪形成共振，众多资金合力拉升股价时，才是游资最喜欢的操作模式。在情绪起来时积极入场，在情绪退潮前先一步离场，这就是游资的主要操作手法。

二、合力思维的精髓——顺势而动

在下跌趋势改变前，维持对趋势下跌的判断；在上升趋势改变前，维持对趋势上升的判断。

——知名游资：不动明王

第三章 合力思维：游资时代的新思维

股价的运行趋势，其实就是市场情绪、资金流动的集中体现。当资金持续流入，市场情绪看涨时，股价就会进入上升趋势；反之，当市场情绪变冷，资金持续流出时，股价就会陷入下行趋势。因此，也可以说，所谓的合力思维，就是要顺应市场的势能，添砖加瓦，与市场趋势保持一致，而非逆势而动。

从游资角度来看，市场情绪起来后，股价拉升就会变得非常容易。此时只要顺势拉升，在情绪达到高潮或者接近高潮时退出，就是最为明智的。市场情绪达到高潮时，跟风盘最多，游资的退出也是最容易的；反之，若市场情绪开始退潮时，游资再想退出就会变得十分不易。

下面来看一下"佛山系"操作宁波能源的案例。宁波能源的股价自2022年2月24日强势涨停，并正式进入大幅上攻趋势，如图3-1所示。

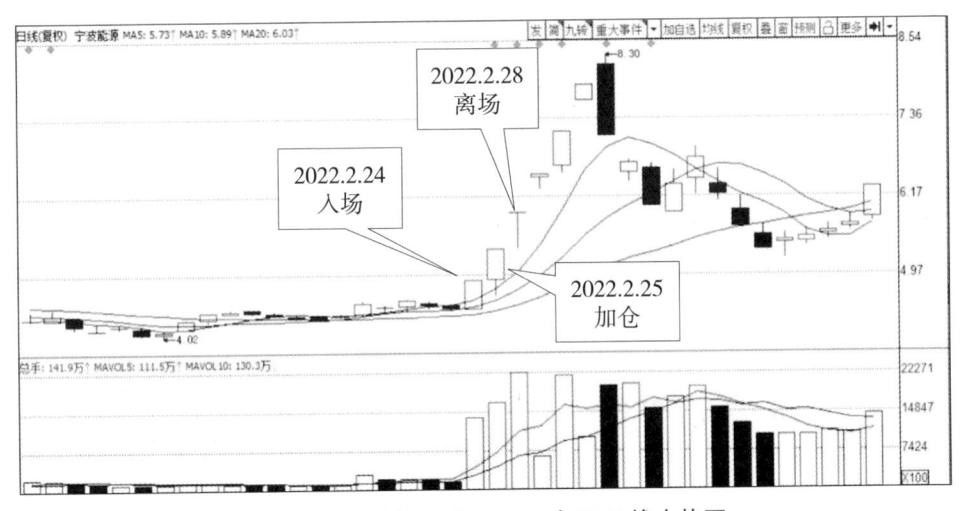

图3-1 宁波能源（600982）日K线走势图

宁波能源的股价在2022年2月下旬以前，一直呈横向盘整走势。2月24日，该股股价在"光伏+绿色电力"概念走强的影响下，直线拉升至涨停板。"佛山系"常用的光大证券股份有限公司佛山绿景路证券营业部从当日开始介入，其交易记录如表3-1所示。

表 3-1　宁波能源龙虎榜数据

日期	买入金额（万元）	卖出金额（万元）
2022.2.24	442.96	0
2022.2.25	1145.44	0
2022.2.28	0	1752.91

对照光大证券股份有限公司佛山绿景路证券营业部的交易记录以及宁波能源的股价走势，可以发现以下几点。

第一，从"佛山系"的操作来看，整个过程如行云流水。在上攻的初始阶段入场，引领市场情绪走高，并在股价进行大幅拉升阶段撤出。追求股价上升初期的利润，而非后期利润，可以将风险控制在较低的水平。当然，这也存在股价涨幅不达标，筹码难以兑现的风险。因此，试盘就是游资必不可少的步骤。

第二，2月24日，宁波能源强势涨停，"佛山系"少量介入了该股。2月25日，该股盘中走强，再度封板，"佛山系"加大了入场仓位。连续两个交易日，"佛山系"买入的金额约为1588万元，并不是很多。

第三，2月28日，宁波能源的股价以涨停开盘，但盘中涨停板被砸开，"佛山系"资金坚决出逃，全部清仓。尽管此后该股继续了之前的上升行情，股价又出现了几个涨停板，但"佛山系"资金的获利也有将近10个点，这也是不错的交易。

对于游资来说，由于资金量较大，如何安全地将资金撤出，是比捕获涨停板更为优先的事项。

第二节 量能变化看资金合力

量能是观察市场情绪与资金变化最直观的形式，也是散户投资者掌握市场热度的一个关键指标。

一、换手决定高度

换手决定高度。

——知名游资：龙飞虎

从以往的经验来看，很多游资主导的股票都是靠频繁地换手前进的。市场上，经常将一些高位连板的股票称为"博傻"或"击鼓传花"。大家都清楚，这只股票的价格并不值那么多钱，却天天涨停，而且每天的成交量还很大。其实这是我们对股票交易理解得还不够深刻。

游资所从事的交易活动并不是投资，而是一场投机。任何时候都不要忘了这一点。既然是投机活动，就无所谓价高与价低一说。投机者关注的永远都是这样两个问题：第一，股价还会涨吗？第二，有人愿意接盘吗？

当然，作为普通投资者也想要这两个问题的答案。其实，这两个问题的答案就藏在成交量和换手率中。当一只股票连续收出涨停板，且每天的换手率还很大，特别是那些每天都经历了较大规模振荡的股票，若收盘时还能以涨停板报收，本身就说明市场资金对其价格的认可，也就意味着下一个交易日再度上攻的概率是很大的。

股价上攻过程中，不断有资金进入，也不断有资金流出，这背后其实就是资金合力拉升股价的合力思维。没有哪路游资能够单独主导一只股票，众人拾柴火焰高。大凡大牛板块，或者说大牛连板股（一字板除外，这类股票换手率不充分，后面会介绍）都是靠着换手率，众多游资合力做上去的。最典型的大牛股就是每波行情中的标杆龙头股。

下面来看一下硅基 OLED 概念股亚世光电的案例，如图 3-2 所示。

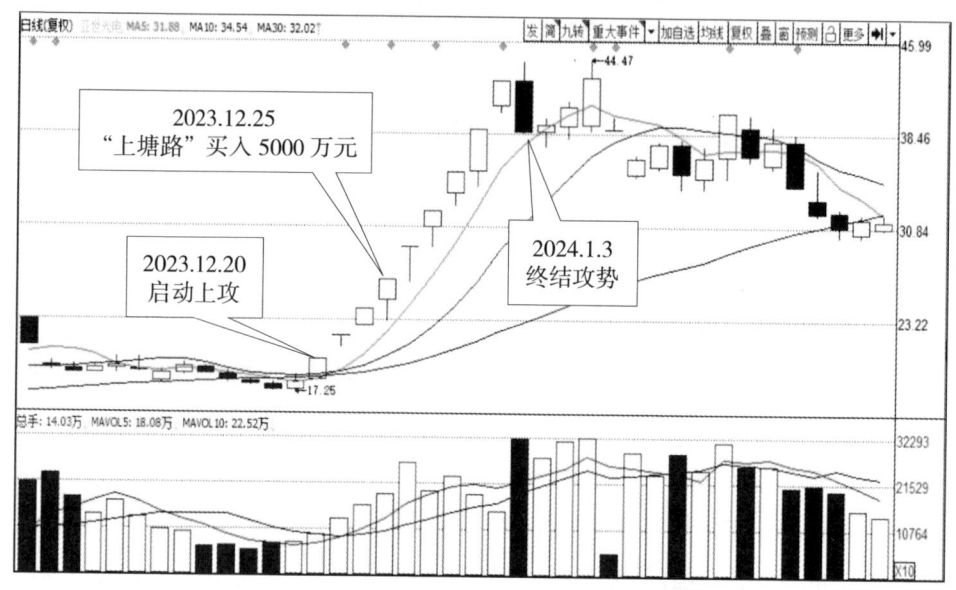

图 3-2　亚世光电（002952）日 K 线走势图

在 2023 年年底，市场上掀起了一波炒作硅基 OLED 概念的热潮，亚世光电成为该波行情的龙头股。该股股价自 2023 年 12 月 20 日收出第一个涨停板后，又连续拉出 8 个涨停板，风光一时无二。观察该股股价的 K 线走势还可以发现一个典型特征：该股股价尽管收出了 9 个涨停板，却没有一个是一字板，几乎每个交易日股价都经历了较大规模的振荡，成交量和换手率都很高，这也就意味着该股每个交易日都有大量资金流入和流出。

通过该股的龙虎榜尽管无法观察到该股资金流动的全貌，但至少可以发现在这波行情中，多路游资都参与了对该股的拉升。比较有代表性的游资包括"牛散牛文辉""上东帮""上塘路""古北路""章盟主""N 周二""昆明人民中路"等。

其实，这只龙头股之所以能够持续上攻并拉出 9 个涨停板，就是众多游资合力推动的结果。

二、量能与一字连板股

从资金变化角度来看，市场上的龙头股都是资金合力拉动的结果。从这一点来看，龙头股上攻过程必然是伴随着成交量的持续放大的。游资大佬赵老哥曾说过：没有经历过放量考验的股票，是很难成为龙头股的。成交量放大的同时，必然也是股价出现大幅振荡的过程。当股价经历了这种振荡之后，还能被拉升至涨停板位置，说明市场对其龙头地位的认可，这类股票一来可能会走得更为长远和稳健；二来，即使股价终结上攻趋势，投资者想要离场也会相对较为容易。与之相对应的就是以一字板形式上攻的股票。这类股票看起来上攻很轻松，几乎没有多少成交量，股价很容易就达到了涨停板位置。也有很多投资者喜欢追涨这类股票，总是感觉一旦自己有机会进入，获利会比较丰厚。其实，在市场上，这类股票往往是最危险的。股价在上攻过程中并没有经历充分的换手，这就存在以下几个问题。

第一，初始入场的资金牢牢地把握着利润。也就是说，这部分资金要"吃独食"，股价上攻过程中根本不给其他资金机会，市场上的资金没有形成有效的接力效应。因此，当股价进入高位时，其他资金也就没有了入场的意愿，毕竟谁也不愿意做"接盘侠"。

第二，这类股票的换手不充分，成本出现断层，一旦后续资金接不上，股价上攻出现衰竭，股价下跌时，也不会像其他龙头股一样振荡式下跌，而是很可能会以一字板形式跌停。

总之，真正的龙头股很少有哪路资金从头吃到尾，都是资金接力的结果。"给别人机会，也就是给自己机会"，这就是合力思维。否则，这些一字板股票，要么买不到；要么买到了，也就被套死了。

下面来看一下二六三的案例，如图3-3所示。

二六三的股价自2024年2月8日出现第一个涨停板后，连续拉出五个一字板。与之相对应的是，成交量一直处于较低水平。这也就意味着，尽管该股股价短线上涨了很多，但其并未经历过放量，也就是还没经历过市场的检验。同时，该股股价在连续五个涨停板到达高位后，一旦涨停板打开且无力回封，则意味着该股会陷入大量获利盘出逃，却没有足够承接盘的窘境。等待这类股票的肯定是连续的下跌，甚至是连续的跌停。

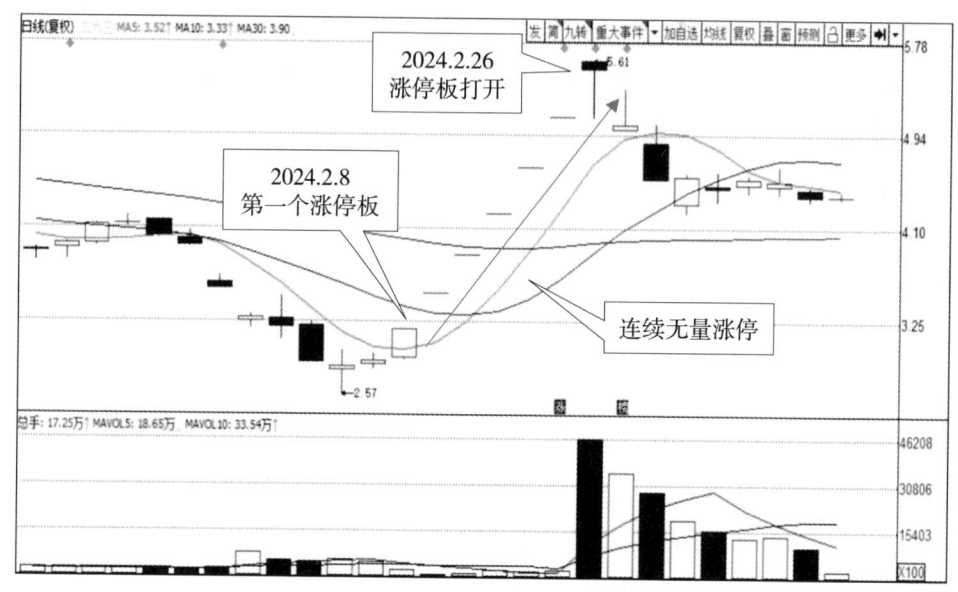

图 3-3　二六三（002467）日 K 线走势图

此后，该股股价在 2 月 26 日打开涨停后，在 2 月 27 日、2 月 28 日连续两个交易日跌停。也就是说，想要交易该股的投资者，在前期根本没有机会入场。而 2 月 26 日有机会入场了，其实就是一个"套"。

其实，不只散户投资者不喜欢，游资也不喜欢这类操作模式。

第三节　合力思维操作策略

龙头股的形成，就是合力思维最直接的体现。

一、合力思维与板块龙头股的炒作

从理论上来说，一个被热炒且经过充分发酵的热点概念，从领涨大龙头、跟涨龙头，到中军、补涨龙头以及后面的跟风股，会形成严密的梯次配置，这是较为理想的配置结构。当然，更多热点题材并没有形成严格的梯队配置，可能只有领涨龙头和跟风盘而已，此时投资者就要特别注意，不能生搬硬套。

不过，无论何种配置，能够引发一波热炒的概念，必然是有龙头股不断创出新高，也有跟风股的此起彼伏。凡此种种，龙头股、热点概念，都是需要各路资金合力推动的。

"独木难成林"，在游资操作领域也是十分适用的。如果某一概念只有单一的龙头股在肆无忌惮地连续涨停，而相关概念或板块没有一点儿波澜，那只能说明这只上涨的股票属于"妖股"，而非龙头。作为普通投资者，在交易时首选还是龙头股，尤其是大龙头股，要避免选"妖股"。换句话说，龙头股是能够带动整个板块甚至整个市场行情的个股，是能够推动相关板块产生赚钱效应的个股，而"妖股"则只是拥有独立行情的单只股票，与其他股票不会产生任何关联。

以2024年年初大消费板块下的旅游与零售板块为例进行介绍。2023年年底到2024年年初，东北冰雪旅游经济升温，哈尔滨更是成为新一代网红城市。在A股市场上，接着这波冰雪旅游热，也掀起了一波"冰雪+零售"的炒作热潮。2024年1月2日，大龙头长白山率先启动涨停后，又连续涨停，共拉出7个涨停板，如图3-4所示。

自2024年1月2日长白山启动后，对整个冰雪旅游板块有所提振，大连圣亚随之也在1月3日封上了涨停板，如图3-5所示。

2024年1月3日，大连圣亚紧跟长白山的步伐强势封上涨停板后，连续涨停，共收出5个涨停板。大龙头连续走出7个涨停板，二龙头的5个涨停板也合乎情理。也就是说，在整个"冰雪+零售"板块内部，此时不只有领涨的大龙头，还有二龙头，当然，也有其他出现一个到两个涨停的强势股。

总之，整个板块形成了明显的梯次配置，这就会将整个市场的焦点聚焦在这一板块上。后入场的资金也开始挖掘新的品种。随着冰雪旅游炒作的升温，概念炒作逐渐开始向外扩散至零售领域。中兴商业成为补涨龙头，如图 3-6 所示。

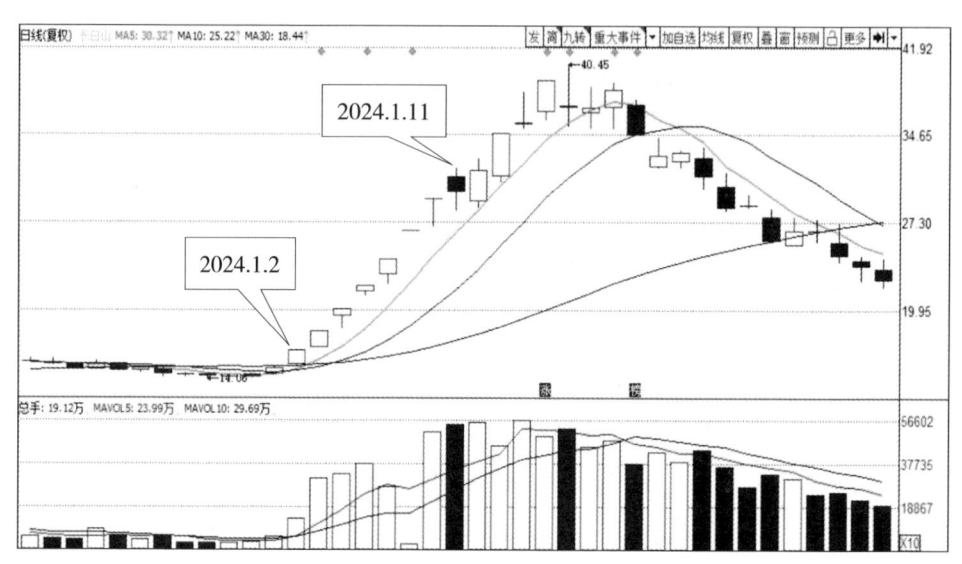

图 3-4　长白山（603099）日 K 线走势图

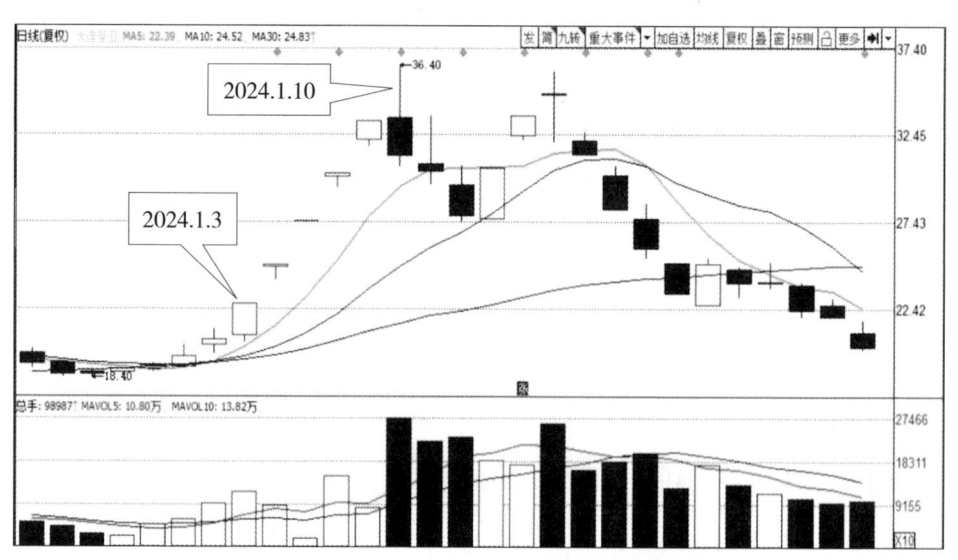

图 3-5　大连圣亚（600593）日 K 线走势图

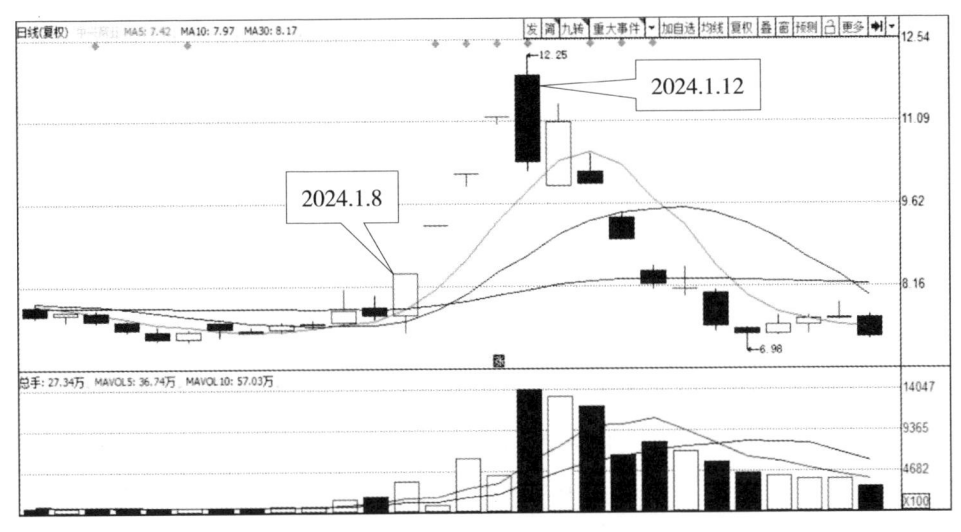

第三章 合力思维：游资时代的新思维

图 3-6 中兴商业（000715）日K线走势图

2024年1月8日，长白山和大连圣亚等大龙头股已经进入上攻的尾声，中兴商业此时拔地而起，接过了"冰雪＋零售"概念的大旗。

也就是说，中兴商业和之前的两个大龙头都可以列为龙头股票，只是属于后期的补涨龙头，而且这些二龙头、补涨龙头都是在大龙头的带动下起飞的。再来看一下莱茵体育的股价走势情况，如图3-7所示。

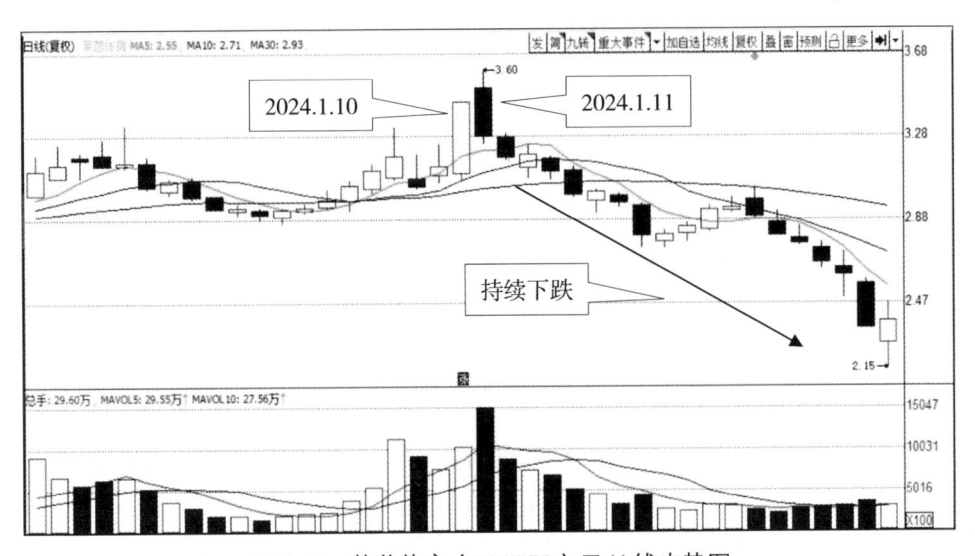

图 3-7 莱茵体育（000558）日K线走势图

莱茵体育同样也属于冰雪概念股票，但在冰雪概念热炒过程中，该股股价并未随着整个板块的上升而上升，直至2024年1月10日，在板块共振效应下，莱茵体育的股价也在下午时段拉升至涨停板位置。相对于板块内的龙头股，在此阶段拉升至涨停位的莱茵体育就属于典型的情绪后排。这类股票上涨的空间相对要小很多，而一旦板块出现回调，往往又会出现较大幅度的下跌。

其实，在整个板块热炒过程中，更多的股票都是像莱茵体育一样，只是偶尔闪一下光，而后重新归于平淡。这也是我们常说的炒股就要炒大龙头的原因。在整个板块情绪起来后，市场资金合力推动整个板块上行，板块内的个股可能会从前期的一花独开状态逐渐过渡到百花齐放状态，这是资金合力推动的结果，也是资金合力所能达到的一个高潮，此后，市场开始走下坡路，资金也就陆续退出了。投资者要做的就是先一步在资金离场前抽身而出。

二、热点题材必是多路资金的交汇点

对于普通散户来说，理解游资的合力思维是操作强势股的必要条件。投资者选股时，也要尽可能选择各路游资合力拉升的股票。这类股票往往具有如下几个特点。

第一，属于盘面热点题材板块。只有热点题材才能汇聚足够多的资金。无论是游资还是普通投资者，都喜欢查看实时热点股票。从另一方面来说，这些热点股票，也正是各路资金追逐的热门。

第二，股价振荡幅度较大，量价齐升形态明显。很多热门股票可能在开盘后很短的时间内就冲上了涨停板，随之而来的是成交量的放大。当然，股价上攻必然要求成交量放大相配合，但若成交量出现异常放大则要小心。一旦成交量无法继续攀升，则有回调的风险。

第三，市场领涨龙头所属的板块，更容易成为热门股票聚集地。当前市场最高连板股（一般要超过5个板，且并非全部为一字板股票）往往会成为整个市场的风向标，常常能够带动板块整体走高。

从这一点上来说，投资者要想手中的股票能够飞起来，自己先要站到风口上。投资主线、市场热点就是风口。判断市场投资主线和市场热点时，可以从以下几个角度来分析。

第一，整个市场的大环境。这个大环境包括政策环境和宏观经济环境。

宏观经济环境不佳时，国家可能会出台一系列刺激消费或投资的政策；国际局势出现动荡时，特别是出现较大的冲突时，整个金融市场就可能会随之动荡，很多资金就会流向避险领域，一些黄金类、军工类股票可能会迎来上扬；同时，从长远来看，人类社会不可避免地要面对和克服粮食危机和能源危机。

第二，市场资金的流向。

市场上主力资金攻击的方向，往往就是市场热点聚集的领域。若是主力资金持续流入某一概念板块，更可印证该板块就是当前的热点板块。

第三，涨停板集中领域。

若某一板块内涨停个股数量较多，则说明该板块为市场热点所在。特别是市场的总龙头来自某个细分板块，更可印证该板块为市场热点板块。

下面以移动支付概念中的翠微股份为例进行介绍。

移动支付也称为手机支付，就是允许用户使用其移动终端（通常是手机）对所消费的商品或服务进行账务支付的一种服务方式。最近几年，随着移动互联网技术的发展，智能手机等移动终端设备的普及，支付方式的电子化、网络化、移动化趋势越发明显。移动支付的应用场景、产业链条得到极大的拓展和延伸。

翠微股份是北京市海淀区区属商业龙头企业，也是北京市著名商业品牌。其核心业务包括商业零售业务以及银行卡收单业务等。翠微股份下属的子公司海科融通，除了布局智能POS外，还推出了兼容二维码扫码支付的"海码"、扫码盒等新兴支付工具。因此，翠微股份也成为移动支付概念股。2022年年初，该股的流通市值在50亿元左右，属于典型的小盘股。

2022年1月初，受移动支付利好消息的刺激，更因盘子小而获得了资金的青睐，翠微股份曾数度出现短线暴涨走势，如图3-8所示。

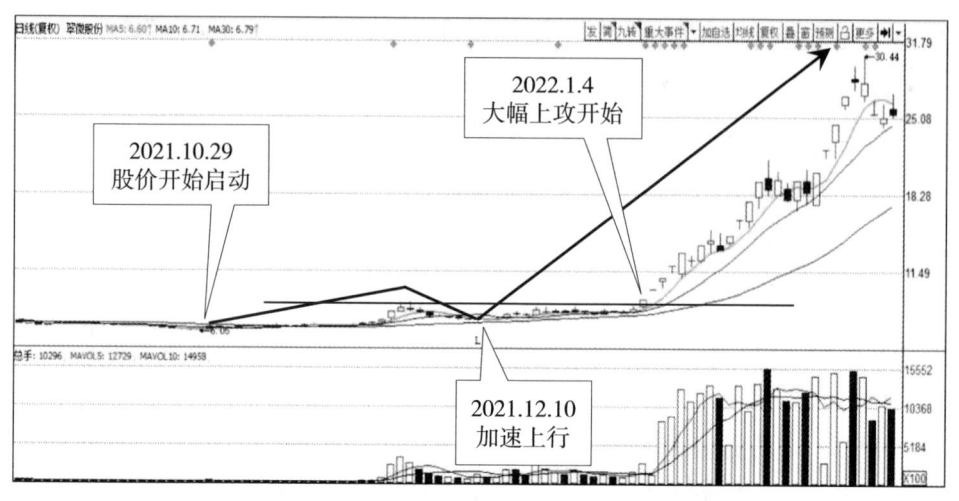

图 3-8 翠微股份（603123）日 K 线走势图

翠微股份的股价在 2021 年 10 月底触底后就出现了振荡反弹走势。在 11 月底到 12 月初，股价出现了一波小幅上攻走势，但很快又转入了调整区间。此时市场就出现了有关移动支付和数字货币的消息，特别是央行数字人民币的动态还是牵动了市场的神经。从侧面也说明了，市场上有资金开始流入该股。

2021 年 12 月 10 日，该股股价触及 30 日均线后出现振荡反弹走势。从技术分析角度来看，此时该股上攻已经开启，但由于先前股价涨幅较小，市场上的投资者并没有察觉到。到了 2022 年 1 月 4 日，该股股价在移动支付概念的催动下暴力上攻，以涨停的形式突破了前期高点，这也是股价加速启动最为明确的确认信号。与该股同步上升的还有很多同概念股，这也是整个板块启动的一个明确信号。

基于以上分析可知，移动支付板块已成为当时市场炒作的热点，其龙头股翠微股份已经开始了主升浪模式，这正是投资者可选的较佳对象。投资者可积极入场买入该股。

第四章
概率思维：追求大概率事件

投资者一定要有概率思维,不要被自己大脑里感性的认知带偏,要懂得理性思考,要学会计算和推导。这样才可能在一个不确定的世界里掌握自己的命运。

第一节　概率思维与股市盈利

游资也常常将炒股形容为一场概率游戏,只是在不同的环境与条件下,获得的概率是不同的。作为投资者,要尽可能站在大概率事件的一边,这样当你长期坚持下去的时候,就离胜利不远了。

举个简单的例子。如果参加一个猜硬币正反面的赌局,在公平的环境下,硬币出现正反面的概率几乎都是50%。那么,只要你一直猜正面或反面,猜的次数越多,猜对的概率就会越接近50%。这就是最简单的概率论。可是在现实生活中,很少有这种完全公平的竞猜。比如,猜一场足球比赛的输赢,大家谁也不会坚持用盲猜某一方的方法来猜哪支队伍获胜。因为有一些足球常识的人都知道,各队的队员情况、教练水平,乃至一些场外因素等都可能影响最终的比分,谁也不会坚守50%对50%的概率。因此,根据各队情况,博彩公司也会相对地对竞猜规则进行调整,使之回到博彩公司能够接受的水平。

回到股市,这种情况又有所不同。市场上,股票的价格波动看似也只有两种可能,上涨或下跌。同样的,也没有人会认为每只股票上涨或下跌的概率都是50%。每个投资者都在进行各种分析,比如技术分析、基本面分析、情绪与热度分析、题材分析等,其实每个人所希望的无外乎就是获取更大的盈利概率。

这里有一点需要注意，我们能做的只是不断地通过自己的努力、实践与分析，提升猜对股价上涨与下跌的概率。至于股价最终是否会上涨，那就不一定了。如果我们预判的准确性达到了70%，几乎就可以很从容地应对当下的股市了。但是即使是70%的准确率，是否能够保证一定赚钱呢？未必，还需要一系列正确的操作手法。事实上，就连市场上的那些游资大佬们，他们猜对的概率也不到70%，甚至不足50%。只是他们在操盘时进行了一系列处理，比如不断地用小错误来试盘，在猜对的时候加大仓位，最终产生了较高的盈利。

一、炒股就是炒概率

知名游资曾经说过：炒股就是炒概率。所有的操作方案都是对概率原理的总结，在加上高成功率的保证，自然就能获得盈利。

从本质上来说，不只是游资，普通投资者所做的所有交易行为，也是一种追求大概率事件的行为。比如，我们选择价值投资，试图找寻到股价明显低于内在价值的股票。之所以这样操作，是因为这类股票的股价在未来有很大的可能性恢复到内在价值之上。我们的选择其实就是一种基于大概率事件的行为。

从游资的角度来看，这样选择尽管从概率上来讲无可厚非，但也存在三个明显的弊端：其一，作为普通投资者，无法保证自己获得的数据是真实可靠的；其二，即使能够认定股价会回到内在价值之上，但并不能预判这个过程需要多久，资金在其中是否有别的用途；其三，投资周期过长，有损于资金的利用价值，很可能得不偿失。尤其是小资金，用于长线投资，更不利于资金价值发挥最大化。也就是说，在游资的概率思维中，不仅考虑了交易的成功率，还考虑到了资金的效率。正因如此，游资的交易都以短线交易为主。

下面来看一下"赵老哥"操作春晖智控的案例。春晖智控的股价自2021年11月22日强势涨停，并出现了一波小幅上升趋势，如图4-1所示。

2021年11月19日春晖智控的股价拔地而起，并一举突破了多条均线。此后，该股股价连续出现大幅拉升。从龙虎榜数据来看，"赵老哥"11月

22 日开始强势登榜。其实，11 月 19 日开始，"赵老哥"常用的中国银河证券绍兴证券营业部就已经开始买入了。

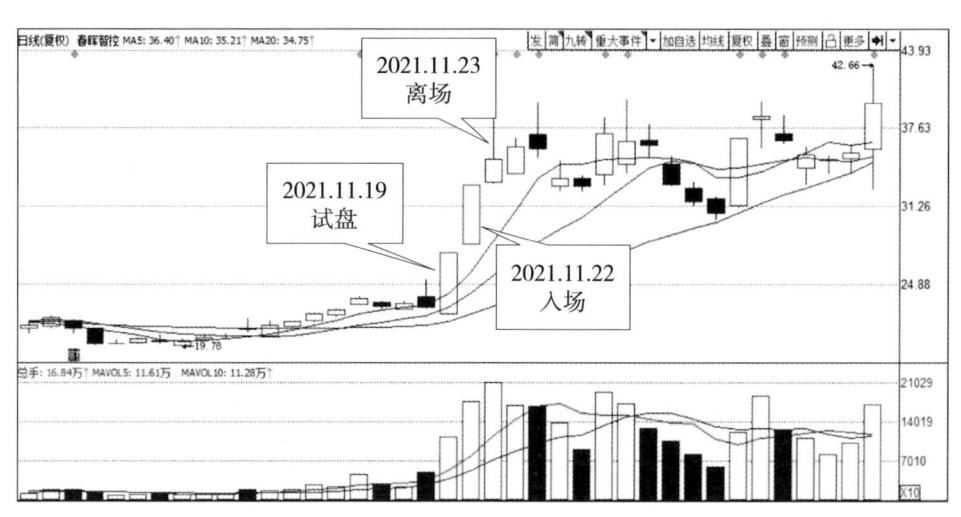

图 4-1　春晖智控（300943）日 K 线走势图

尽管该股涨幅并不理想，并没有成为大牛股，但"赵老哥"的短线交易还是收获颇丰，其具体交易记录如表 4-1 所示。

表 4-1　春晖智控龙虎榜数据

日期	买入金额（万元）	卖出金额（万元）
2021.11.22	1471.35	65.91
2021.11.23	5.33	1800.22

对照"赵老哥"的交易记录以及春晖智控的股价走势，可以发现以下几点。

第一，这是一次非典型的超短线交易。从入场到离场也就三个交易日。不过，这三个交易日却实现了较高的投资收益。

第二，从 K 线图上来看，2021 年 11 月 19 日，春晖智控出现第一个涨停板，"赵老哥"买入的量并不大，从第二天卖出的金额来看，很可能就是 65 万元左右。这是一次试盘行动。也就是说，在第一个涨停板出现时，"赵老哥"也不能确认股价是否会继续上攻，所以只进行了少量试盘。

第三，2021 年 11 月 22 日，该股股价再度涨停，"赵老哥"使用的营业部买入了不到1500万元的股票,将前一交易日试盘的股票卖出了。从买入金额来看,"赵老哥"此时只是试探性建仓。

第四,2021年11月23日,该股股价冲高涨停未果。"赵老哥"在高位直接出货,放弃了该股(卖出1800.22万元)。

通过交易金额可以看出,尽管"赵老哥"持仓时间很短,但收益率还是非常高的,可能在20%左右。"赵老哥"的交易很好地诠释了游资交易的精髓。尽管11月19日股价成功封板,未来上涨的概率很高,但当日也存在炸板的风险,因此"赵老哥"的操作十分谨慎,只入手了很低的仓位65万元。次日,该股二度冲击涨停板,赵老哥将先前入手的股票卖出后,又加大了仓位,买入了1471.35万元,这说明在"赵老哥"心中,该股继续上涨的概率明显增大了。第三日全部获利了结。这就是一次非常经典的短线交易。在确保资金使用效率的前提下,提升了操作的盈利能力。

二、技术分析与概率论

很多投资者都在纠结技术分析到底有没有用的问题。如果说技术分析有用,当按照技术分析交易股票时,却常常出现亏损情况;如果说技术分析没有用,那市场上怎么会有那么多的人对研究技术分析乐此不疲。

其实,如果去问这些游资大佬技术分析有没有用,他们几乎都会这样回答。首先,他们会说,市面上的这些技术分析书籍和方法他们都研究过,可能还都比较精通;其次,随着投资实战经验的丰富,发现这些方法几乎没有什么用。这些游资大佬的答案一点儿也不令人感到惊讶。毕竟他们都是在实战中摸爬滚打多年,经历了多轮牛市与熊市的洗礼,这些技术分析方法的精髓早已融入他们的操作手法当中了。比如,游资在操作中最重视的无外乎市场情绪、量能情况等,而这些恰恰就是最基础的技术分析。市面上所有的技术分析类图书中,最基础的分析全部离不开量价分析,游资所依赖的恰恰就是这些东西。只是游资在操作过程中结合了个人的理解、对散户群体心理的掌控,能够更加活学活用。

从某种意义上来说,技术分析本身就是一种基于概率论产生的炒股辅助工具。以常用的技术分析工具均线为例。大家知道，均线就是市场上一段时间内投资者持仓的成本线。当股价低于均线时，市场上在这一时间段内买入股票的投资者都处于亏损状态，此时股价上升的阻力就比较大，因为大家都是亏损的，也都认识到自己的判断出错了，因而股价上升并接近解套状态时，就会选择卖出离场来弥补这个错误，这就是通常所说的均线对股价的阻力作用。反之，当股价处于均线上方时，大家都处于盈利状态，对股价的盈利预期也会提升，毕竟大家都认为自己的选择是对的，选到了好股票，于是股价继续上升就会比较容易。这都是较为容易理解的内容。

事实上，真的全部如此吗？当然不是，否则就不会形成股价对均线的穿越了。但我们仍旧认为均线对股价具有支撑或阻力作用，原因就在于这是一个相对的大概率事件。也就是说，股价处于均线上方时，继续上行的概率相对较大，且越是长周期均线作用越显著，比如 30 日均线要比 5 日均线的作用更强一些，这也是一种概率事件，是大家通过以往的实战过程总结出来的。另外，越是大盘股，这些技术分析所发挥作用的概率越大，小盘股的概率就低一些。原因在于，盘子越大，个体资金操纵的难度较高；而小盘股受个体资金的影响就比较大，技术分析发挥作用的概率也就低一些。大家对这些都要有一个正确的理解。

下面来看一下徐工机械的案例，如图 4-2 所示。

徐工机械的股价在 2023 年下半年一直呈现振荡下跌态势，股价始终运行于 30 日均线的下方。在股价下跌过程中，曾几次出现反弹走势，但均被 30 日均线阻挡下来了。2023 年 12 月 21 日，该股股价触底反弹，到 12 月 28 日，股价更是向上突破了 30 日均线，这也说明此后股价继续走高的概率要大于下跌的概率，想要买入的投资者可以考虑入场建仓。

此后，该股股价出现了一波振荡上升走势。

图 4-2 徐工机械（000425）日 K 线走势图

第二节 涨停概率论

  游资最喜欢也是最常用的一种操作方法就是打板交易。其实，这与普通投资者的想法有些不同。对于普通投资者来说，打板入场，意味着股价已经达到了一天中的最高点，此时入场，最好的结果也就是当天能够保本，争取次日的涨幅，反之，当天若封不住涨停板或涨停板打开，跌幅则是相当大的，20% 以上的跌幅也不是不可能，而且次日还有可能继续走低。也就是说，从普通投资者的角度来看，这实在是一个不划算的交易。但是为什么这么多的游资对涨停板趋之若鹜呢？其实，这里面就是一种概率思维。

一、涨停板走高的概率

  相对于普通散户，游资无疑是更具实战经验的股票交易者。游资比散户更愿意参与高风险的涨停板交易，与概率有关。

在实战交易过程中，一只处于上升趋势的股票，继续上涨的概率要远远大于处于下跌趋势的股票。而涨停的股票，则是处于上升趋势中股票的强者，这类股票继续上升的概率更高。其实，从涨停板的形成中也可以看出一些端倪。很多股票达到涨停板位置时，在买一位置还有大量未成交的买盘。从理论上来说，这些买盘很有可能在下一个交易日继续买入该股，这也是涨停后股价继续走高的原因。当然，次日股价冲高的概率很大，但并不意味着次日股价最终会以上涨报收，也有一些股票的股价在冲高一波后立即转入了回调走势。不过，对于很多游资来说，这并不重要，他们要的仅仅是股价次日冲高的高点。一旦股价完成冲高，他们就可以出货了。

下面来看一下金自天正的案例，如图4-3所示。

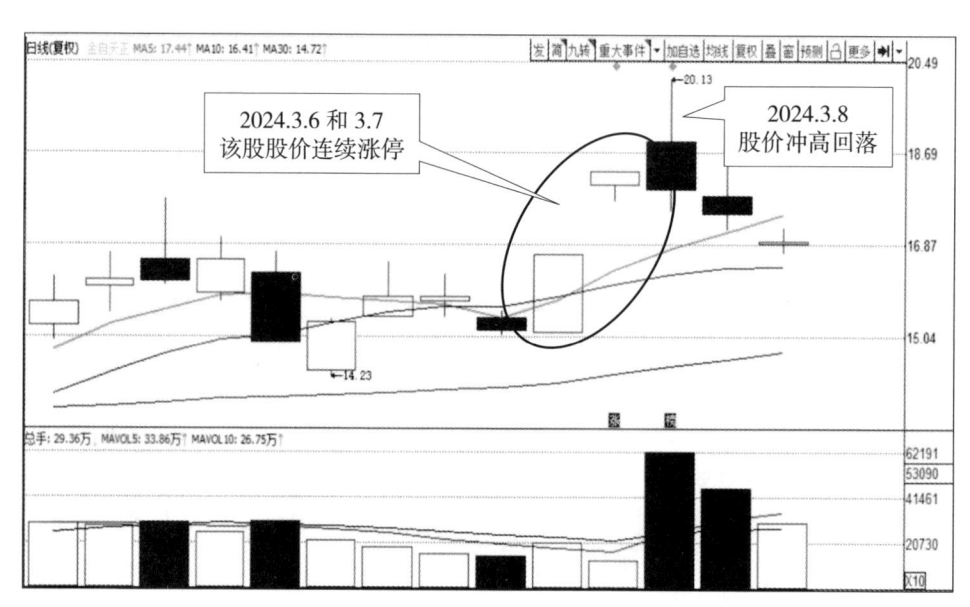

图4-3 金自天正（600560）日K线走势图

2024年3月上旬，市场上出现了一波炒作新质生产力概念的热潮，金自天正成为该概念的热门股票。该股股价在3月6日和3月7日连续涨停，3月8日出现了冲高回落走势。很多在前两个交易日踏着涨停板入场的投资者都收获颇丰。投资者只要在3月8日股价冲高时出手，即可兑现收益，如

图 4-4 所示。

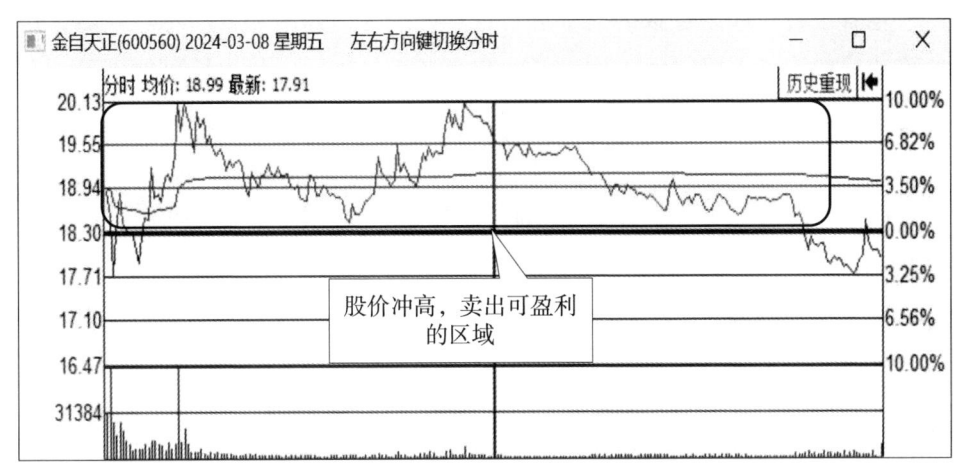

图 4-4　金自天正（600560）分时走势图（2024.3.8）

2024 年 3 月 8 日当天，股价在前日收盘价上方停留时间较久，投资者有充足的出货时间。当然，有些股票从冲高到回落的时间很短，这时投资者就必须及时抓住卖出的时机。

其实，这也是很多散户看龙虎榜跟踪游资，但难以成功的原因所在。比如，投资者在 3 月 7 日观察金自天正的龙虎榜数据会发现，有多家游资强势上榜了。那么，投资者该如何选择呢？由于龙虎榜的数据是在 3 月 7 日晚上收盘之后才给出的，这就意味着此时游资已经入场了。投资者要想跟进，只能等到 3 月 8 日。从 3 月 8 日开盘之后的股价走势来看，股价确实存在冲高的情况，但此时也正是很多游资离场的时刻，散户此时入场就等于做了游资的"接盘侠"。

二、连续涨停的概率

在很多散户投资者看来，一只股票连续涨停的次数越多，就会越危险。正因如此，散户投资者宁肯买入刚刚出现一个涨停板的股票，而不敢买入四五个涨停板的股票。反之，游资则更加青睐连续涨停的股票。比如，游资大佬"赵老哥"在形容抓龙头股时曾说过：一个涨停板什么也看不出来，只有三个以上涨停后，才能看出谁是真正的龙头。也正因如此，游资才会更加青睐高位连板股。

笔者也曾对股票连板的概率进行过一些统计，如图 4-5 所示。当然，这种统计只持续了一段时间，加之考虑市场环境的不同，代表性可能不足，但仍具有一定的参考意义。

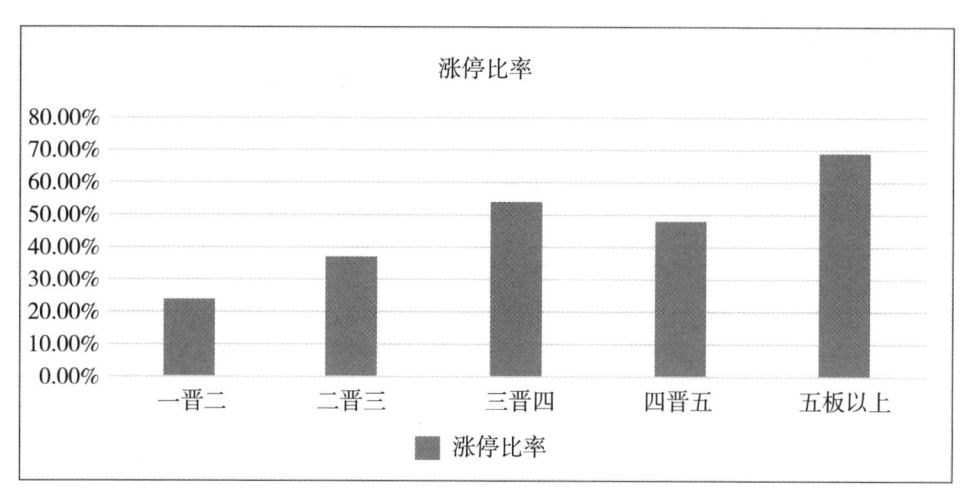

图 4-5　涨停板连板比率

从图 4-5 中可以看出几个结论：第一，从第一个涨停板到第二个涨停板是最难的，晋级的概率只有 20% 多；第二，第二个相对低点出现在四个板晋级到五个板的路上，一旦股价收出第五个涨停板，很可能就会成为市场资金关注的焦点，更有望成为市场上的龙头股；第三，五板以上的涨停股，继续涨停的概率远远超过其他股票。一只股票若能连续收出五个以上的涨停板，也就成了真正意义上的龙头股，这类股票所获得的资金的关注是其他股票不能比的。

这里有一个有趣的现象。为何游资热衷的高位连板股票，普通散户却都躲着呢？而且从概率论角度来看，明明是高位连板股票继续涨停的概率更高啊？在《随机漫步的傻瓜》一书中，纳西姆·尼古拉斯·塔勒布（Nassim Nicholas Taleb）提及一种"炸毁"风险。就是说，很多事情从概率上来讲，可能赢面更大一些，但一旦出现风险，这个风险足以将之前的盈利甚至本金全部吞噬掉。其实，很多散户投资者不敢介入高位连板股，所担心的就是这种风险，毕竟一只有着五个以上涨停板的股票，一旦转入下跌，连续几个跌停板不是不可能。正是这种可怕的景象，才让散户对高位连板股"望而却步"。

当然，并不是游资想不到这种"炸毁"风险。只是游资的资金量较高，能够通过分仓和试仓将这种风险控制在很小的范围之内。反之，很多散户在风险防控方面做得很不到位，买股票时，要么不敢买，要么就全仓杀入。这都是十分不可取的。

三、行情与涨停概率

很多想要操作短线涨停板的投资者存在这样一个误区，即在最差的行情中也常常会有涨停板的存在。也就是说，行情好的时候，市场上可能会有100个涨停板，而在行情差的时候，也会有10个到20个的涨停板。也就是说，涨停板天天都可能抓到。只要自己学会抓涨停板，就根本不惧行情的好与坏了。

其实，这类投资者只是看到了盈利的概率，而没有分清概率的大小问题。市场上出现100个涨停板时，盈利的概率相当于只有20个涨停板时的5倍。也就是说，赚钱的概念在不同的环境下是有着天壤之别的，这也是投资者之间最终盈利差产生的原因。

下面来看一下上证指数在2024年2月的走势情况，如图4-6所示。

上证指数在2024年1月底2月初经历了一波大幅下挫再反弹的过程。在这几个交易日内，市场上涨停板的数量是完全不同的。

2024年2月5日，20只股票涨停、1368只股票跌停。

2024年2月6日，145只股票涨停、135只股票跌停。

2024年2月7日，100只股票涨停、282只股票跌停。

2024年2月8日，517只股票涨停、8只股票跌停。

从上面的一组数据中可以清楚地看出追击涨停板的成功率。在市场行情向好的情况下，市场上涨停板的数量也会大增；反之，则会少得可怜。比如2024年2月5日，只有20只股票涨停。投资者想要抓到涨停板，难度可想而知，而在2月8日，两市涨停股票超过500只，这就是完全不同的局面了。

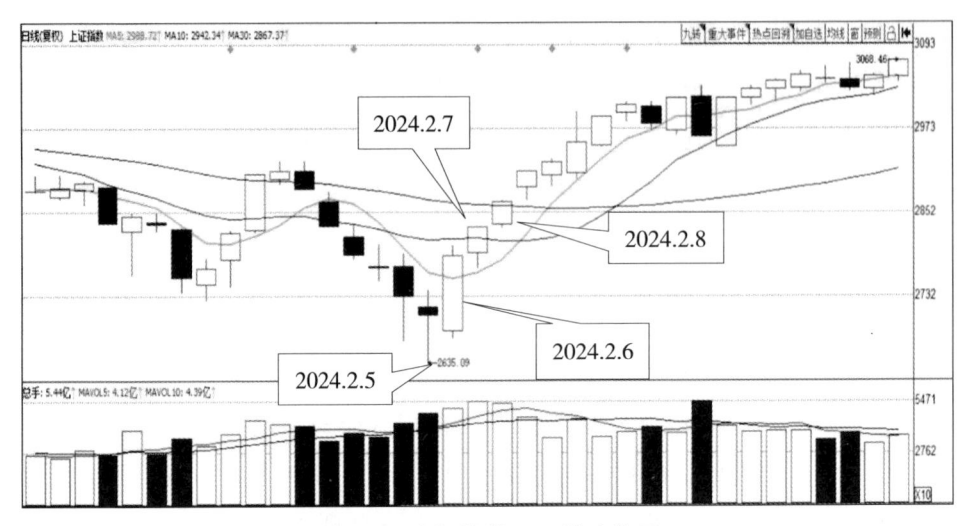

图 4-6　上证指数日 K 线走势图

四、游资向左，散户向右

游资看盈利概率，敢于追高买入连板股；散户看亏损风险，畏惧高位涨停板。从表现上来看，散户投资者的想法并无问题。但是，站在股票交易的立场来看，过度恐惧风险是不应该的。若是如此厌恶风险，就不该来到股市，毕竟股市本身就是一个充满风险的场所。可以这样说，每笔交易在肯定为投资者带来收益的同时，也都让投资者的资金面临着风险。风险与收益本就是一体的。

游资也并没有无视股价可能的大幅下跌，只是他们采取了一系列有效的应对策略。这些策略散户投资者也可以借鉴、学习。概括起来包括如下几点。

第一，学会资金分仓管理。将日常用于追击涨停板的资金、其他股票投资的资金、备用资金进行分仓管理，而且用于追击涨停板的资金不宜过多，新手以一成仓位练手就可以。从以往的经验来看，新手很可能会交一定的学费。投入的资金越多，学费交的可能也会越多。另外，大家不用看游资每笔买入的资金都很多，因为人家本身的资金量就十分庞大，追高的资金占比肯定不会超过一成，甚至 0.1 成都不到。这样即使出现大幅亏损，也不会对本金产生太大的影响，而且在操作时心态也不会受太大的影响。

第二，不要过分追求每笔都要高收益。很多散户还有这样一个误区，认为追涨停板就是为了追求高收益。这是一个天大的错误。游资追击涨停板，本质上是为了获取最容易收获的那部分收益，并非单纯地为了高收益，否则这些游资在操作涨停板时，也就不会总是进行"今日买，明天卖"的超短线交易了。尽量增大每笔交易盈利的概率，同时降低每笔亏损的额度，以期实现复利的滚动，这是游资资金滚动的密码。从这一点上来看，普通散户往往缺少这种心态，总是期待每笔交易的收益最大化就是最大的症结所在。降低每笔交易的预期，让资金借助复利效应慢慢滚动起来，才是实现收益长期稳定增长的正确途径。

第三，坚持短线交易。游资资金滚动，确实依托于复利效应，但要想让资金滚动的快一些，就必须依赖于短线交易。游资大佬常说的一句话是：我们不期望看到多远的行情走势，只要能看懂未来一两天的走势就可以了。也就是说，不要管股票本身质地如何、价值如何，只要股价在下一个交易日存在上升的概率，且这种概率很大时，就可以买入。同时，在下一个交易日，无论股价是否涨停都要卖出。若盈利，说明判断正确；若亏损，则说明判断错误，需要改进自己的交易系统。就这么简单！

第四，交易要简单、纯粹，不要拖泥带水。很多散户投资者在交易过程中，常有患得患失的心理，买入股票后怕下跌，卖出股票后又担心股价会上涨。其实，这就是心态不成熟的表现。预判股价上涨，就买入股票，然后等下一个交易日检验自己判断对错即可；卖出股票就可以删除自选了，不要再观察这类股票的走势了，除非还要判断这类股票后面的行情。

第三节　追随大概率，站在胜利者一方

所有的投机活动，乃至投资活动，从本质上来说其实都是一种概率游戏。如果从单次的交易行为来看，可能会带有一点儿运气成分和随机性，但若交易次数足够多，就会发现这些交易行为本身就是一场概率游戏。想要取得最后的胜利，就是追随大概率事件，摒弃小概率行为，更不能抱着侥幸心理。

一、不会空仓永远做不大

标定空仓的日子，不会空仓永远做不大。

——知名游资：一瞬流光

追随大概率的第一步，并不是要学会如何选股与追涨，而是要学会空仓。其实在很多情况下，我们对行情走势的预判并不清晰。这并不是准不准的问题，而是按照自己的交易模式，很多次交易本可避免。但在现实中，很多散户投资者就是管不住自己的手，无法做到行情不明时坚持空仓等待。

从某种意义上来说，这本身就是一种不成熟的表现。在交易过程中，空仓也是一种交易策略，在行情不好时或看不准行情时空仓，就是一种追随大概率事件的表现，因为此时空仓，从大概率上来看对自己是最有利的。

事实上，在A股市场上，能够满仓参与的时间非常有限，大部分时间是需要投资者控仓参与，甚至空仓等待的。空仓不是不作为，而是另一种形式的进取。当整个市场都是下跌的，能够待在原地，就是一次成功的交易！留住本金，要比亏损强百倍。

二、神奇的复利效应

市场上的很多游资都是从小资金成长起来的，但这并不意味着他们都是靠暴利发家的。尽管有一些运气与机遇的成分，但真正让他们成长起来的，其实还是资金的复利效应。以巴菲特为例，如果以他年均资产增长率25%来看，好像在股市中很容易实现，也并不突出。但若利用复利效应来看，其资产增值的速度是非常恐怖的。下面以投资资金100万元为例。

第一年：100万元。

第二年：125万元。

第三年：156.25万元。

第四年：195.3125万元。

第五年：244.14万元。

第六年：305.175万元。

第七年：381.469万元。

……

后面已经无须再计算了，因为资产翻番的速度越来越快。也就是说，如果年投资收益率的目标是25%，那么，100万元的本金到第七年时就会上涨到381万元。很多投资者可能认为，以年为单位计算太长了，自己就想快点挣钱。其实，这也可以利用复利效应来考量短期目标投资收益率。

如果问你，一周之内在股市中获取1%的收益，可能吗？也许你会回答很容易。2%呢？没问题。5%呢？也许可能吧！其实，你根本无须把每周的盈利目标订到5%，只需1%，就会远远超过巴菲特的收益率。

下面是以5万元为基数，以周为单位的复利计算表，如图4-7所示。

周收益率	周数									
	1	2	3	4	5	10	20	30	40	50
1%	5.05	5.1005	5.151505	5.20302	5.25505	5.523111	6.10095	6.739245	7.444319	8.223159
2%	5.1	5.202	5.30604	5.412161	5.520404	6.094992	7.429737	9.056808	11.0402	13.45794
3%	5.15	5.3045	5.463635	5.627544	5.79637	6.719582	9.030556	12.13631	16.31019	21.91953
4%	5.2	5.408	5.62432	5.849293	6.083265	7.401221	10.95562	16.21699	24.0051	35.53342
5%	5.25	5.5125	5.788125	6.077531	6.381408	8.144473	13.26649	21.60971	35.19994	57.337

图4-7　周资金累计速算表

由图4-7可以看出，如果投入5万元本金，每周盈利1%，那么第50周资金累计为8.22万元，一年资金增长率为64%；每周盈利2%，那么第50

周资金累计为 13.46 万元，一年资金增长率为 169%；每周盈利 5%，那么第 50 周资金累计为 57.34 万元，一年资金增长率为 1046%。

由此可见，并不需要有多大的奢求，只需保持每周盈利一个点，资金就可以实现快速增长。

三、寻找确定性：打板与做核心

投资活动是一种不确定性很高的活动，玩的就是一个概率。无论采取何种交易策略，投资者努力追求的就是在这种高不确定性的世界里寻找最高的确定性，说白了就是努力提高能掌控的概率。针对如何寻找确定性，游资给出了两个建议：一是打板；二是做核心。倒不是这两种方法就一定是确定的，只是相对来说，这两种方法的成功率最高。

1. 打板

在大多数行情中，打板确实是确定性较高的一种交易行为。当然，打板后还要考虑炸板的问题。一般来说，很多股票在开盘后 15 分钟内完成封板，那么，如果当天行情还不是太差，收盘时封板的概率还是比较高的。尽管有一些可能盘中出现炸板的情况，但很多还是可以回封的。当然，若盘中大盘出现跳水的情况，则炸板率就会高一些。

如图 4-8 所示，兆新股份的股价在 2024 年 3 月 14 日早盘跳空高开后迅速冲高，在 6 分钟不到的时间里就完成了封板。这说明该股股价走势较强，资金抢筹意愿明显。盘中时段，该股涨停板一度被砸开，但 30 多分钟后即完成了回封。相对来说，这类涨停后又回封的股票，下一个交易日股价冲高的概率还是很大的。

2. 做核心

做核心也是一种确定性较高的操作手法。所谓核心，就个股而言，主要考虑的还是个股的市场地位。如在一波炒作行情中，市场情绪集中在哪个板块，这个板块中的大龙头股、情绪前排股票、中军股票、跟风股有哪些。投资者在做的时候，要以大龙头，特别是整个市场的大龙头为核心。这类股票的安全性远远高于其他股票。

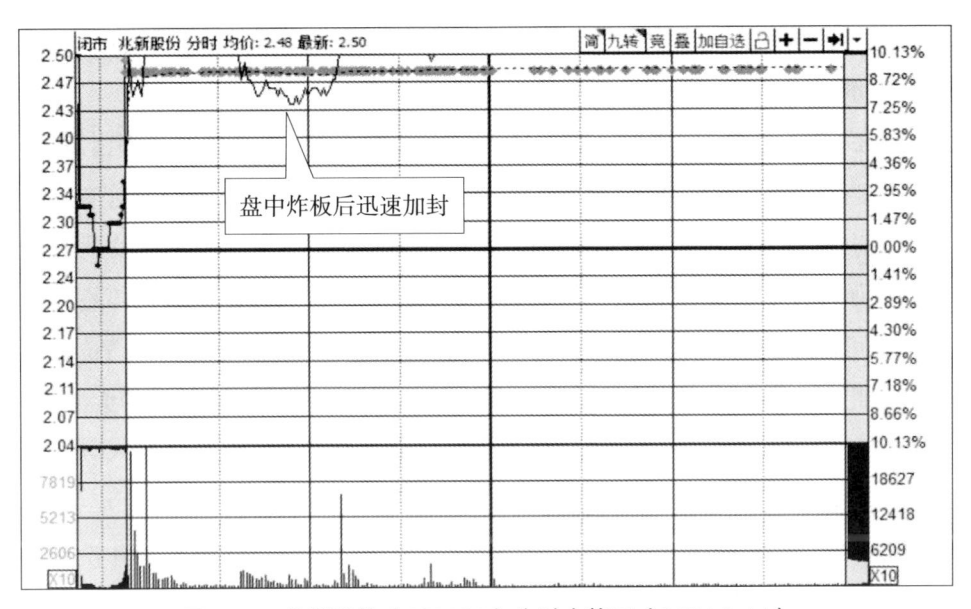

图 4-8　兆新股份（002256）分时走势图（2024.3.14）

下面来看一下长白山的案例，如图 4-9 所示。

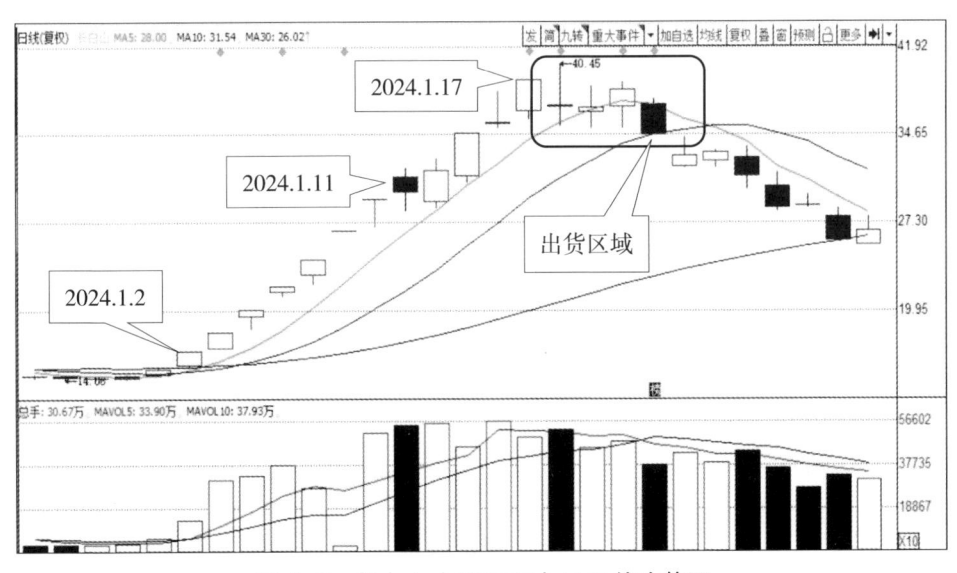

图 4-9　长白山（603099）日 K 线走势图

在冰雪旅游热的推动下，自 2024 年 1 月 2 日开始，长白山强势涨停，之后又连续拉出 6 个涨停板，成为冰雪旅游概念的龙头股。此时，长白山不仅是冰雪旅游概念的龙头股，更是整个市场的大龙头。资金介入较深，每日的成交量都比较高，这就为资金进出提供了充足的机会。

2024年1月11日，长白山的股价终结了连续涨停，成交量同时创出新高。不过，当日股价并未出现大幅下跌态势，这说明资金介入较深，尽管有很多资金流出，但也有很多资金在进场。此后，该股股价强势调整两个交易日后重新开始涨停。这就是大龙头与普通股票的区别。普通股票一旦涨停终结，股价就可能迅速转入下行通道，甚至连续跌停，而大龙头则会呈现高位振荡态势。此时，长白山不仅是冰雪零售概念的龙头股，更是整个市场的大龙头，该股也就成了市场中的核心股。在此期间，投资者无论哪个交易日入场，其实都是有盈利机会的。

2024年1月17日，长白山收出最后一个涨停板后，该股股价并没有立即转入下跌，而是在顶部横盘了几个交易日。对于投资者来说，这几个交易日就是最佳的出逃机会。

第五章
赢家思维：用赢家视角审视交易

A股市场中，散户群体是一个人数占据绝对优势的群体。散户群体庞大，这一典型特征对游资的整个思维模式和操盘逻辑产生了深远的影响。大家知道，尽管散户群体庞大，但赚钱的仍属于少数，绝大多数都是亏损的。换句话说，如果你所想的与整个散户群体想的一样，那么你就离亏损更近了一步；反之，当你的思维站到了散户的对立面，则离盈利近了一步。赢家思维，从某种意义上来说，也是一种逆向思维。

第一节　赢家思维的核心

赢家思维的核心：站在赢家的角度思考市场、思考交易，永远不心存侥幸。下面总结了部分知名游资的操盘特点，供读者参考。

一、忽视大盘，重视板块题材

很多散户投资者非常热衷于研究和预判大盘指数的走势。固然，大盘走势对个股走势的影响非常大。当大盘走出大幅下跌或上涨走势时，题材或个股不可避免地会受到一定的影响。不过，在实际操盘过程中可以发现，大盘指数出现大幅上攻或下跌（上证指数涨幅或跌幅超过1%）并不多见，也就是说，只要我们选股选对了，大盘的影响大部分是可以对冲掉的。

知名游资"炒股养家"曾这样劝散户：不要总是关注大盘在何种位置止跌或滞涨，而是要关注市场上哪些板块或题材上涨，哪些题材在下跌，先前大幅上涨或下跌的题材，现在怎么样了。这些题材、板块与盈利息息相关。

下面来看一下大盘指数在2024年4月初的走势情况，如图5-1所示。

上证指数在2024年4月1日延续了前两个交易日的上升趋势，以大阳线报收后，连续几个交易日出现了下跌回调走势。在大盘回调过程中，盘面

第五章 赢家思维：用赢家视角审视交易

上仍有各路题材轮番表现，其中又以黄金为代表的金属概念涨势最为迅猛。

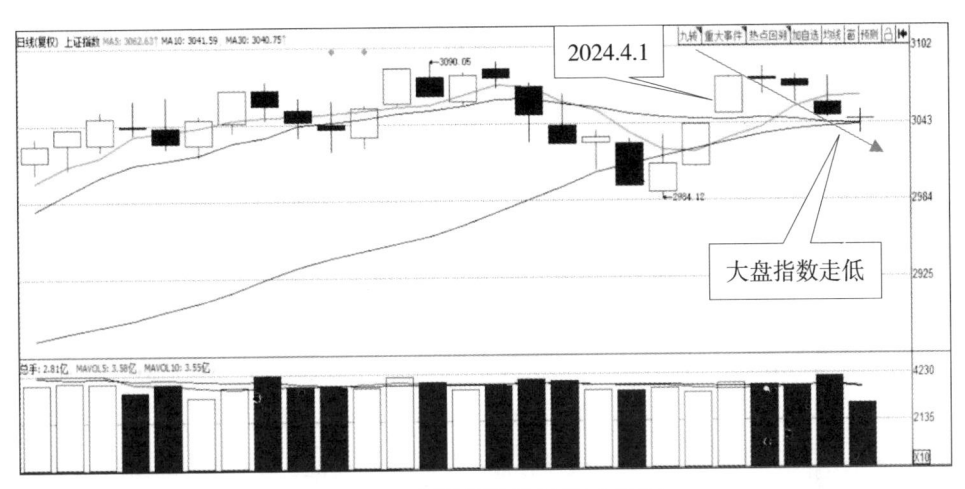

图 5-1 上证指数日 K 线走势图

下面来看一下北方铜业的股价走势情况，如图 5-2 所示。

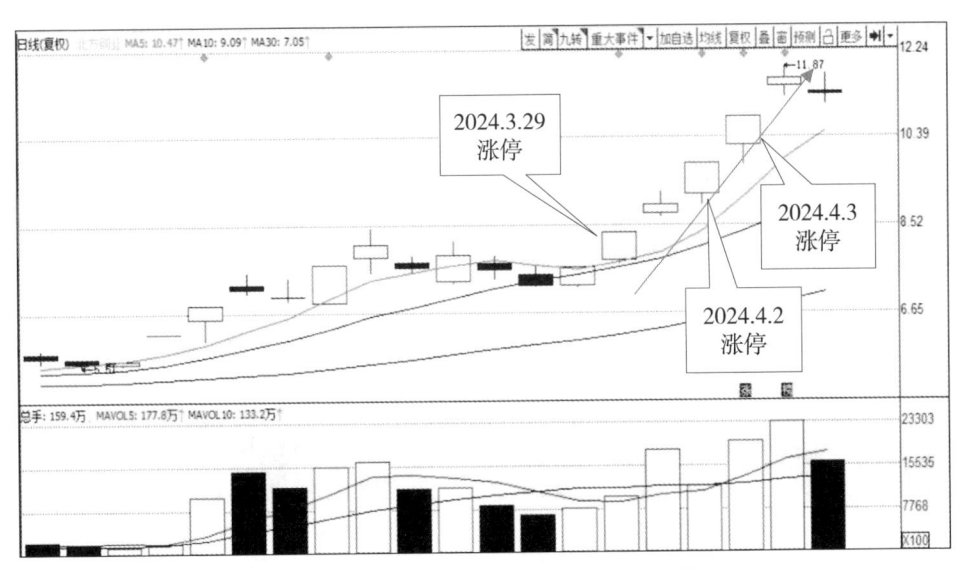

图 5-2 北方铜业（000737）日 K 线走势图

在贵金属价格大幅上涨的带动下，进入 2024 年 2 月之后，北方铜业的价格呈现出了明显的大幅上攻迹象。3 月 29 日，北方铜业更是强势涨停。从 4 月 2 日开始，大盘指数出现回调走势，北方铜业却连续走出两个涨停板，尽显强势。

二、市场差不可怕，就怕题材多

赢家所想的与普通散户所想的肯定是不同的，在操盘领域尤为如此。在普通散户看来，市场多点开花，肯定会迎来整个市场的大涨，这是大家最希望看到的一种局面。然而，在游资看来，越是多点开花的行情越危险。

知名游资"赵老哥"曾这样说：市场差不可怕，成交额少也不可怕，就怕题材多。题材多势必切换快。

在快速切换的环境中，即使是龙头股也很难聚焦市场情绪。大家知道，整个游资操盘体系中，市场情绪是一切操作的核心。在多点开花的行情中，起涨板块众多，题材众多，龙头股的热度势必会被其他板块、其他股票所分散。再说了，市场上众多涨停板和即将涨停的股票，谁还会冒险抢入高位龙头股呢？也正是在这个时段，很多龙头股和高位涨停股票，终结了连续涨停走势。

下面来看一下大盘指数的走势情况，如图5-3所示。

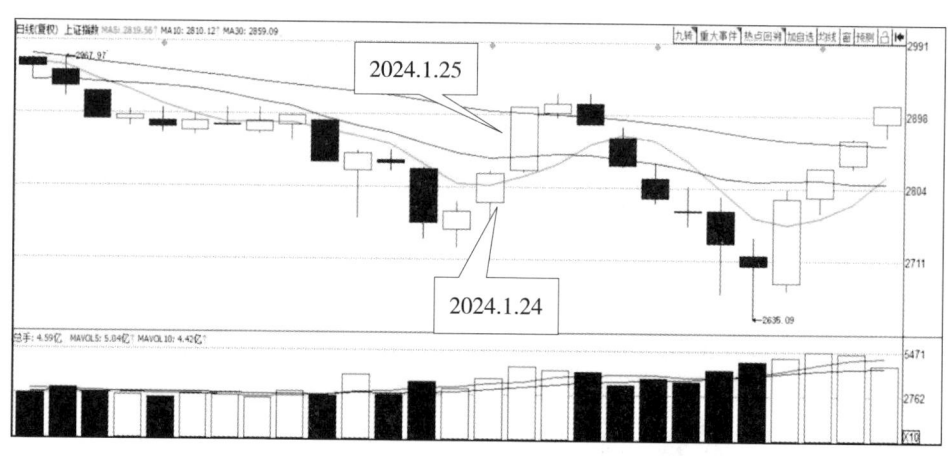

图5-3　上证指数日K线走势图

处于下行通道的上证指数在2024年1月下旬出现了一波反弹走势。1月24日，大盘指数涨幅达到了1.80%；1月25日，大盘指数涨幅达到了3.03%。

随着大盘的上攻，个股上攻狂潮可谓此起彼伏，很多概念和个股都出现了拉升浪潮。不过，与之相对的是，很多先前的大牛股、龙头股，却在这两

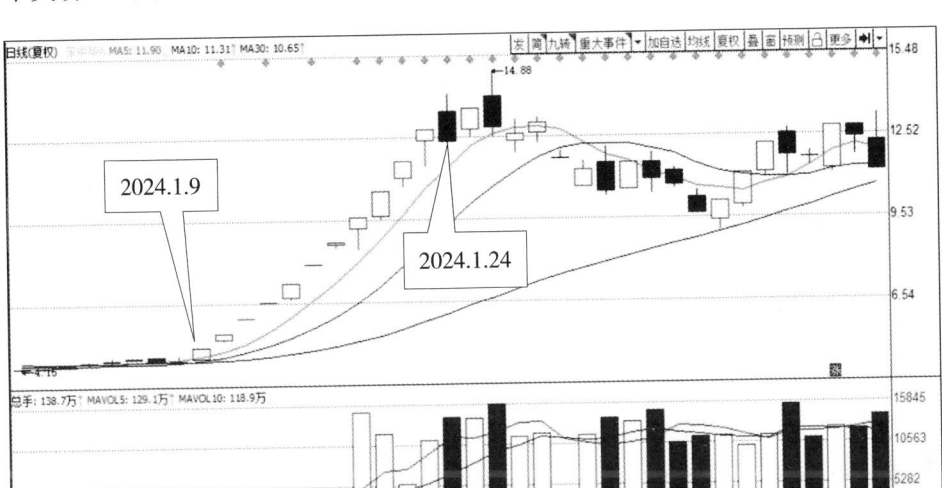

个交易日终结了连板趋势，如图 5-4 所示。

图 5-4　深中华 A（000017）日 K 线走势图

深中华 A 的股价受介入黄金珠宝领域等因素的刺激，自 2024 年 1 月 9 日开始出现了连续涨停板。该股股价一口气连续拉出 11 个涨停板。不过，在 1 月 24 日，整个大盘都出现大幅上攻的情况下，深中华 A 终结了连板走势。同日另一只环保龙头股同兴环保也终结了连板走势，如图 5-5 所示。

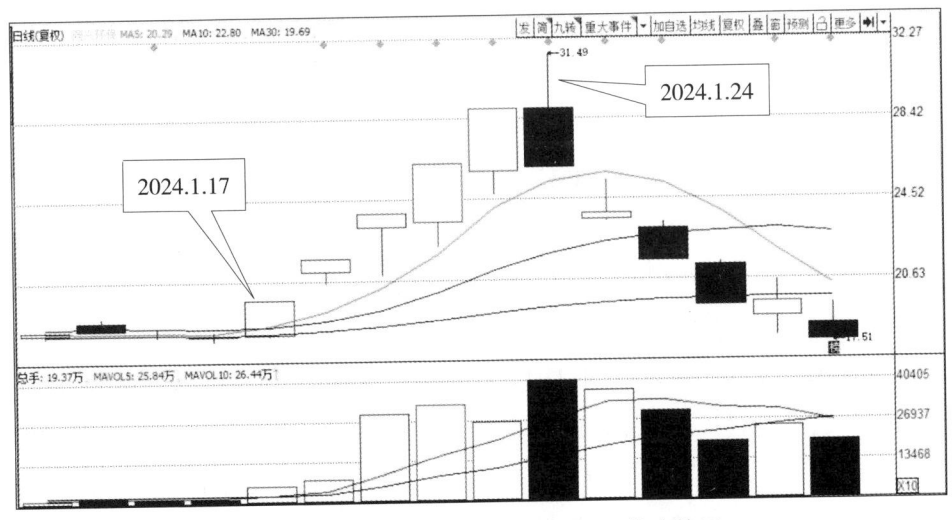

图 5-5　同兴环保（003027）日 K 线走势图

2024年1月17日，以碳中和为代表的环保概念股出现了一波热炒，同兴环保成为这波炒作行情的大龙头。自1月17日开始，该股股价连续拉出五个涨停板。到1月24日，同样是大盘指数大幅上攻的一天，该股股价却终结了连板趋势，以跌停报收。

也就是说，投资者在炒作热点题材时，需要预防热点过多、过散，出现分散市场热度的情况。

三、寻找并固化交易模式

每个人应该清楚自己的交易体系，比如低吸模式、半路拦截模式、打板模式等。每个模式都没有对错之分，但每个模式都有不同的操作要领，越专注，犯错的概率就越低。

知名游资"职业抄手"认为，入门贵在精一，选择一种适合自己的方法入门；重在坚持，熟练掌握一种方法后，三五年内方法不要随意改变，一招鲜，吃遍天。

固化自己的交易模式，专注自己的模式，给自己的交易模式定下框框，不断地去完善，这样才能更加自如地把握节奏。每种交易模式都有成功的范例，也都有失败的教训，比如低吸模式。很多人看到股价回调就低吸，结果常常被套牢在高位或半山腰。其实，在短线强势股或龙头股交易过程中，低吸模式更多地被应用在大龙头回调时。这类股票具有如下几个特点。

第一，必须是整个市场中的龙头股，涨停板至少要有四个以上。

第二，股价回调时，无论股价涨跌，成交量都会非常大，不能出现下跌有量，而反弹无量的情况。

下面来看一下长白山的案例，如图5-6所示。

在2023年年底到2024年年初时段，受东北冰雪旅游热的影响，冰雪旅游概念龙头股长白山自2024年1月2日启动了连续涨停走势。到了1月10日，该股股价已经连续拉出多个涨停板，龙头风采尽显。

与其他几个交易日的涨停板有所不同，1月10日该股股价出现了回调，但最终仍封上了涨停板，说明该股的人气非常高。次日，该股股价高开低走，

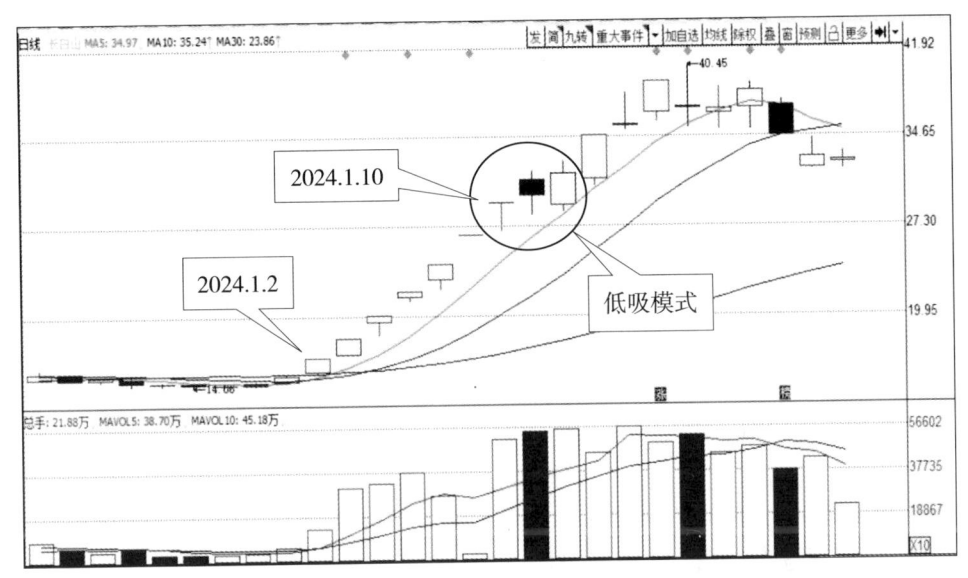

图 5-6　长白山（603099）日 K 线走势图

收出一根假阴线，股价出现了较大的波动，不过，从当日成交量可以看出，尽管成交量出现了放大，却并未出现异常的天量，说明市场资金仍旧十分看好该股。其实，这两个交易日也是喜欢进行低吸操作的投资者最佳的入场时机。

来看长白山 1 月 10 日的分时走势情况，如图 5-7 所示。

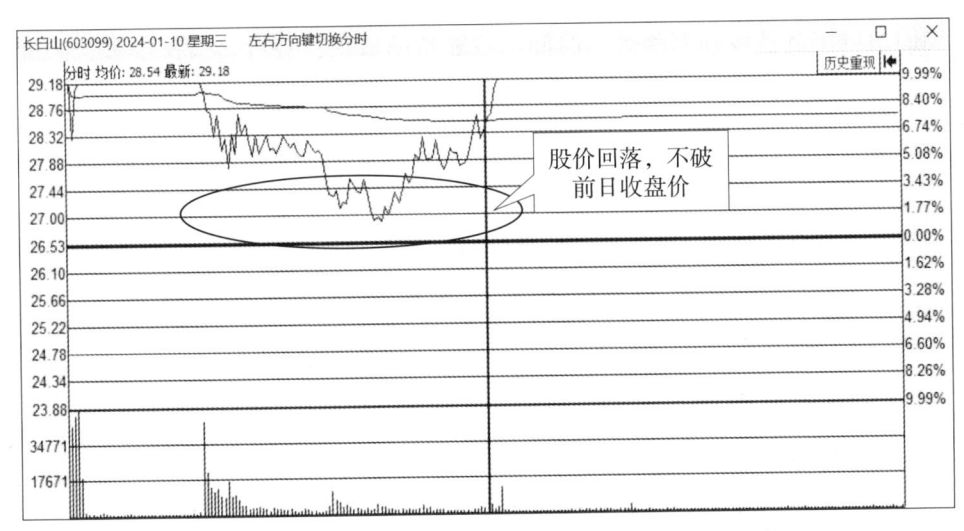

图 5-7　长白山（603099）分时走势图（2024.1.10）

从图 5-7 中可以看出，长白山的股价在早盘打开涨停板后出现了回落走势，但股价回调至前日收盘价上方时，因受到较强的支撑重新开始振荡上涨，并通过几波拉升回封了涨停板。股价回调之际，其实就是最佳的低吸时机。只是投资者还有一点需要注意，低吸的仓位必须控制好，最好不要超出一成仓位，且如果被套牢绝对不能加仓。

很多投资者见到股价已经连续收出多个涨停板，就会有畏高情绪，不敢入场。其实，这种高位板要比二到三个涨停板更安全一些。两到三个涨停板后，如果股价不能涨停，则很容易直接转入跌停模式，而这种八连板的股票，因为资金深度介入，想要出去并不容易，因而终结连板后，常常会出现高位振荡态势，此时投资者离场就会更容易一些。

四、赢面越大，仓位越大

前面在概率思维章节中，也曾提及炒短线本质上就是炒概率。任何时候，作为投资者都应该站在赢面大的角度来思考自己的交易。

投资者每天在看盘时，都会发现这样一种情况：几乎每隔一段时间（也许几分钟），就会有一个概念被炒作。区别在于，有的概念只是炒作了一下，就偃旗息鼓了；有些概念则可能被持续炒作几个交易日，甚至十几个交易日。我们的目标就是找到那些炒作时间尽可能长的概念，只有参与这些概念，盈利的概率才会提升。也就是说，在交易过程中，不能看到拉升机会就出手，而是尽可能选择盈利概率大的机会再出手。从仓位安排上来说，也要遵循这种仓位设计，即：

- 盈利概率低于 60%，以不入场交易为宜。
- 盈利概率在 60% 到 70% 之间，入场仓位控制在 30% 以下。
- 盈利概率在 70% 到 80% 之间，入场仓位控制在 50% 以下。
- 盈利概率在 80% 到 90% 之间，入场仓位控制在 70% 以下。
- 盈利概率在 90% 以上，入场仓位可以达到 80% 以上。

当然，对于很多散户来说，盈利概率的估计是一件十分困难的事。同时，股市还常常出现上午阳光明媚，下午风雨大作的情况，这都为投资者的交易与对市场的研判带来了一定的困难。一般来看，投资者在管控仓位时，应该注意以下几点。

第一，由于A股市场执行"T+1"交易规则，当日买入的股票，当日无法卖出。因此，早盘无论行情多好，新入场仓位都不能高于50%，行情一般时，不高于30%。

第二，临近尾盘时，为次日打算。事实上，很多机构资金、游资常常在尾盘入场操作，毕竟尾盘的价格更接近一天的收盘价，也就是多空双方都能接受的价格，同时也是充分消化了各路市场消息之后的价格。

第三，原则上，只有前日买入的老仓实现盈利或涨停的情况下，才能加大新开仓的仓位，否则不要加大仓位。

第四，永远保持一颗对市场敬畏的心。在市场面前，我们都是渺小的，对于市场的变化，只能顺应；可以预测，但要知道市场并不会按照我们的预期前行。

第二节　散户情绪波动与游资操盘

从市场内部来看，影响股价波动的直接因素就是资金。资金的流入与流出推动了股价的涨跌，而资金流动的决策是由人做出的，人又不可避免地受到各类主观情绪的影响。这是游资操作最基础的逻辑，也是游资操盘策略与计划制订的基础。能够引发散户情绪波动的因素中，最核心也是最重要的效应包括以下三类，如图5-8所示。

一、赚钱效应与游资借势

赚钱是投资者进入股市的唯一理由。每个进入股市的人，最根本的出发点都是为了赚钱。因此，只要有赚钱效应，资金就会流动。这是游资操盘的基础。

```
        ┌─────────┐
        │ 赚钱效应 │
        └─────────┘
┌─────────┐   ┌─────────┐
│ 恐惧心理 │   │ 羊群效应 │
└─────────┘   └─────────┘
```

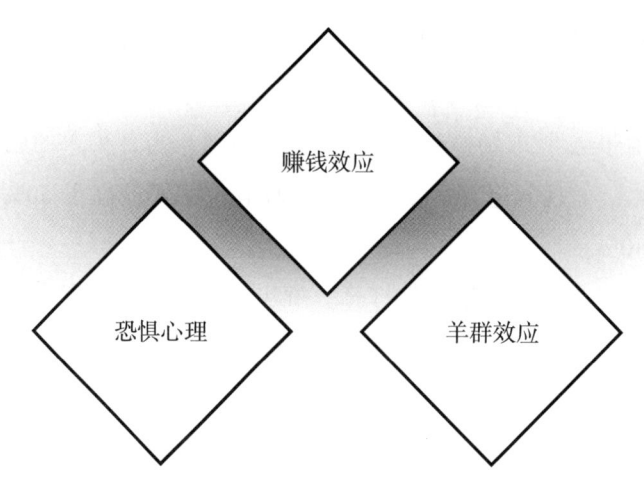

图 5-8 引发散户情绪波动的三大核心效应

从整个市场来看，当整个市场开始呈现上行态势，赚钱效应显现，就会有越来越多的场外资金进入市场。而增量资金的入场，又会成为推动股市展开行情的基础。反之，没有增量资金入场，只是场内资金在打圈圈，股市是很难走出大行情的。

若从具体的板块来看，即使没有场外的增量资金入场，只要个别板块出现暴涨行情，赚钱效应开始显现，一样可以吸引场内资金转移战场，从而推动这些板块走高。也就是说，在弱市格局下，游资就是凭借炒作个别板块，通过这些板块的赚钱效应，将资金吸引到这些板块，并借机完成获利的。

从具体的个股来看，随着股价的上涨，卖出获利者也会增加，这就意味着，要想让股价继续走高，就必须有更多的增量资金入场。同时，游资由于所掌握的筹码较多，想要离场并不容易。因此，为了顺利将盈利兑现，游资需要不断地向上拉升股价，通过赚钱效应吸引散户入场。

下面来看一下源杰科技日K线走势图，如图5-9所示。

受芯片概念叠加次新股概念的影响，自2023年4月4日，源杰科技的股价开始出现大幅上攻行情。该股股价在4月4日、4月6日和4月10日三次登上龙虎榜，先来看一下4月6日的龙虎榜数据，如图5-10所示。

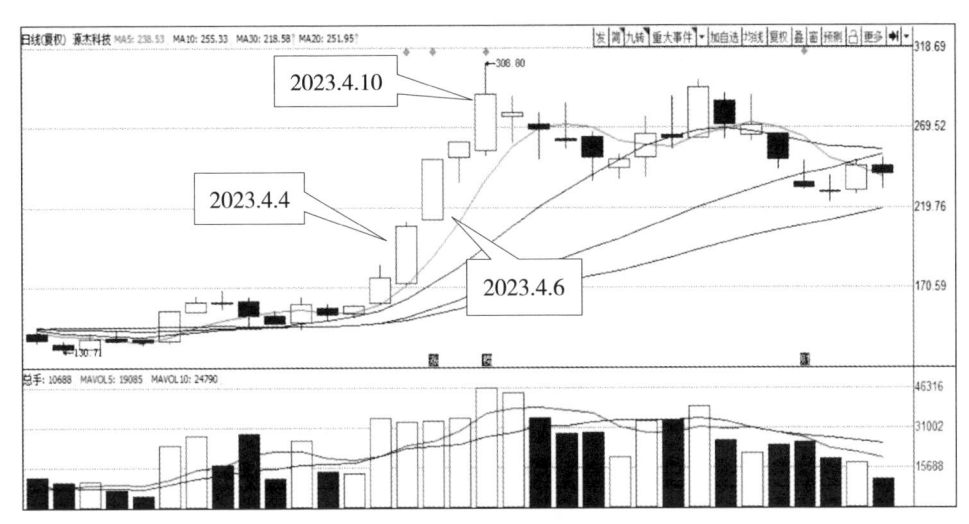

第五章 赢家思维：用赢家视角审视交易

图 5-9　源杰科技（688498）日 K 线走势图

图 5-10　源杰科技龙虎榜数据（2023.4.6）

从该股龙虎榜数据中，可以清晰地看出游资的操作路线。该股股价 4 月 4 日开始出现大幅上攻，4 月 6 日超级游资"章盟主"所在席位海通证券上海建国西路证券营业部买入该股（金额为 1996.98 万元）。至此，该股的行情被引爆。很多场外资金在赚钱效应的带动下，纷纷入场。4 月 10 日，该股股价触顶回落，当日龙虎榜数据如图 5-11 所示。

源杰科技龙虎榜数据 2023-04-10						
日期: 2023-04-10 总成交金额: 130028.25万元, 总成交量: 463.16万股						
排序	营业部名称	买入金额/万	占总成交比例	卖出金额/万	占总成交比例	净额/万
■ 买入金额最大的前5名 买入总计 12440.45万元, 占总成交比例 9.57%						
1	光大证券股份有限公司宜宾翠文路证券营业部	3372.77	2.59%	0.00	0.00%	3372.77
2	国泰君安证券股份有限公司总部	3014.56	2.32%	0.00	0.00%	3014.56
3	东亚前海证券有限责任公司广东分公司	2222.29	1.71%	0.00	0.00%	2222.29
4	中国国际金融股份有限公司上海分公司	2135.06	1.64%	0.00	0.00%	2135.06
5	申港证券股份有限公司上海世大道证券营业部	1695.78	1.30%	0.00	0.00%	1695.78
■ 卖出金额最大的前5名 卖出总计 25871.36万元, 占总成交比例 19.90%						
1	机构专用	0.00	0.00%	7063.18	5.43%	-7063.16
2	机构专用	0.00	0.00%	5558.14	4.27%	-5558.14
3	机构专用	0.00	0.00%	5094.91	3.92%	-5094.91
4	机构专用	0.00	0.00%	4478.67	3.44%	-4478.67
5	浙商证券股份有限公司杭州五星路证券营业部	0.00	0.00%	3676.50	2.83%	-3676.50
买卖净差: -13430.91万元						

（标注：最低卖出金额）

图 5-11　源杰科技龙虎榜数据（2023.4.10）

从图 5-11 中可以看出，这些游资并没有过于恋战。4 月 10 日，该股股价冲高回落时，各路资金，包括游资开始借着股价走高而选择离场。先前在 4 月 6 日入场的"章盟主"尽管没有出现在 4 月 10 日的龙虎榜上，但基本上可以认定其已经离场了，毕竟 4 月 10 日卖出前五的最后一名的卖出金额已经达到了 3676 万元，远远高于"章盟主"买入的金额。

游资先是通过拉升股价产生赚钱效应以吸引散户入场。当然，很多散户在股价启动初期都很难察觉，毕竟此时的赚钱效应并不明显，比如 4 月 4 日或者之前的两个交易日。到了 4 月 6 日，该股股价大幅拉升至 20 个点时，赚钱效应就凸显了。此时，很多场外的散户就会被赚钱效应吸引，跃跃欲试。

此后，4 月 7 日，该股股价经过一波振荡，再度收高；4 月 10 日，该股股价又一次向涨停板冲锋。短短几个交易日，股价就奔着翻番去了，这种赚钱效应往往对场内的散户会形成强大的吸引力，于是纷纷入场，游资则趁机撤退。

二、恐惧心理与游资借势

一般来说，散户在两种情况下会比较恐惧：其一，股价短线暴涨，因恐惧不敢追涨；其二，股价短线暴跌，因恐惧不敢接盘。

1. 短线上攻时的恐惧

市场上，很多投资者都会采用追涨杀跌的操作，可是当股价真的短线大幅上涨时，很多投资者又因恐高而不敢追了。其实，这也是游资常常用来恐吓散户交出筹码的方式。前面已经介绍过，很多游资并不比散户早知道内幕消息。当某一消息突然而至，而游资没有事先建仓，又预感可能会引发一波大行情时，往往会被迫急速拉升式建仓，也就是大家常说的入场抢筹。这类股票的股价往往在消息出现后，很快被封上涨停板，而后就是连续的一字板，根本不会给散户机会。三个左右涨停板之后，涨停板可能会打开，但散户又会因为畏惧高价而不敢追涨。

下面来看一下热景生物的日K线走势情况，如图5-12所示。

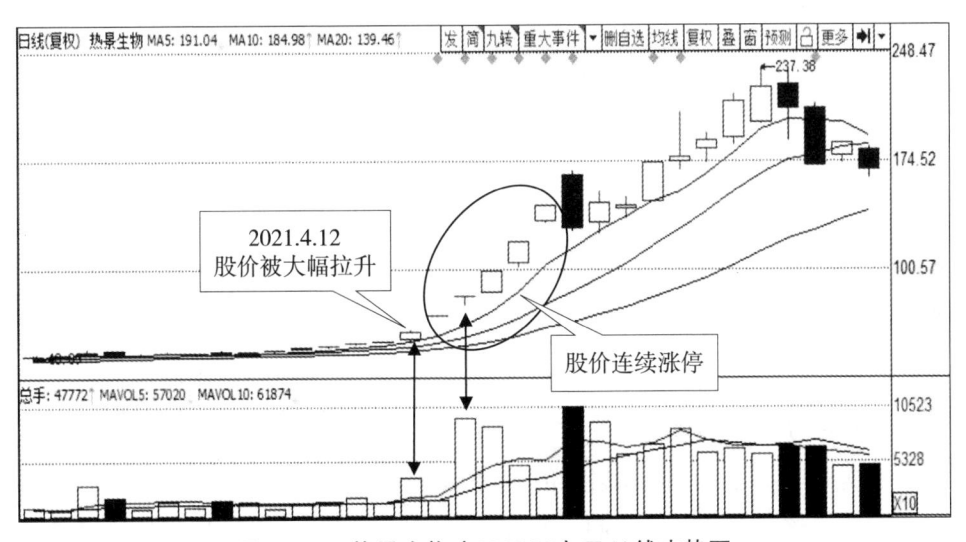

图5-12 热景生物（688068）日K线走势图

热景生物的股价在2021年4月中旬，因新冠检测概念热炒而被大幅拉升。在4月12日之前，该股股价一直呈小幅波动，4月12日该股股价突然被大幅拉升12个点以上。正当很多投资者畏惧高涨幅，并希望次日股价回调入场时，该股股价直接以一字板开盘，并持续至收盘。

4月14日，该股股价再度涨停开盘，盘中一度炸板，但临近午盘又一次封住涨停板，如图 5-13 所示。

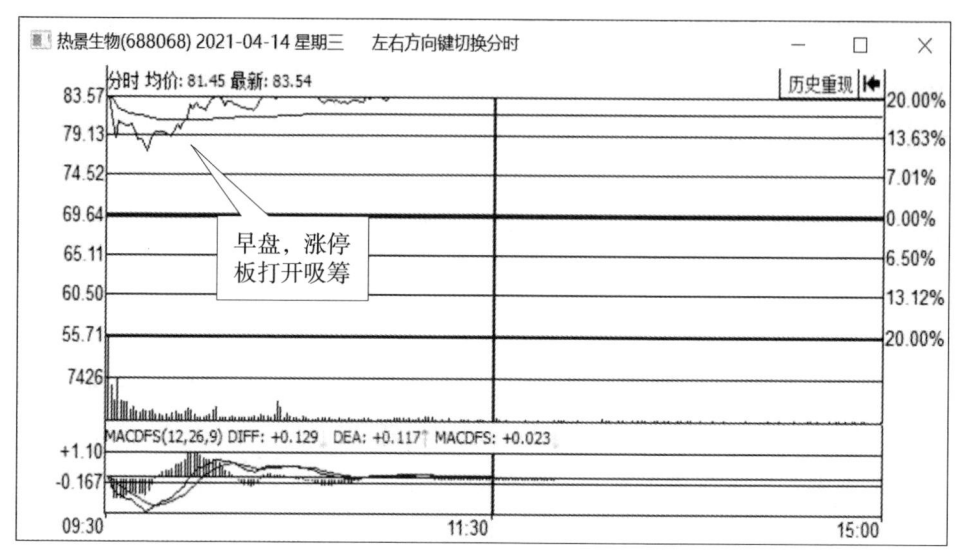

图 5-13　热景生物（688068）分时走势图（2021.4.14）

从图 5-13 中可以看出，热景生物的股价在 4 月 14 日早盘高开之后，很快就被打开，其后在 11 点左右又重新封上涨停板。对照 K 线图可以发现，当日成交量比前几个交易日放大了很多倍，散户很容易将这种量价形态判断为资金出逃形态。此时的股价距离 4 月 12 日股价启动时的价位，涨幅超过了 50%。散户由于心生恐惧不敢买入，这时却恰恰可能是一些游资最喜欢入场的时机。此时，由于新冠检测概念热度扩展，很多新冠概念股票都出现了大幅上升走势，而热景生物作为此波的大龙头，更是当仁不让，此后，该股股价连续上攻多日，涨幅高达数倍。

当然，该股股价上升期间，游资也换了好几波，很多游资都从该只股票上大赚了一笔。参与该股炒作的就有著名游资"欢乐海岸"所在席位华泰证券股份有限公司深圳益田路荣超商务中心证券营业部。

2. 短线下挫时的恐惧

大幅震仓，以迫使散户交出带血的筹码，也是游资常用的吸筹方法。这种方法利用的也是散户的恐慌心理。先是吸引散户入场，然后大幅打压股价，使很多散户因心生恐惧而止损卖出。

下面来看一下海南瑞泽的案例，如图5-14所示。

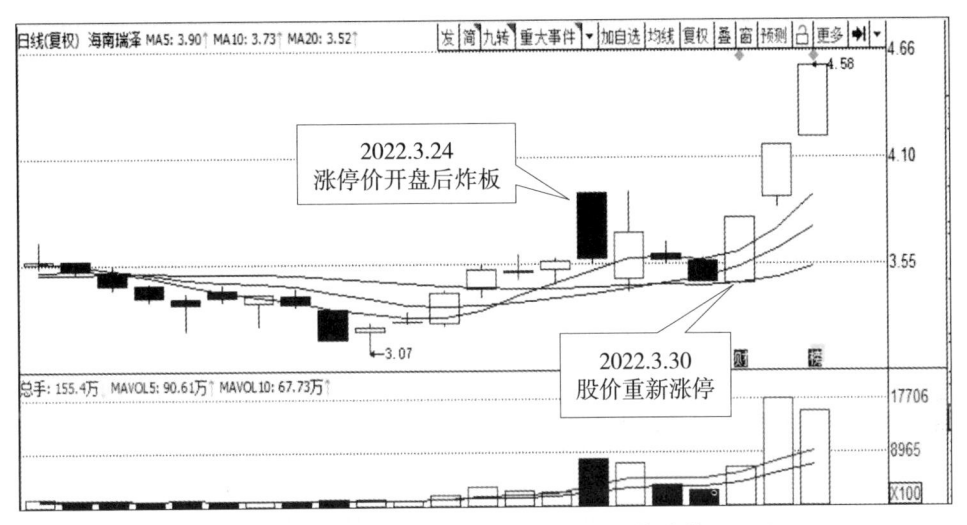

图5-14　海南瑞泽（002596）日K线走势图

2022年3月中旬，海南瑞泽的股价在房地产建筑行业回暖的影响下，出现了振荡走高态势。2022年3月24日，该股股价直接以涨停价开盘，强势尽显。不过，随后涨停板被砸开，如图5-15所示。

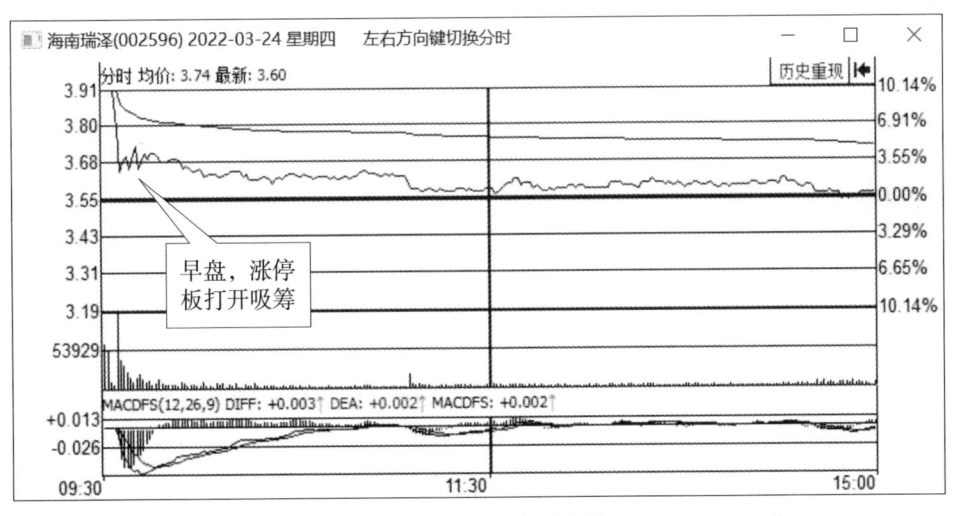

图5-15　海南瑞泽（002596）分时走势图（2022.3.24）

从图 5-15 中可以看出，海南瑞泽的股价在早盘以涨停开盘后，很快被大单砸开，之后一路振荡向下。此种形态给人的感觉就是多头无力护盘，股价未来肯定将会进入下跌通道。作为散户，最为理想的选择就是赶紧出逃。从 K 线图上也可以看出，其后的几个交易日，该股股价持续大幅走低。

持有该股的投资者不可能再放心持有。基于恐惧心理，很多投资者面对该情况会选择放弃手中的筹码。游资在此阶段大力吸筹。其实，此时涨停板打开都是游资为了更好地吸筹而采取的动作。已经进入上升趋势的海南瑞泽，若游资选择向上拉升式吸筹就会有很多散户选择持股待涨，这显然不是游资所愿意看到的。因此，向下大幅打压股价，以逼迫散户交出带血的筹码才是游资最佳的选择。

当游资吸筹差不多的时候，股价下跌就会结束，于是股价从 3 月 30 日开始连续进入大幅上攻阶段。从该股的龙虎榜上可以清晰地看到，参与交易的游资有最近崛起的新生代游资"作手新一"席位所在营业部，如图 5-16 所示。

上榜原因：连续三个交易日内，涨幅偏离值累计达20%的证券					更多个股解读>>
营业部名称	买入金额(元)	占总成交比例	卖出金额(元)	占总成交比例	净额(元)
东海证券股份有限公司上海嘉定区新郁路证券营业部	2296.54万	1.40%	0.00	0.00%	2296.54万
中泰证券股份有限公司东营垦利胜兴路证券营业部	1557.29万	0.95%	0.00	0.00%	1557.29万
海通证券股份有限公司牡丹江绥芬河山城路证券营业部	1459.84万	0.89%	2100.00	0.00%	1459.63万
机构专用	1385.85万	0.85%	246.69万	0.15%	1139.16万
国盛证券有限责任公司抚州黎川京川大道证券营业部	1384.95万	0.85%	8.51万	0.01%	1376.44万
				买入总计：	10002.15万元
华福证券有限责任公司南京苏源大道证券营业部	0.00	0.00%	2412.80万	1.47%	-2412.80万
国泰君安证券股份有限公司南京太平南路证券营业部 作手新一	1208.19万	0.74%	2023.72万	1.24%	-815.53万
国泰君安证券股份有限公司深圳金田路证券营业部	281.63万	0.17%	1431.24万	0.87%	-1149.61万
国信证券股份有限公司广州东风中路证券营业部	418.50万	0.26%	1204.78万	0.74%	-786.28万
华鑫证券有限责任公司深圳分公司	9.36万	0.01%	1016.52万	0.62%	-1007.16万
				卖出总计：	8344.47万元

图 5-16　海南瑞泽（002596）龙虎榜数据（2022.3.30）

三、羊群效应与游资借势

缺乏独立思考，是散户群体普遍存在的一个缺点。散户总是希望通过了解游资、机构购买的股票，来作为自己交易股票的指引。散户群体一旦发现

第五章 赢家思维：用赢家视角审视交易

某路游资或机构买入某只股票后，常常会蜂拥而入，造成这只股票价格快速走高。其实，这种情况非常类似于经济学中的羊群效应。

在经济学中，羊群效应通常出现在一个竞争非常激烈的行业中，而且这个行业的领头羊往往占据了主要的注意力。行业内的很多企业都密切关注着领头羊的动向。只要领头羊一有动作，羊群内的其他羊就会随之而动。

在股市中，散户群体虽然十分庞大，但本质上就是羊群。整个羊群的动向在很大程度上受机构、游资等资金炒作方向的影响。最近几年，游资的动向对短线交易者的影响特别大。特别是一些知名游资，常常会利用散户的这一特征吸引其入场接盘。这些游资先通过大幅拉升股价强势登陆龙虎榜，再在次日先诱多拉升，吸引散户跟风，而后再将手中的筹码全部抛出。

下面来看一下万安科技的案例。万安科技作为一家汽车制动系统零部件生产企业，与各大汽车厂商有着紧密的合作关系。2023年11月，长安汽车概念成为市场热炒的概念。万安科技因与长安汽车的合作关系，成为长安汽车概念股。

万安科技的股价在2023年11月29日受长安汽车概念热炒的影响而强势涨停，如图5-17所示。

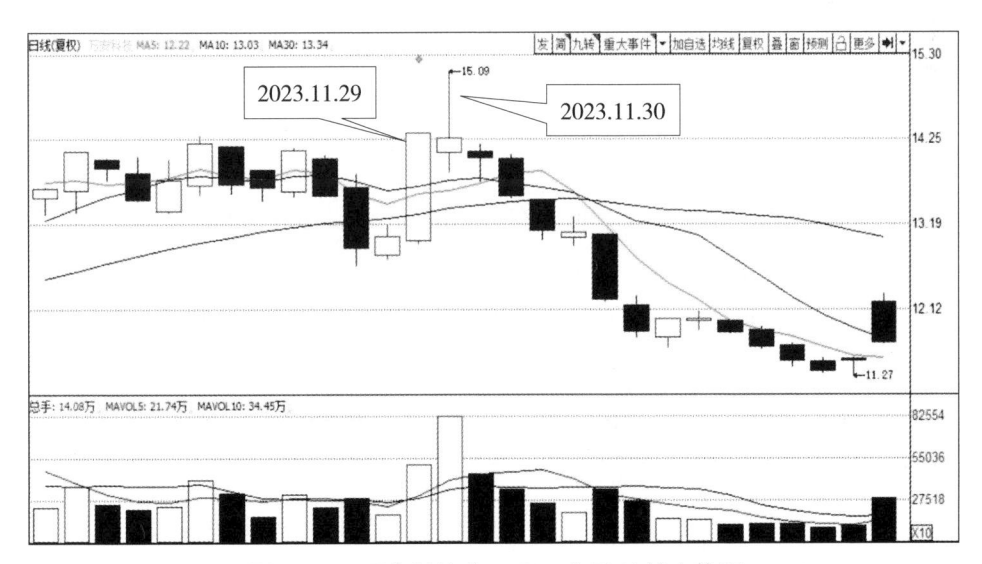

图5-17 万安科技（002590）日K线走势图

解密游资思维模式与操盘技法

万安科技的股价在 2023 年 11 月横向振荡了一段时间，11 月 29 日受长安汽车概念利好的刺激，该股股价强势涨停，多路游资纷纷入场追涨该股，如图 5-18 所示。

营业部名称	买入金额(元)	占总成交比例	卖出金额(元)	占总成交比例	净额(元)
国泰君安证券股份有限公司河源越王大道证券营业部	2877.37万	4.03%	46.15万	0.06%	2831.22万
华鑫证券有限责任公司上海分公司	2317.72万	3.24%	175.21万	0.25%	2142.51万
中国银河证券股份有限公司厦门嘉禾路证券营业部	2044.28万	2.86%	28.87万	0.04%	2015.41万
中国中金财富证券有限公司无锡分公司	1503.89万	2.11%	4.30万	0.01%	1499.59万
华泰证券股份有限公司北京东三环北路证券营业部	1492.13万	2.09%	16.46万	0.02%	1475.67万
				买入总计:	11495.62万元
东方财富证券股份有限公司拉萨团结路第一证券营业部	252.99万	0.35%	908.26万	1.27%	-655.27万
东方财富证券股份有限公司拉萨团结路第二证券营业部	362.79万	0.51%	641.51万	0.90%	-278.72万
东方财富证券股份有限公司拉萨金融城南环路证券营业部	229.27万	0.32%	527.99万	0.74%	-298.72万
东方财富证券股份有限公司拉萨东环路第一证券营业部	171.10万	0.24%	482.88万	0.68%	-311.78万
东方财富证券股份有限公司拉萨东环路第二证券营业部	244.08万	0.34%	466.18万	0.65%	-222.10万
				卖出总计:	3297.81万元

图 5-18　万安科技（002590）龙虎榜（2023.11.29）

万安科技的股价在 2023 年 11 月 29 日强势涨停，知名游资国泰君安河源越王大道证券营业部、中国银河厦门嘉禾路证券营业部、中国中金无锡分公司、华泰证券北京东三环北路证券营业部等出现在了龙虎榜上。这四家都是游资领域非常有名的营业部，常常登上龙虎榜。

很多散户看到龙虎榜上众多游资的身影，于是在次日纷纷入场买入该股，如图 5-19 所示。

万安科技的股价在 2023 年 11 月 30 日早盘低开后迅速冲高。鉴于前一个交易日股价已经强势涨停，加之有各路游资入场抢筹，很多散户为了追赶游资的步伐，在此时纷纷入场买入股票。但是，游资拉升的目的仅仅是为了将手中筹码顺利卖出，而非继续拉升股价。于是，当股价拉升一波后，很多游资迅速抛出筹码，导致股价直接被打压下来。其实，从该股股价走势来看也可以发现，当日该股股价的承接力不强，场外没有多少机构资金入场，只有散户接盘是难以抬升股价的。

不过，从游资角度来看，只要能够带动散户入场接盘就可以了，至于其后股价是否能够继续走高，已经不重要了。

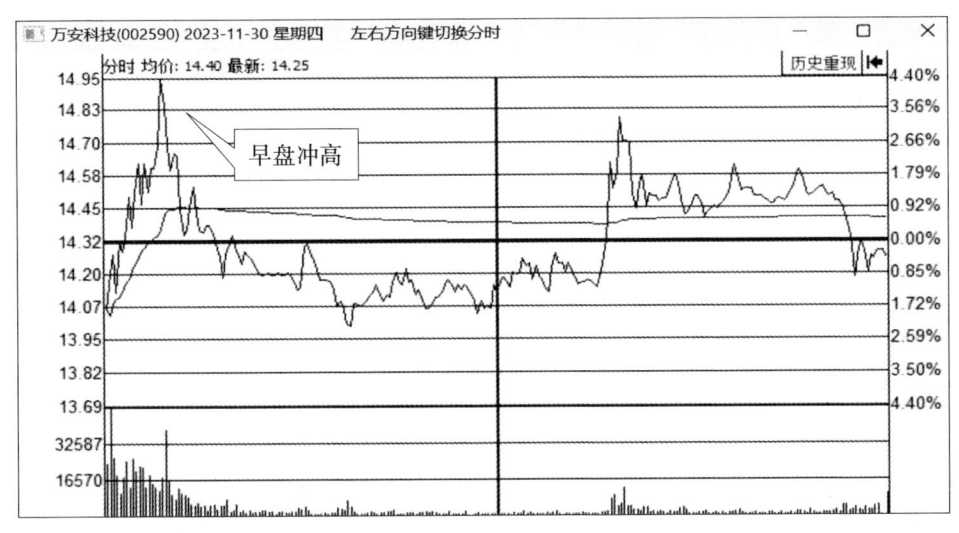

图 5-19 万安科技（002590）龙虎榜（2023.11.30）

第三节 赢家是如何操盘的

以游资的操盘实录为镜，可以看出自己在交易过程中存在的问题，以及未来该如何改进。

一、跟对热点，反复操作

前面介绍过，市场上绝大多数游资遵循的都是超短线交易，但这并不意味着一只股票交易一次就结束了。在游资的思维体系中，他们会抛弃所有技术指标，只考虑当前的热点、市场情绪、资金流向情况。只要股票的市场情绪还在，资金还在持续流入，那么无论自己是否操作过，都可以继续操作、反复操作。事实上，很多游资在实战过程中，都非常擅长反复操作热点股票、龙头股票。

下面来看一下国盛证券宁波桑田路证券营业部操作大理药业的案例，如图 5-20 所示。

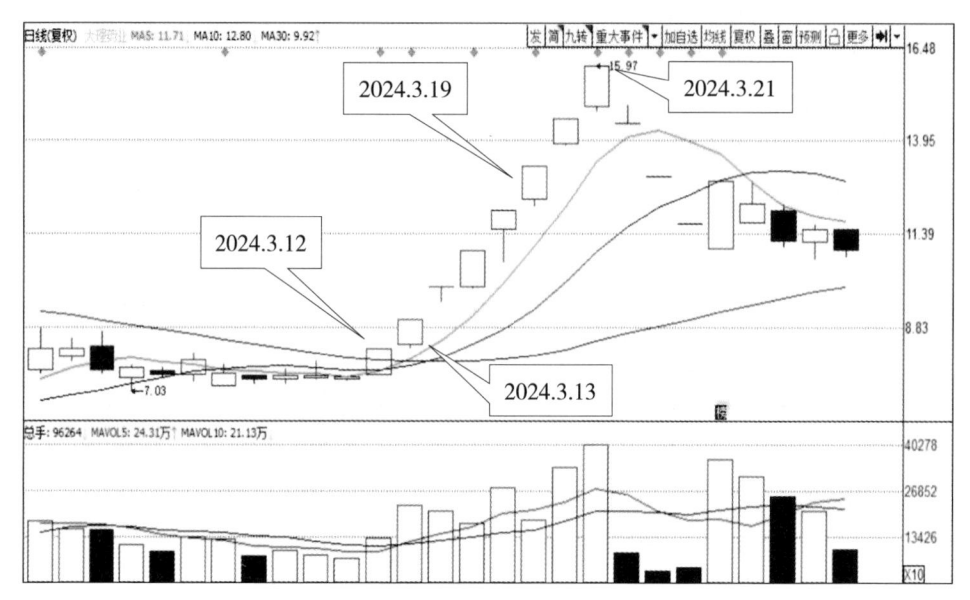

图 5-20　大理药业（603963）日 K 线走势图

2024 年 3 月中旬，市场上出现了一波炒作中药概念的热潮，大理药业成为这波炒作热潮中的龙头股。

2024 年 3 月 12 日，大理药业强势涨停，"宁波桑田路"入场买入了 812 万元；次日，该股股价高开冲击涨停，"宁波桑田路"没有选择继续持股，而是兑现利润卖出，获得了 860 万元现金，收益为 4.7% 左右。相当于在一个交易日内实现了 4.75% 的收益，是相当不错的。尽管其后该股连续涨停，但游资的操作从来都是关注当下的，即随着资金流而动。

到了 3 月 19 日，该股股价此前已经连续拉出五个涨停板，属于市场上绝对的龙头了。此时，"宁波桑田路"又回来了，强势买入 1403 万元。3 月 20 日，尽管该股股价出现了一波振荡，但"宁波桑田路"选择了持仓待涨；3 月 21 日，"宁波桑田路"全数卖出了手中的股票，兑现了 1621 万元，此波盈利率为 15.5%，这也是相当丰厚的盈利了。

在很多散户看来，"宁波桑田路"的操作有些多余。只要一直持股就好了，为何要早早撤出，高位重新进入呢？其实，这就是典型的游资操盘思维：有利润就先兑现。前面在讲概率思维时，也提及一个涨停概率的问题。股票从第一个涨停板到第二个板；再从二板到三板，这都是比较困难的，风险较大；到了第五个涨停板后，再收涨停板反而比较容易了。毕竟此时这些股票已经是市场的龙头股、明星股了，市场情绪、市场人气已经聚到这些股票身上。这也是"宁波桑田路"二度介入大理药业的原因。

二、小波段，高频交易

在游资的眼中，并没有股价高低之分，只有市场情绪强弱之别。只要市场情绪能够支撑股价继续上行，游资就会顺势引导入场；反之，游资发现市场情绪不对，就会坚决离场。当然，游资也会在离场之后重新审视这只股票的市场情绪，一旦发现其市场情绪仍在，还会再度回归这只股票，如同前面介绍的"宁波桑田路"一样。

总之，游资无论是进场还是离场，一切都是为了盈利。只要自己感觉赢面大，就会入场；反之就会离场。游资与散户的不同，还在于其手中拥有大量的资金。当游资发现市场情绪较佳时，顺势买入股票，就可能直接引发市场的跟风效应，这点普通散户是不具备的。

下面来看一下南京证券绍兴人民东路证券营业部操作博信股份的案例，如图 5-21 所示。

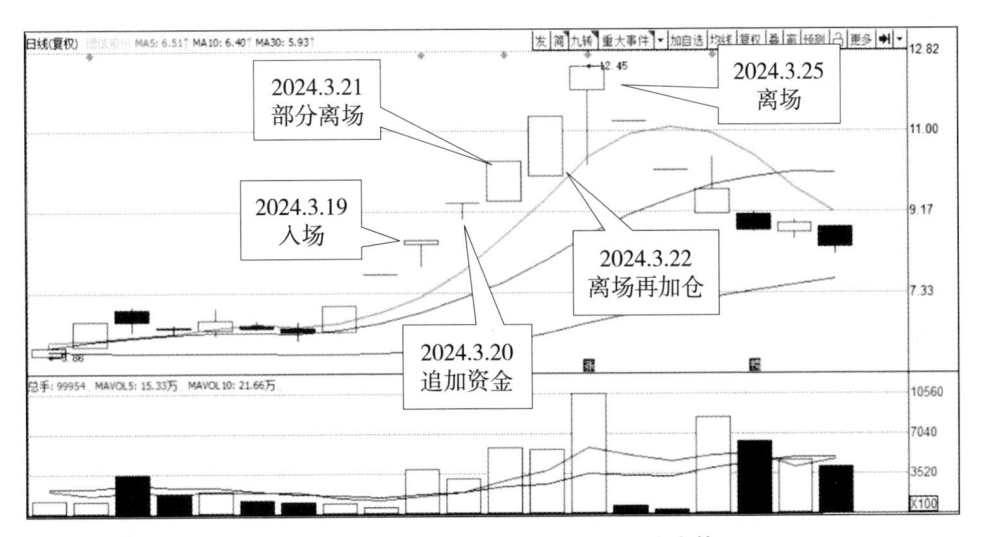

图 5-21 博信股份（600083）日 K 线走势图

2024年3月中旬，A股市场上兴起了一波机器人概念的热潮，博信股份一度成为这波行情的龙头股票。

博信股份的股价自2024年3月15日开始启动。到了3月19日，该股股价经历了开盘之后的振荡，很快封上涨停板，南京证券绍兴人民东路证券营业部强势入场2280万元；在随后的两个交易日内，该营业部又买入了5109万元。

2024年3月21日，该股股价经过一波振荡后封上涨停，南京证券绍兴人民东路证券营业部卖出了4449万元，此时其手中还剩将近3000万元的本金加上几百万元的利润。

2024年3月22日，该股股价经过一波振荡再度封上涨停板，而该营业部卖出手中的950万元股票后，又买入了2757万元。

2024年3月25日，该股股价最终虽然也封上了涨停，但该营业部全部清空了手中的筹码，共计7855万元。

此波操作，南京证券绍兴人民东路证券营业部可谓获利丰厚，保守估计有30个点以上的盈利。

三、踏着首个涨停入场

"赵老哥"曾经创造过八年一万倍的股市奇迹，但在回顾自己初期交易时，赵老哥曾做过这样的总结。

第一，买入点的选择。初期的交易中，八成以上的交易以首板打板买入为主，遇到连板强势股会持续滚动操作。

第二，卖点。首板涨停的股票，次日若不能快速冲击涨停板，则需立即卖出；若出现低开低走形态，则会止损了结；无论高开高走还是低开高走都要分批卖出。

第三，做好分仓。每天能够操作的股票在2到3只左右。

第四，亏损单不隔夜。买入的股票出现亏损情况，一定要第一时间出货了结，不要等股价反弹。

下面来看一下"赵老哥"常用的中国银河证券绍兴营业部操作宏英智能

的案例，如图 5-22 所示。

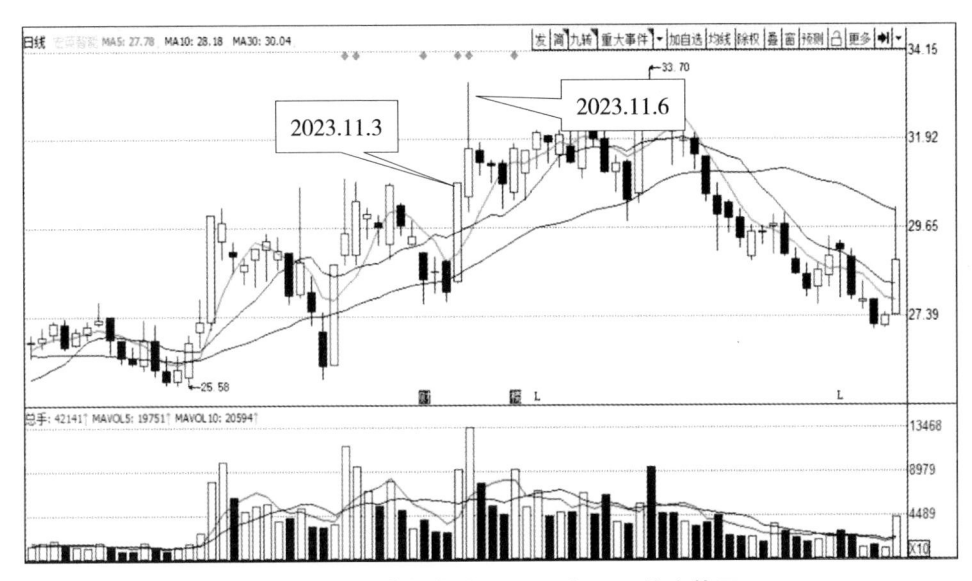

图 5-22　宏英智能（001266）日 K 线走势图

2023 年 11 月初，受机器人概念热炒影响，宏英智能的股价一路振荡上行。2023 年 11 月 3 日，宏英智能的股价强势涨停，次日该股股价低开并大幅振荡。此后，该股股价又振荡了一段时间，重新进入下行通道。

从该股的龙虎榜数据可以看出，"赵老哥"也参与了该股的炒作。"赵老哥"在 11 月 3 日买入了 508 万元的股票；下一交易日（11 月 6 日），卖出了 507 万元。再来看一下宏英智能在 11 月 6 日的分时走势情况，如图 5-23 所示。

宏英智能的股价在 11 月 3 日涨停的基础上，11 月 6 日并未高开，而是低开，这就为当日的走势蒙上了一层阴影。按照"赵老哥"的操作习惯，他很可能在早盘低开冲高时就出货了，否则以当日的走势，他有可能会以略亏终结交易。这在很多投资者来看，属于典型的失败交易，毕竟后面随便一个卖点都能盈利。但有些时候，交易模式、交易纪律的执行要比盈亏本身更重要。不看好后市就一定要卖出，不要为了 1% 的可能收益，毁掉自己辛辛苦苦建立的交易系统。有时候错误的盈利，比正确的亏损更危险，毕竟我们要在股市中长期生存下去。

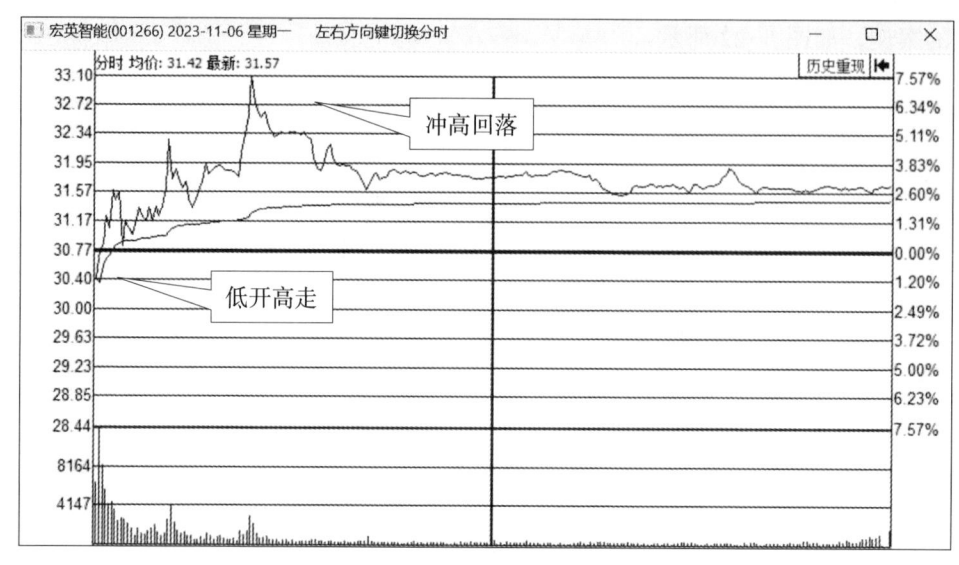

图 5-23 宏英智能（001266）分时走势图（2023.11.6）

四、滚动操作，循环获利

老牌游资大鳄，有"涨停敢死队之王"之称的"章盟主"（章建平），早在 20 世纪 90 年代就已经进入股市，在很多后辈游资还不知道股市为何物时，他就已经从股市中淘到了第一桶金。

章建平，1996 年以 5 万元资金入市，1999 年达到 500 万元的规模，到了 2007 年，其资金量的高点超过 20 亿元。在市场上，"章盟主"有"善庄"之称，其操作风格比较接近典型的主力操盘手法。

"章盟主"的核心观点如下。

第一，在一个下降通道赚钱是偶然的，亏钱是必然的！趋势错了，赚到是运气，亏钱是常态，不能侥幸。

第二，盲目的冲动和频繁的交易是造成亏损的主要原因。

第三，如果你没有耐心，那将注定在股市一无所获。

下面来看一下"章盟主"常用的国泰君安上海江苏路证券营业部交易中交地产的案例。中交地产的股价自 2022 年 3 月底强势涨停，并正式进入大幅上攻趋势，如图 5-24 所示。

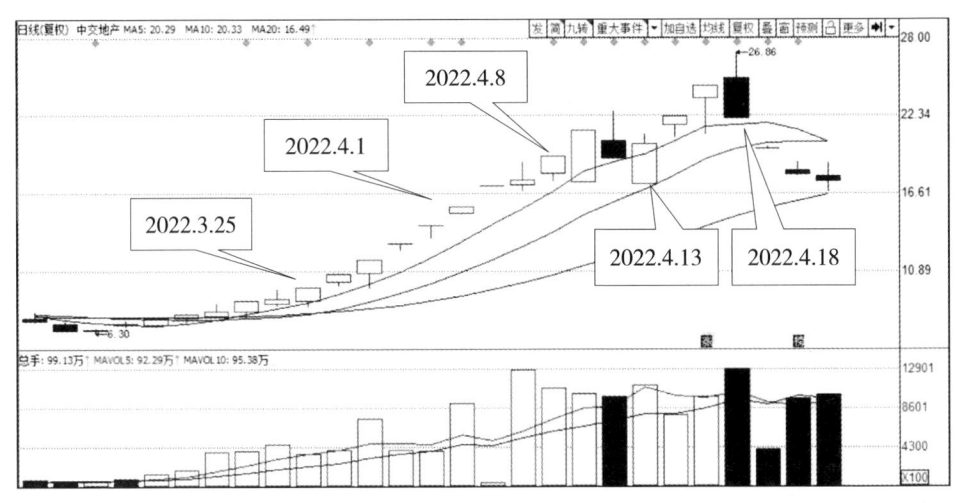

图 5-24 中交地产（000736）日 K 线走势图

2022 年 3 月 25 日，中交地产的股价在前日振荡的基础上，三个交易日内二度涨停。

此后，该股股价掀起了一波快速上攻之路，股价连续拉出涨停板。"章盟主"经常使用的国泰君安上海江苏路证券营业部频繁出现在龙虎榜上，使得我们可以对其操作进行跟踪。其具体交易记录如表 5-1 所示。

表 5-1 中交地产龙虎榜数据

日期	买入金额（万元）	卖出金额（万元）
2022.4.1 以前	3795.65	21.42
2022.4.7	60（估算数据）	4300（估算数据）
2022.4.8	2065.95	70.29
2022.4.11	2051.57	2237.36
2022.4.12	3935.54	229.85
2022.4.13	672.03	32.6
2022.4.14	4943.49	782
2022.4.15	75.48	5613.69

对照国泰君安上海江苏路证券营业部的交易记录以及中交地产的股价走势，可以发现以下几点。

第一，在4月1日龙虎榜（三日涨幅累计超过20%）上，"章盟主"经常使用的国泰君安上海江苏路证券营业部出现，与此同时，在4月1日的另一个龙虎榜（当日涨幅偏离7%）上，并没有"章盟主"的席位。这就意味着，"章盟主"应该在3月30日或3月31日已进入该股，而且买入了3795.65万元。

第二，4月6日，该股一字封板，没有交易记录。4月7日，该股股价剧烈波动，成交量剧烈波动，"章盟主"应该在当日将之前买入的股票全部清仓了，卖出金额应该在4300万元左右（当日龙虎榜最低卖出金额为4500万元左右）。"章盟主"盈利在15%左右。

第三，4月8日，该股卷土重来，"章盟主"再次入局，相对比较保守地买入了2065.95万元，4月11日，"章盟主"卖出了前日买入的股票，盈利应该在170万元左右。同日，他又买入了2051.57万元。

第四，4月12日和13日，该股股价出现剧烈振荡，但"章盟主"保持了较佳的定力，没有进行大幅减仓，还在12日加仓了3935.54万元，13日加仓了672.03万元。4月14日，该股又一次强势涨停，"章盟主"再度买入4943.49万元，而且只卖出了782万元。说明"章盟主"对股价后面的走势仍旧保持了较强的信心。

第五，自4月15日开始，"章盟主"开始了卖出操作，当日卖出5613.69万元；自4月18日开始，"章盟主"的席位并未出现在龙虎榜上。他应该是在4月18日抛出了剩余的一部分筹码（应该不会超过5200万元，龙虎榜卖出最后一名为5279万元），手中还有一部分留存。

总之，从交易记录来看，前期的交易都是比较顺利和成功的，盈利也非常高。4月18日卖出的筹码达到了最佳的获利水平。总体上来看，这是一次比较成功的交易。特别是4月12日与4月13日，该股股价出现大幅回调时，"章盟主"并未减仓卖出，这本身就是一种胆气和资金实力的体现，并非普通散户能够做到的。

五、标准的超短线作业

"上塘路"全称为财通证券股份有限公司杭州上塘路证券营业部，属于典型的新生代游资。"上塘路"的打法较为简单、干脆,入场即努力打板,而后在次日若股价不能封板就坚决出货。

"上塘路"整体资金量在众多游资中处于中游水平,属于龙虎榜上的常客。

下面来看"上塘路"操作天元智能的案例。天元智能属于注册制新股,同时又具有氢能源概念。盘子不大,加之新股上市不久,流通股数量更少,比较有利于游资的拉升。这也是该股成为游资炒作标的的重要原因。

天元智能的股价在经过一波振荡下跌之后,自2024年2月6日开始进入反弹趋势。该股股价在反弹过程中,走出了典型的"蚂蚁上树"形态,即股价不断地拉出小阳线,沿着5日均线上行,这是典型的看涨形态,如图5-25所示。

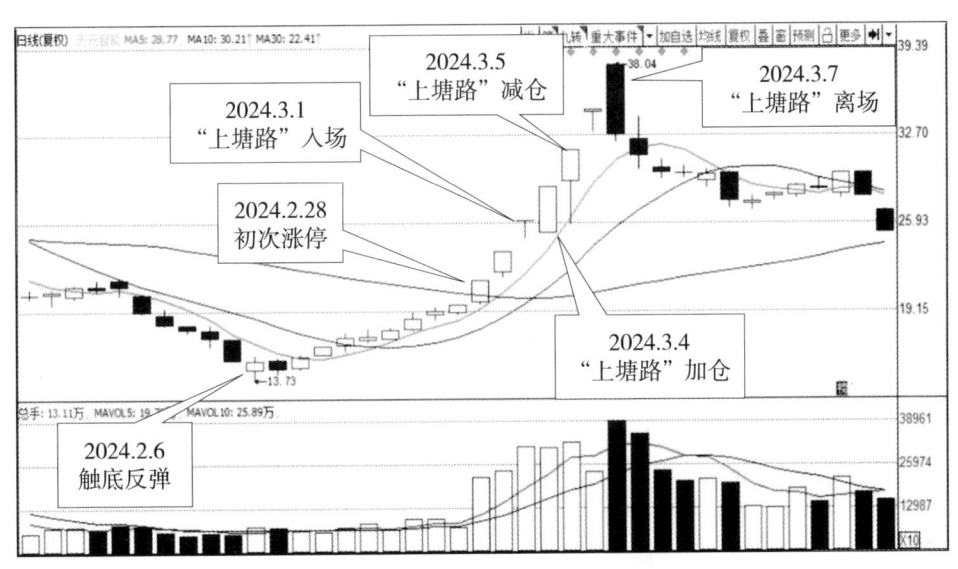

图5-25 天元智能(603273)日K线走势图

2024年2月28日,在市场炒作氢能源概念的刺激下,天元智能当日强势涨停,吸引了众多资金的参与和追捧。

此后,该股股价掀起了一波快速上攻之路,股价连续拉出涨停板。财通证券股份有限公司杭州上塘路证券营业部频繁地出现在龙虎榜上,使得我们可以对其操作进行跟踪。其具体交易记录如表5-2所示。

表 5-2 天元智能龙虎榜数据

日期	买入金额（万元）	卖出金额（万元）
2024.3.1	2586.5	—
2024.3.4	2942.55	—
2024.3.5	—	3999.79
2024.3.7	—	2301.67

对照财通证券股份有限公司杭州上塘路证券营业部的交易记录以及天元智能的股价走势，可以发现以下几点。

第一，"上塘路"并非股价涨停首板介入的，而是在天元智能开始冲击第三个涨停板时才入场抢筹。这也符合大多数游资的操作习惯。毕竟能够封上第三个涨停板才有可能成为真正的龙头股。

第二，"上塘路"在 2024 年 3 月 1 日买入金额为 2586.5 万元。这个金额对于游资来说，不属于试盘性质，这说明其对该股股价走势还是十分有信心的。

第三，"上塘路"在 3 月 4 日的操作与其他游资有显著区别。先来看一下天元智能在 3 月 4 日的分时走势情况，如图 5-26 所示。

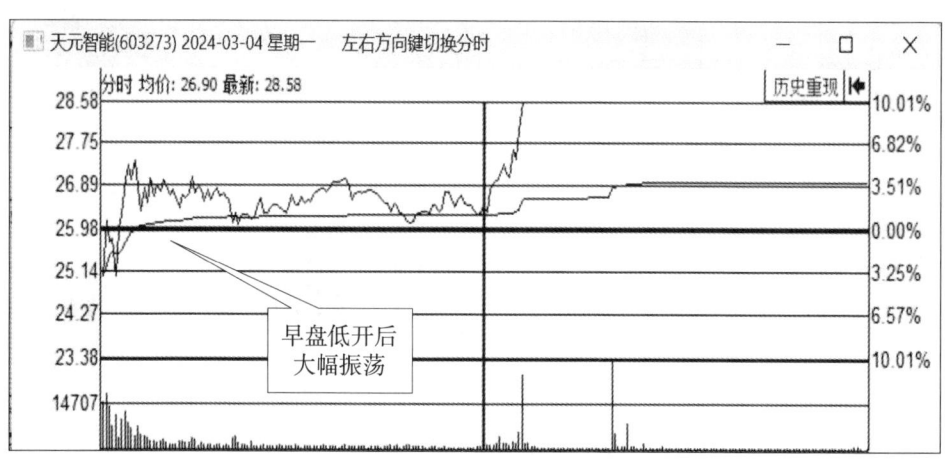

图 5-26 天元智能（603273）分时走势图（2024.3.4）

从图 5-26 中可以看出，天元智能的股价在 2024 年 3 月 4 日早盘低开后，经历了一波大幅振荡，而后又出现了横向盘整走势，到了尾盘才最终拉升至涨停板位置。对于很多游资来说，早盘的振荡足以迫其离场了。很多游资都会选择在这一阶段卖出前一交易日买入的股票，但"上塘路"并没有卖出，而是反其道行之，当日又买入了2942.55万元，足见其对操盘这只股票的信心。

第四，天元股份在3月5日的走势与3月4日类似，也是经历了一波大幅振荡后才封上涨停板。"上塘路"当日没有选择买入，而是卖出了3999.79万元。

第五，天元股份在3月6日高开之后，只经历了一波小幅振荡后就立即封上了涨停板。"上塘路"选择"不操作"，即继续耐心持有手中的剩余股票。

第六，天元股份在3月7日涨停之后，午盘阶段涨停板被砸开，其后一度回封涨停，但最终还是被砸下来了。"上塘路"当日选择了兑现利润出逃，共计卖出了2301.67万元，整个交易盈利770万元左右，将近占总投放金额的14%，这是一个相当高的收益。

从整个交易过程来看，"上塘路"的操作非常稳健。涨停板的次日，即使股价出现了大幅振荡也没有急于出货，而是耐心持股，待时机成熟，还可能再加一把"火"。但是，当股价进入高位后，还是选择了先部分卖出，待趋势存在反转可能时，坚定地全仓出逃。

第六章
短线思维：小资金滚大的捷径

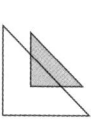

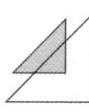

第六章 短线思维：小资金滚大的捷径

短线思维就是以博取股价短期内波动产生的价差为目标的一种交易思维。鉴于周期越长，对股价波动的把握难度越大，因而，市场上很多投资者，特别是游资更喜欢通过短线交易来获利。事实上，游资的很多操作方法、技巧与策略都是基于短线思维而产生的。

第一节 短线思维的核心

游资的核心观点：市场长期趋势或市场走势是难以把握的，而短线的焦点与市场情绪则有章可循。上证指数从 2000 年年底的 2073 点振荡至 2021 年年底的 3639 点，仅上涨了 75.5%，考虑复利的因素，可能涨幅不到 3%。这也是市场上的游资坚持短线交易的真正原因。

一、炒股基本靠势

炒股就是炒趋势。游资大佬"小鳄鱼"曾这样说：炒股基本靠势，有时候都搞不懂为什么这么烂的题材都能封住板，有时候也搞不懂为什么自己手中这么好的题材也会被闷杀。把握好了这个势，共振上涨，共振下跌，交易的大部分问题也就解决了。

短线所需的势，不仅仅指的是个股趋势，还有大盘趋势。尽管短线盈利与否主要靠个股的趋势，但大盘对个股的影响也是不可忽略的。当然，逆势上行的个股也有，但投资者在操盘时，还是稳妥一点为好。

尽管短线交易者不需要特别大的行情做支持也可以进行交易，但是如果整个市场都处于下跌趋势，那么短线交易要想获利就会变得特别艰难。孙子曰：古之所谓善战者，胜于易胜者也。引申到短线交易中，就是一个优秀的短线交易者，只会做最容易成功的交易。也就是说，只有大盘趋势向好的时候，才是短线交易者最佳的行动时机。

下面来看一下上证指数的走势图，如图6-1所示。

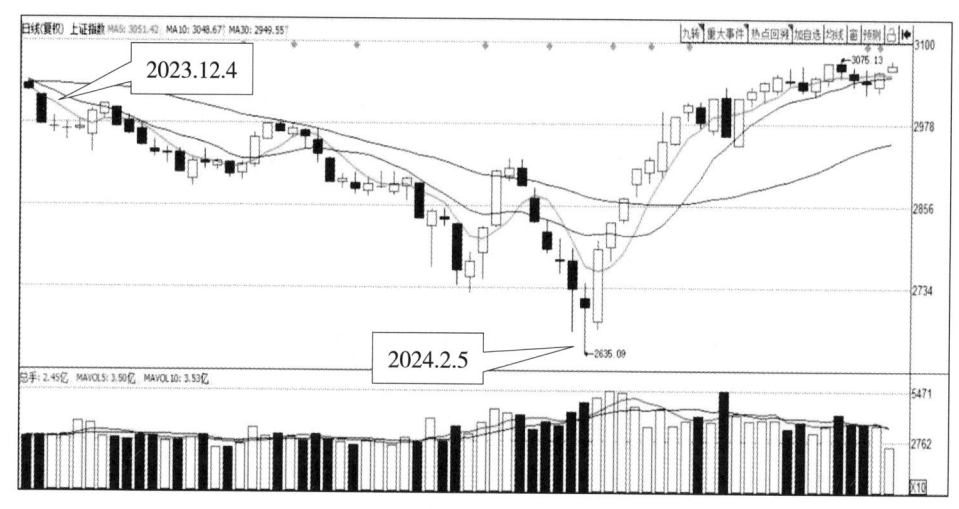

图6-1　上证指数（000001）日K线走势图

图6-1是上证指数在2023年年底到2024年年初的走势情况。从图中可以看出，大盘指数在2024年2月5日前主要呈下行趋势。投资者若在这段时间内操作短线，盈利的可能性会极低；反之，若在2月5日之后的时间操作短线，则盈利的面会很大。

短线交易，尽管每次交易所耗费的时间很短，却不是一定要进行频繁交易，懂得休息的人才是真正会投资的人。

二、超短是快速做大的最佳途径

短线与中长线相比最大的优势在于反应速度快，盈利也快，亏损也快。当然，投资者调整的速度也要快。与机构投资者不同，普通散户对市场和个股的研究和理解都不够深入，所获得的关于企业的各类数据也十分有限，因此，在进行中长线投资时不可避免地会因为选股或判断错误，而错误地买入一些走势不佳的股票。同时，由于投资者持仓这类股票的时间比较长，这就使得投资者不仅损失了资金，还损失了大量时间成本。也就是说，相比短线交易，中长线投资的修正或补救成本更高。

第六章 短线思维：小资金滚大的捷径

因此，知名游资"龙飞虎"曾这样说：超短是快速做大的最佳途径，然而这同样也是一把双刃剑。决定收益的是你的操作手法是否多样化，你的盘面阅读能力是否足够强大，强到能无限接近主流资金。

目前市场上的主流游资所使用的打法几乎都是超短交易，隔日交易（即当日买入，次日卖出）就是这些游资的主流交易手法。

下面来看一下游资操作金盾股份的案例，如图6-2所示。

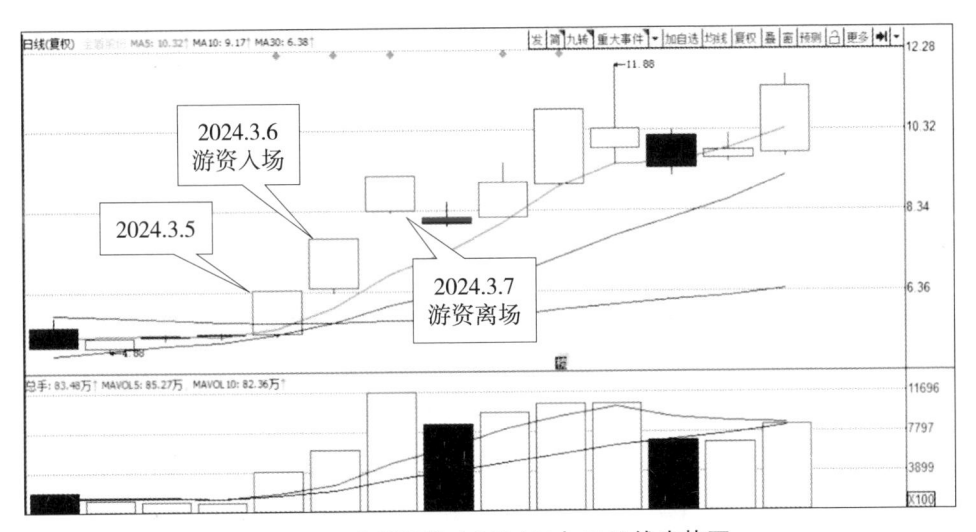

图6-2 金盾股份（300411）日K线走势图

2024年3月5日，飞行汽车概念成为市场资金追捧的热门。飞行汽车概念的龙头股金盾股份当日收出了20%的涨停板。次日，即3月6日，游资纷纷入场抢筹，该股股价二度涨停。3月7日，尽管该股股价三度涨停，但各路游资并不恋战，而是选择了止盈离场，如表6-1所示。

表6-1 游资交易记录

游资	3月6日买入金额	3月7日卖出金额
"成都系"（国泰君安成都北一环路证券营业部）	1386.49万元	1669.52万元
"山东帮"（东方证券厦门仙岳路证券营业部）	1342.41万元	2443.48万元

从表6-1中可以看出，"成都系"的交易是3月6日买入后，3月7日立即卖出，盈利约283万元。"山东帮"从这两个交易日的交易数据可以看出，

其在 3 月 5 日该股收出第一个涨停板时，应该已有几百万元的买入。

不过，无论是 3 月 5 日买入还是 3 月 6 日买入，两家游资的交易都属于典型的超短线交易。这就是市场上的游资最主要的交易手法。

应用这种手法交易有一个最大的优点，即资金的利用效率高。投资者可以频繁地进行交易，而且每次交易的盈利期望无须过高。哪怕每次只盈利一个点，只要能够控制好回撤，那么长期坚持下来，这种资金的复利效应也会让资金迅速滚大。

三、空仓即主动

很多人沉迷于短线交易，沉迷于满仓交易。从短线交易角度来考虑，短线交易最大的天敌就是满仓或重仓交易。短线交易是一种风险极高的交易活动，在帮助投资者实现短期收益最大化的同时，也会让投资者的本金承受较大的风险。同时，经常性的满仓交易，也会在市场上出现机会时，因为缺少资金而让自己白白错失机会。

游资大佬"乔帮主"曾说过：空仓即主动！资金在手，天下我有！

在 A 股市场，机会可以说"天天有，时时有"。当手中空仓、有充足的现金时，就有了选择机会的底气，在适当的时候出击，才有可能实现收益最大化。同时，短线交易固然可以实现高频交易，但并不意味着必须每天都交易，适当的空仓、适当地休息，才能让自己走得更远，毕竟投资者不是只想交易一天两天。

一年分四季，一天有早晚。会休息的人，才是会工作的人。对于一个投资者来说，并不是所有时间都适合做交易，尤其是短线交易。对于一个优秀的短线交易者来说，一年中也许只需交易为数不多的几次就可以了；而有的投资者却在一年中不停地交易，最后不仅没有获利，还出现了大量亏损。

该罢手时且罢手，是说一个人在做事时，在应该停止的时候，一定要停下来，不能继续做下去。投资者在进行股票投资时，也有"该罢手"的时候，这时就需要停下来休息一下。一般情况下，这种"该罢手"的时候包括以下几种情况。

1. 交易连续出现亏损时

投资者如果连续几次出现交易亏损，就应该考虑调整一下心态，停止交易一段时间，等心态调整过来之后再考虑交易。

2. 大盘行情恶化时

大盘行情恶化时，个股能够发动上涨行情的概率是很低的。因而，一个聪明的投资者往往会在这个时候选择隐藏，避免交易，这也能有效地避免交易损失。

3. 当投资者很难看清行情方向时

投资者一般情况下都是根据自己对行情的预测来买入股票的，因而，当自己很难看清行情方向时，最好选择退出。只有这样，才能最大程度地降低损失。

4. 当投资者身心疲惫时

投资虽不是一项体力劳动，但也需要耗费一个人大量的精力。当交易进行时，行情每时每刻都在变化，这都需要投资者集中精力，因而，当投资者感到身心疲惫时，一定要选择先退出交易，好好休息一番之后再进行交易。

四、短线的基础是市场情绪

游资大佬"炒股养家"曾这样说：短线的基础是市场情绪。只要市场情绪在，主流把握对了，盈利只是概率问题。同时，在短线交易方面，"炒股养家"也给出了一些建议，如图6-3所示。

下面来看一下"炒股养家"交易固高科技的案例，如图6-4所示。

在2024年年初的一段时间，A股市场上多次出现炒作机器人概念的热潮。固高科技也借着这波热潮启动了一波上升行情。2024年3月15日，知名游资"炒股养家"在该股股价即将封住涨停板时，买入了867万元；3月18日，该股股价跳空高开后，经历一波冲高出现回落，"炒股养家"趁机将手中的筹码全部卖出，共计933万元。"炒股养家"只拿了一个"T+1"就出手了，挣了66万元左右，净利达到7.6%。这就是游资常常应用的标准的超短线交易，

解密游资思维模式与操盘技法

完全根据市场情绪变化（当时市场情绪主要聚集在机器人概念板块），顺势推升股价，次日趁着股价走高，早早出货兑现利润。

了解市场情绪
通过涨停家数、涨停分布，前日涨停个股今天的表现，大盘的涨幅了解基础情绪。

高维度看市场
要提升自己的格局，不要将眼光局限在自己操作过的个股身上，以免错过大的机会。

短线交易策略

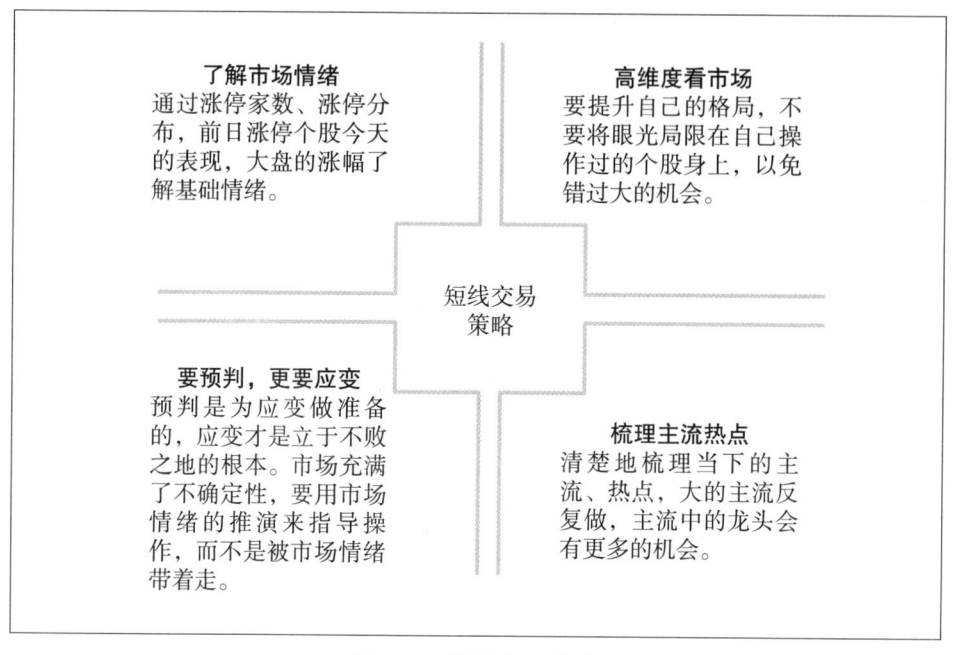

要预判，更要应变
预判是为应变做准备的，应变才是立于不败之地的根本。市场充满了不确定性，要用市场情绪的推演来指导操作，而不是被市场情绪带着走。

梳理主流热点
清楚地梳理当下的主流、热点，大的主流反复做，主流中的龙头会有更多的机会。

图 6-3　短线交易策略

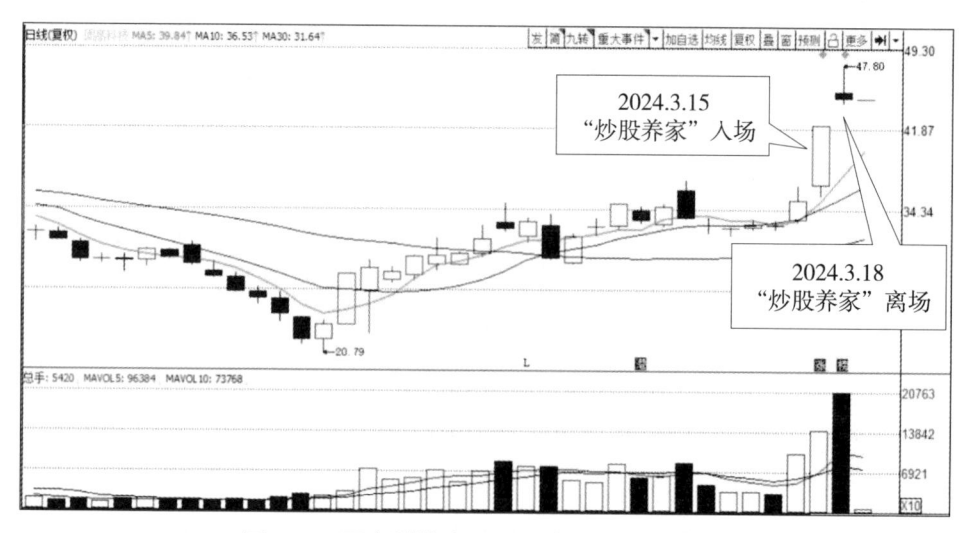

图 6-4　固高科技（301510）日 K 线走势图

五、短线不讲技术，只讲故事

很多投资者在进行短线交易时，不可避免地会从技术形态、股票价值等多方面去研究，试图找到短线交易的诀窍。普通投资者总是希望能够在纷繁杂乱的市场上找到一种确定性，希望找到一种方法、技巧或模式，让自己的交易"百战百胜"。然而，现实总会将这种"希望"打得粉碎。对此，游资大佬"赵老哥"曾这样说：短线交易，不讲价值，不讲技术，只讲故事。

如果说短线交易还有什么技术要讲的，那一定是"人气"。只要"人气"起来了，股价就会直冲云霄；"人气"要是散了，股价也会一蹶不振。"人气"这种东西，不是事先能看出来的，都是盘中交易过程中感知到的。有些股票"人气"大涨，盘中可能直接一波流封上涨停；而还有一些股票，看着"人气"还可以，股价也起来了，很多散户都去追涨，但是在冲击涨停板时一口气没上来，股价就可能立即由大涨转为大跌，这就是市场。市场既残酷，也精彩。

下面来看一下睿智医药在2024年3月18日的走势，如图6-5所示。

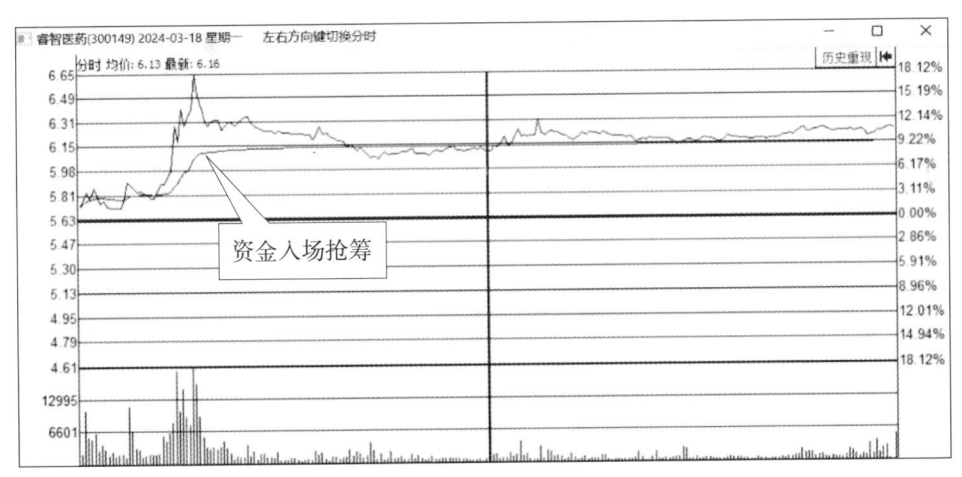

图6-5 睿智医药（300149）分时走势图

2024年3月18日，市场上出现了一波炒作CRO概念的风潮，睿智医药的股价直线拉升，与此同时，成交量同步大幅放大。随着入场资金的增加，股价线直冲20%的涨停，但是当股价临近涨停板位置时，场外资金的入场进度跟不上场内资金离场的进度，股价被残酷地打下来了。很多在高位入场的投资者只能被套在高位。

再看一下该股的日 K 线走势情况，如图 6-6 所示。

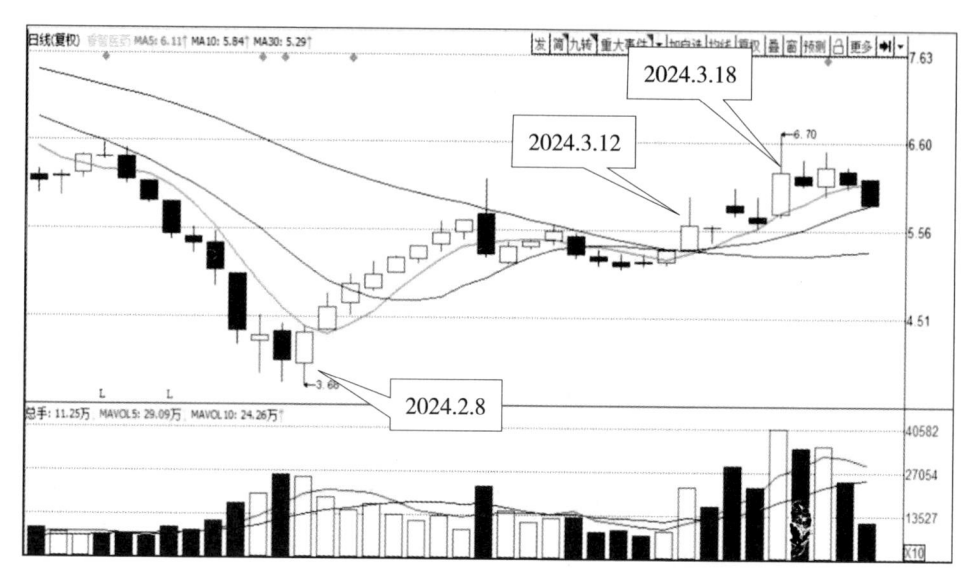

图 6-6　睿智医药（300149）分时走势图

从图 6-6 中可以看出，睿智医药的股价自 2024 年 2 月 8 日触底后出现了一波反弹走势。2024 年 3 月 12 日，该股股价完成了对 30 日均线的突破，这意味着股价中线将会从下行趋势转为上行趋势，此后，该股股价经历了三个交易日的调整。

3 月 18 日，该股高开高走，但涨停板未果。其实，当日若能成功封上涨停板，该股股价后面必然会迎来一波可观的涨幅。从技术分析角度来看，该股股价的上攻似乎是顺理成章的，只是在 3 月 18 日当天"人气"稍稍差了一点点，最终"功败垂成"。短线交易在很多时候，其实都是差了这一点点。

第二节　短线看盘的核心参数

游资"不动明王"在谈及短线看盘时，曾经这样强调：成交量、5日均线、板块，就是短线看盘最核心的参数。得此三者，游刃有余。

一、成交量：短线强势股的血液

成交量是市场供需关系的量化表现，是指在单位时间内所达成交易的总量。通常情况下，当股票供不应求，投资者纷至沓来都要买进时，随着股价的上涨，成交量自然会放大；反之，当股票供过于求，市场门可罗雀，交易者寥寥无几时，股价下行，成交量势必会有所缩减。在技术分析中，成交量具有极其重要的地位。

确认价格变化，是成交量指标最重要、最核心的作用。股价到达某一位置时，如果成交量出现放大态势，也就意味着买卖双方在此位置达成了共识，未来会有更多的人在此位置进行买入或卖出交易，股价很可能还会延续当前的运行态势；反之，如果成交量极度萎缩，则说明买卖双方分歧较大，没有人愿意买入或卖出股票，股价未来转向的可能较大，如图6-7所示。

龙头股份的股价在2023年下半年出现了一波下跌走势。随着股价的不断走低，成交量也同步出现了萎缩。2023年11月29日，该股股价创下阶段低点后，开始反弹。

11月30日，该股股价小幅回落，成交量萎缩到了一个很低的水平，说明买卖双方对股价走势的分歧严重，如果未来不再继续萎缩，则股价有企稳反弹的可能，再对照前一交易日，股价刚刚创出新低。投资者可重点关注该股成交量与股价的变化。一旦该股走出量价齐升形态，则意味着股价将终结下行趋势。

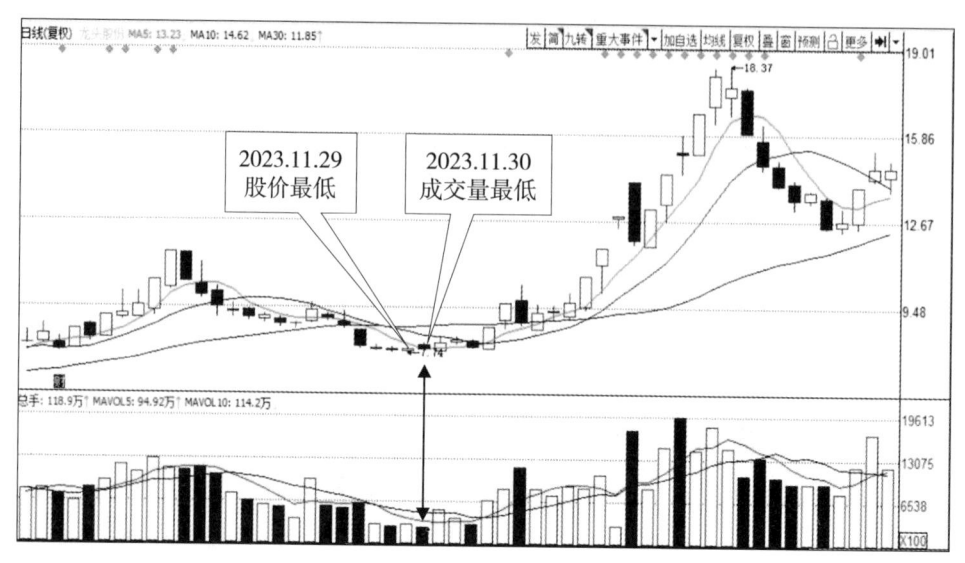

图 6-7　龙头股份（600630）量价走势图

　　随后，该股经过几个交易日的盘整后，出现了快速上涨行情，成交量也同步大规模放大，说明多空双方认可了股价的上涨，未来继续上涨的概率较高。

　　在游资的短线交易体系中，成交量是非常核心的一个指标。判断一只股票是否属于货真价实的大龙头，要看这只股票有没有经历过成交量放大的考验。也就是说，当一只龙头股在上升过程中出现大幅振荡，而成交量出现了较大规模的放大，且股价还能回封涨停板，则可认定该只股票市场人气较旺，属于真正的大龙头。比如，2024 年年初，智能制造概念被热炒时，艾艾精工就成为这波行情中的绝对大龙头，如图 6-8 所示。

　　2024 年年初，在智能制造炒作热潮中，艾艾精工成为资金追捧的"宠儿"。不过，观察该股的成龙之路也不是一帆风顺的。在股价上攻过程中，3 月 11 日和 3 月 18 日，该股股价两次触及跌停板位置，但都被新入场的资金拉了起来，并封上了涨停板，与此同时，成交量都出现了异常放大，换手率都在 20% 左右。

　　正是经受住了这种高成交量、高换手率的考验，该股才最终成为市场的大龙头，一口气拉出 10 多个涨停板。

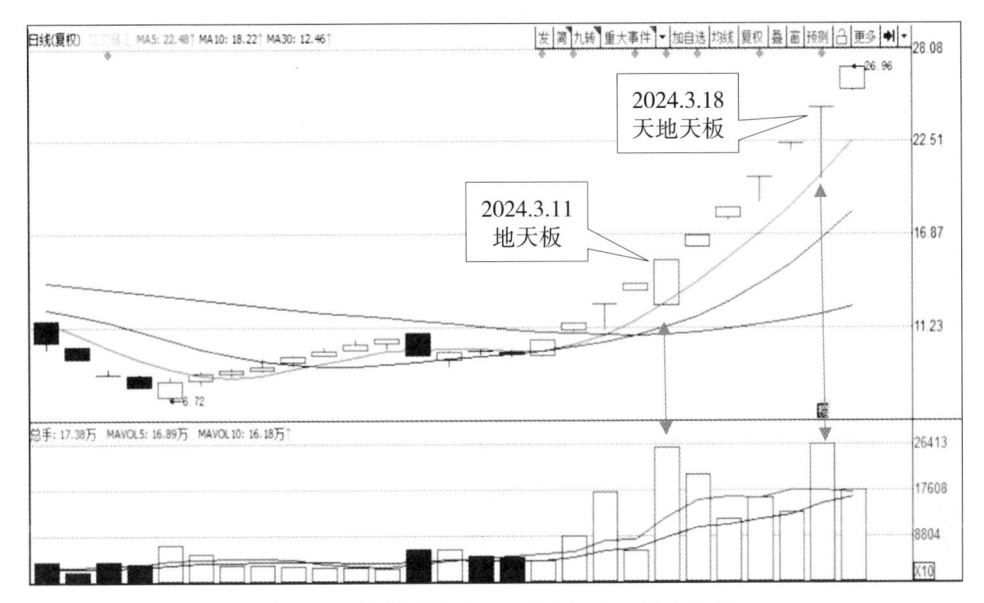

图 6-8 艾艾精工（603580）日 K 线走势图

二、5 日均线：短线牛股的生命线

5 日均线是近 5 个交易日内股价或指数的平均值所连成的曲线，对应的是股价的 5 日均线和指数的 5 日均线。由于 A 股实行每周 5 天交易制，所以 5 日均线在技术分析上就有了重要的意义。

5 日均线被称为短线运行的保护线，它反应灵敏，是短线投资者最关注的一根均线，可用作短线进出依据。当股价位于 5 日均线上方时，表示最近 5 个交易日买入的投资者基本处于盈利状态；反之，则表示最近 5 个交易日买入的投资者大多处于亏损状态。

5 日均线是游资常用的一根均线。"不动明王"曾说过：学好 5 日线，走遍股市都不怕。很多游资在操盘时，都将 5 日均线看成操盘基准线，即只操作股价运行于 5 日均线上方的股票。当一只股票的股价运行于 5 日均线下方时，则说明该股股价走势较弱，只有等到股价重新站稳 5 日均线后方可翻多入场。

下面来看一下永悦科技的股价走势情况，如图 6-9 所示。

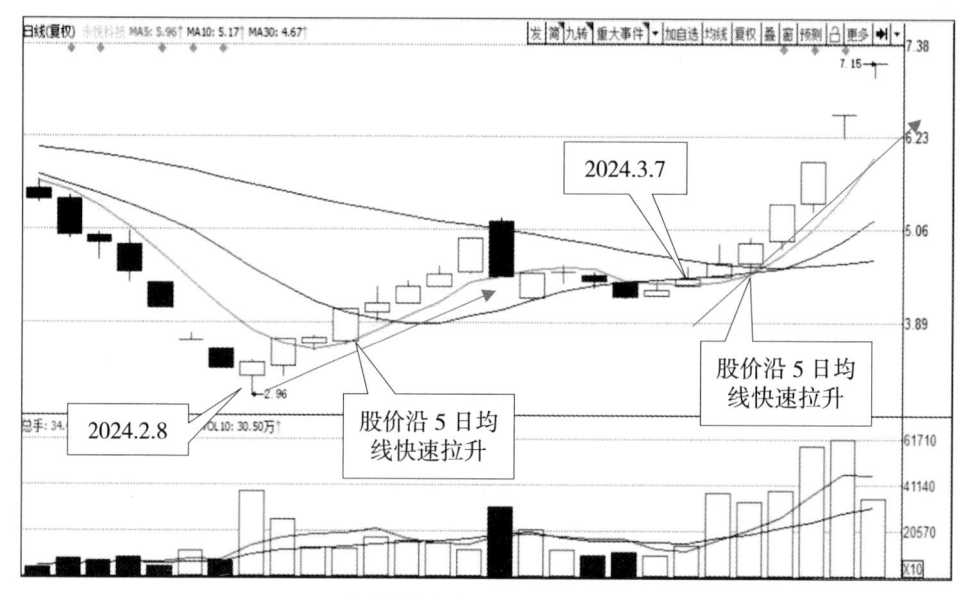

图 6-9　永悦科技（603879）日 K 线走势图

永悦科技的股价在 2024 年 2 月 8 日前后经历了一波明显的牛熊转换。2 月 8 日之后，该股股价在完成对 5 日均线的突破后，启动了一波小幅上攻走势。到了 3 月 7 日，该股股价再度重新向上突破 5 日均线，此后股价更是完成了对 30 日均线的突破，打开了大幅上升空间。

此后，该股股价在市场情绪的推动下，借助低空飞行概念，出现了一波大幅上攻走势。

总之，短线交易的核心在于选择强势股、龙头股进行交易，而 5 日均线就是一根股价短线强弱的分界线。只有运行于 5 日均线上方的股票才有希望成为强势股，才能称为强势股。

在短线操盘中，追涨强势股有之，但采用低吸模式进行交易的也有很多。不过，低吸强势股的一个重要参照标准也是股价是否有效跌破 5 日均线。也就是说，强势股在回调时，若其未能有效跌破 5 日均线，或刚刚跌到 5 日均线又被快速拉升，则可说明该股仍会延续强势；反之，若股价跌破 5 日均线后，不能快速收复 5 日均线，则说明该股行情有走坏的风险，至少投资者不应该再入场了。

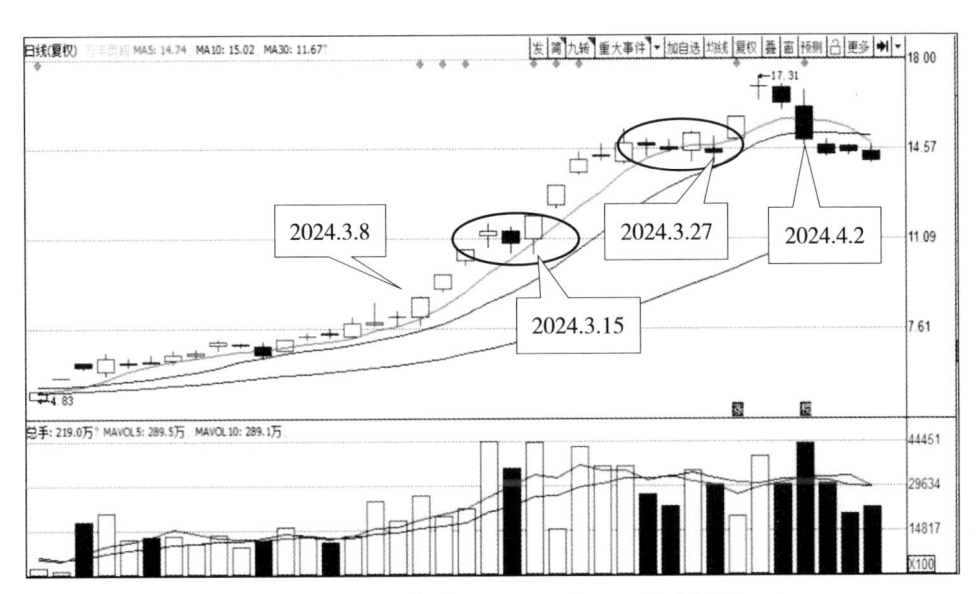

第六章 短线思维：小资金滚大的捷径

下面来看一下万丰奥威的案例，如图 6-10 所示。

图 6-10 万丰奥威（002085）日 K 线走势图

2024 年 3 月，低空经济、飞行汽车概念火爆，相关概念股都被资金大幅炒作。由于万丰奥威属于典型的低空经济和飞行汽车概念股，也出现了一波大幅上攻走势。该股股价自 2024 年 3 月 8 日开始启动快速拉升行情，股价沿着 5 日均线快速上攻。

到了 3 月中旬，该股股价出现了调整走势。3 月 15 日，股价回调至 5 日均线附近，甚至一度跌破了 5 日均线，但成交量出现了萎缩，其很快又被拉升而起，这说明 5 日均线对股价具有较强的支撑作用。其后，该股又重新延续了之前的上攻态势。

到了 3 月下旬，万丰奥威再度出现调整走势，3 月 27 日，该股股价又一次跌破 5 日均线，成交量再度萎缩，次日又被拉升起来，这就意味着投资者仍可继续持有该股。

2024 年 4 月 2 日，万丰奥威的股价以大阴线报收，并击穿了 5 日均线，且伴随着成交量的放大，这就是一个比较危险的信号了。此后，该股股价没能很快收复 5 日均线，说明该股短线有走坏的可能。

三、板块：寻找强势板块

市场上，单只股票的上涨是很难引发连锁反应的，也很难出现赚钱效应。只有当市场上赚钱效应凸显时，场外资金才会源源不断地入场，继而推动个股股价持续走高。这个时刻往往也是很多短线交易者最喜欢的交易时间。

事实上，回顾之前历次相对较大规模的行情，往往都是由一个或几个板块启动后，逐渐扩散到整个市场，人气逐渐活跃，最终形成一波较大的上升行情。比如，在2022年4月底的大盘反攻行情中，新能源以及新能源汽车概念就成为绝对的行情引领者，如图6-11所示。

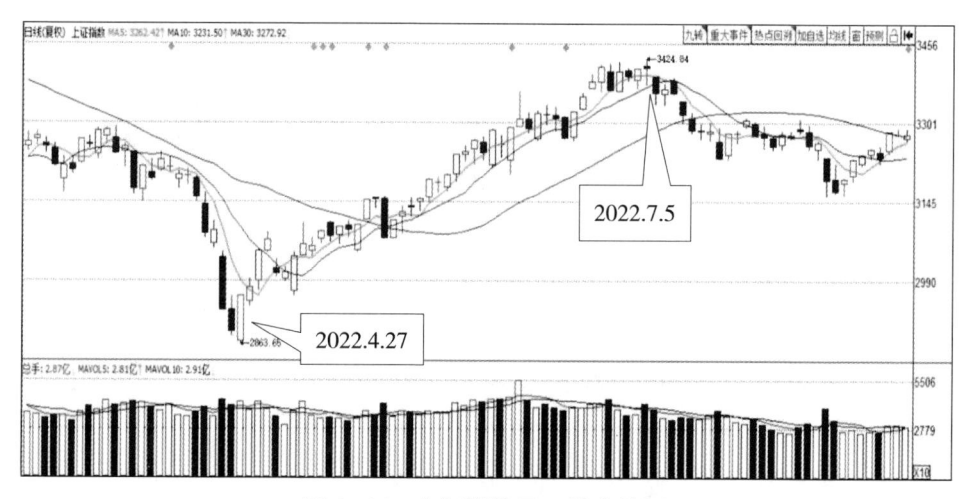

图6-11 上证指数日K线走势图

上证指数在2022年4月底之前呈现了明显的单边下跌态势。2022年4月27日，大盘指数触底反弹，并就此启动了一波振荡上升走势。回顾整个反弹行情的启动与演化，新能源概念和新能源汽车概念成为这波反弹的发动机。正是因为这些与新能源有关的板块不断地炒作，赚钱效应吸引了越来越多的场外投资者入场，才让整个反弹行情得以延续几个月。

下面来看一下新能源汽车指数的走势情况，如图6-12所示。

新能源汽车指数自2022年4月27日触底反弹后，就掀起了一波上涨狂潮，与该板块有关的概念股被资金爆炒，多路游资纷纷入场抢筹。很多新能

图 6-12 新能源汽车指数 K 线走势图

源汽车板块内的股票在三个多月的时间里实现了翻番。由此可见，强势板块对短线操作的意义。

投资者在选择强势板块时需要注意以下几点。

第一，注意板块之间的横向比较。通过各个板块的比较，寻找市场上的强势板块。

第二，注意板块与大盘指数的比较。只有走势强于大盘指数，才能称为强势板块。

第三，注意板块内各只股票的比较，寻找板块内的领涨龙头。短线选股操作最终要落在强势板块内的龙头股上。

第四，注意板块走强的持续性。板块某一交易日走强并不值得关注，只有持续走强，特别是有能够影响整个市场的超级大龙头股出现的板块，更加值得关注。

下面是同花顺软件在 2024 年 3 月 19 日收盘后给出的板块分析，如图 6-13 所示。

图 6-13　板块走势分析（2024.3.19）

从图 6-13 中可以看出，尽管大盘在 2024 年 3 月 19 日走势不佳，但仍不影响部分板块的精彩表现。从同花顺板块分析中可以看出，EDR 概念（汽车事件数据记录、存储系统）成为市场的领涨板块，其次养殖板块、量子科技等都成为市场上资金追踪的目标。当然，这些板块的热度能否持续也是投资者需要关注的内容。

第三节　游资短线交易思路与策略

同属短线交易，投资者在交易过程中也可能会有不同的绝招和方法。下面介绍几种游资短线交易策略与思路，供读者参考，如图 6-14 所示。

一、寻找并磨炼自己的交易模式

短线交易本身更近似于一种心理游戏。什么样的交易是最好的？就是那种让自己感觉非常舒服的交易模式。有人喜欢追涨，有人喜欢低吸，还有人

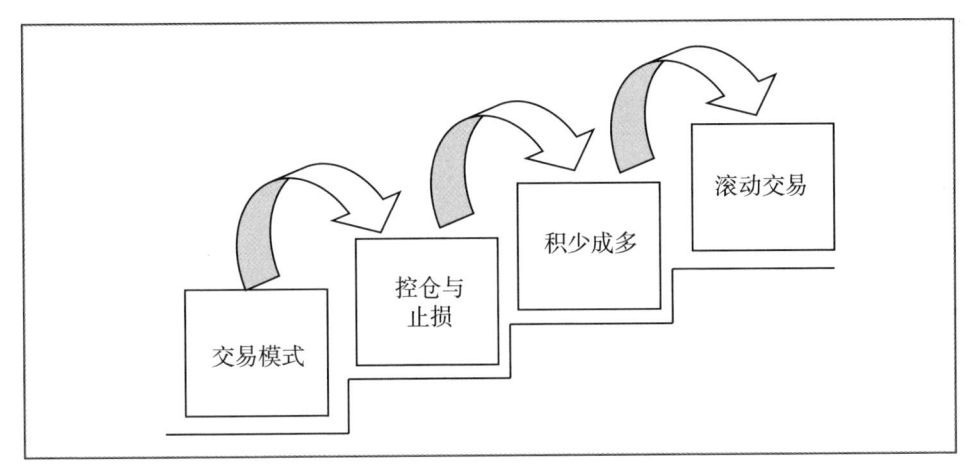

第六章 短线思维：小资金滚大的捷径

图 6-14 游资短线交易思路与策略

喜欢玩打板，等等。不同的人会有不同的偏好，但无论选择何种交易模式，都需要注意以下几点。

第一，游资偏好的短线、超短线交易模式也好，机构偏好的中长线交易模式也罢，关键是投资者要结合自己的性格特征、资金情况进行选择。如果是急性子，最好不要做长线投资，毕竟长线投资非常熬人；如果资金量比较小，也尽量不要选择长线投资，小资金在几年的时间里很难成长起来，况且还要耗费大量精力。因此，对于大多数投资者来说，短线交易是一个比较现实的选择。接下来要做的就是耐心地选择一种适合自己的模式。

第二，同样是短线交易，可选的交易模式也很多，但不一定都适合自己。无论是何种交易模式，都要在实战中不断改进、完善，直至胜率提升。一次两次交易的成败是看不出交易模式优劣的，要每隔一段时间对自己的交易进行全面检讨，看看改进后的胜率有没有提升。

第三，如果严格按照自己的交易体系来操作，就可以将盈亏看得淡一些。股票交易市场是主力与散户之间的博弈，很多时候，散户都会不自觉地陷入主力的陷阱之中。主力通常都会先用小利来引诱散户买入股票；然后再通过连续向下打压股价，让散户心生恐惧，最后放弃手中的筹码。市场总是重复这样的循环，并没有多少新意。

游资"宁波解放南"以短线交易而闻名，下面来看一下其操作杭州解百的案例，如图6-15所示。

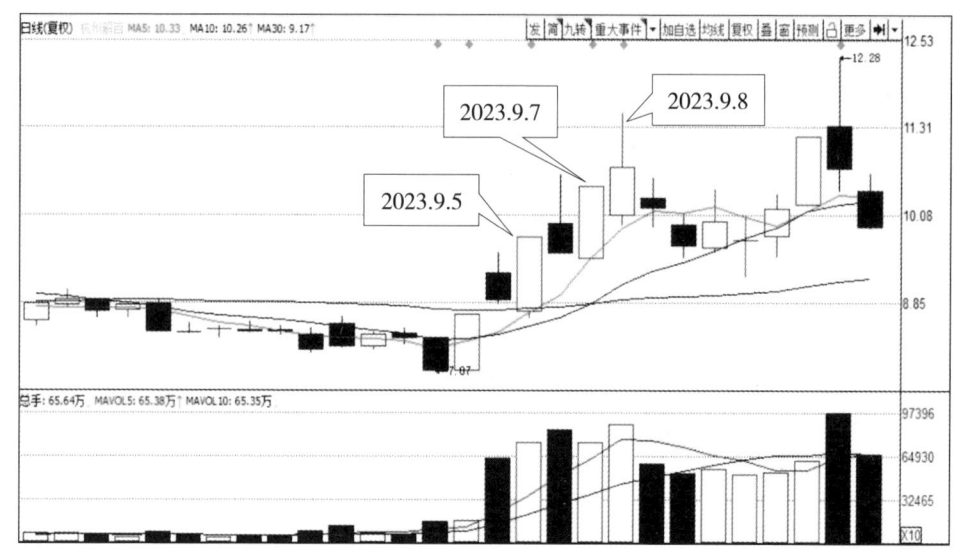

图6-15　杭州解百（600814）日K线走势图

杭州解百的股价自2023年9月初启动上攻，9月1日，该股股价更是强势涨停。

此后，该股股价经过一个交易日的调整后，9月5日再度涨停，"宁波解放南"在股价涨停前买入2098万元。9月7日，该股股价盘中经过一波大幅振荡，尾盘再度拉升，当日"宁波解放南"卖出了761万元。9月8日，该股股价盘中再度大幅振荡，尾盘又出现了一波拉升，如图6-16所示。

从图6-16中可以看出，在2023年9月8日尾盘阶段，杭州解百的股价一度拉升至涨停板附近，但很快就被打压下来了。观察当日的龙虎榜可知，当日游资"宁波解放南"卖出了2304万元。也就意味着，当日"宁波解放南"清仓了杭州解百，而且是获利颇丰式的清仓。杭州解百的走势确实也比较符合"宁波解放南"的风格。

二、控仓与止损是短线交易持续的关键

短线交易离不开控仓与止损，但游资在控仓与止损方面的理解显然与普

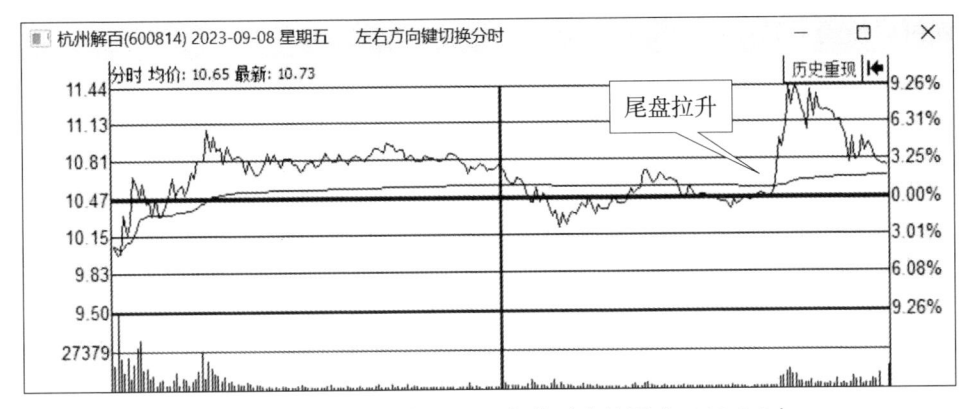

第六章 短线思维：小资金滚大的捷径

图 6-16 杭州解百（600814）分时走势图（2023.9.8）

通散户有所不同。通常来说，在游资交易系统中，并没有固定的仓位或止损位的设定，都是根据个人接受程度以及市场环境动态调整形成资金管控体系的一部分。

很多人喜欢研究仓位，这与止损幅度的设置一样，每个人心理承受能力不一样，其仓位与止损的控制肯定是有所不同的。

事实上，尽管我们在短线交易时，时常会讨论设置止损位的问题，但追涨强势股时，股价波动的幅度是非常大的，有些股票一天的波动幅度就在十几个点以上，这时候再考虑设置 8 个点左右的止损位，就是一种徒劳，主力的一个震仓就得投降。最为明智的选择，就是在介入股票前，对仓位和股价波动进行充分的预期，确定自己能接受的波动幅度。如果在单只股票上介入的金额占总仓位的比重较低，投资者则能够承受更大幅度的波动；反之，若仓位较重，投资者可能很难接受较大规模的振荡。这也是在游资交易系统中反复提及分仓交易的原因。

举个简单的例子。假如你能拿来炒股的资金有 10 万元。在交易时，你若将其全部投入到一只股票上，当这只股票下跌 5 到 6 个点时，你的亏损就会达到五六千元，这时估计要冒汗了；若股价继续下跌到 15 个点，你就有 1.5 万元的资金被吞噬掉了。这时恐怕就很难坐得住了。但是如果在交易时进行分仓管理，将单只股票的买入金额控制在 1 万元左右，当这只股票的股价下跌 10 个点，则亏损是 1000 元，相当于整个资金仓位损失了 1 个点，是不是就可以接受了呢？

其实，很多人对游资交易存在一个误区。总以为游资都是全仓杀入，然后力求获得暴利收入。其实不然，越是资金规模大的游资，操作起来越是稳健。他们在很多交易中所动用的资金量可能不到总资金量的十分之一。相对而言，单笔交易的盈亏可能对整个资金影响都不大，也正因如此，他们才不会患得患失，能够更加客观、理性。在满足买入条件时入场，在具备卖出条件时离场，而不考虑盈亏。只要交易方法正确、交易模式没有问题，剩下的就交给概率，而他们的资金也正是通过这种方法一点一点滚动起来的。

下面来看一下"宁波桑田路"操作因赛集团的一次交易，如图6-17所示。

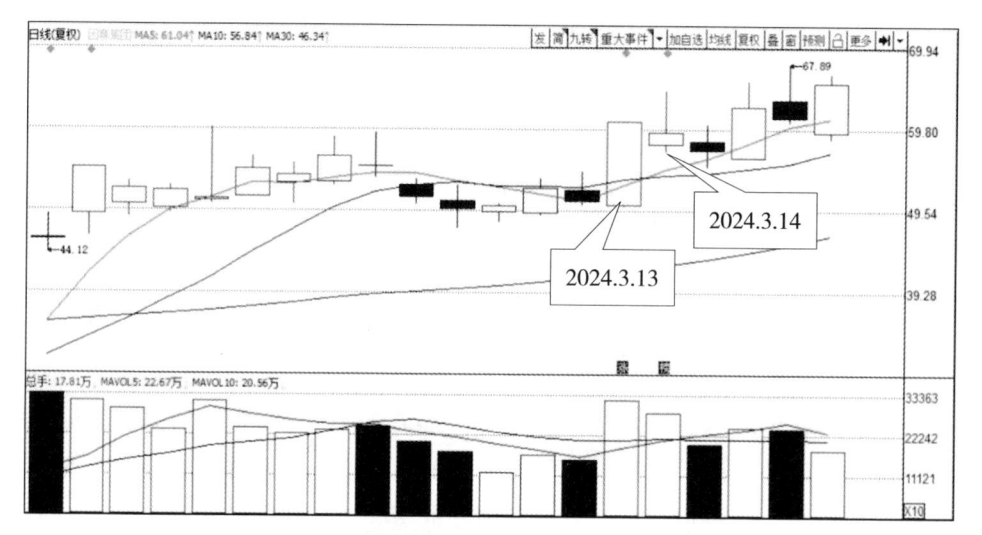

图6-17　因赛集团（300781）日K线走势图

因赛集团作为SORA概念的龙头股，在2024年2月出现了一波炒作热潮。到了3月，该股股价进入横向调整状态。

2024年3月13日，市场上SORA概念又一次启动，因赛集团又一次强势涨停。知名游资"宁波桑田路"强势介入，买入了4675万元。次日，该股股价低开冲高后出现回落。

对于很多游资来说，当日涨停的股票，次日若不能冲击涨停，则意味着股价下行的概率比较大。3月14日，"宁波桑田路"卖出了大部分股票，合计 4028 万元。也就是说，尽管这一波"宁波桑田路"可能会出现一定的亏损，但这个亏损幅度仍在其可接受的范围之内。同时，对于游资来说，盈亏并不是最重要的，毕竟有交易就会有盈亏，只要做好分仓，剩下的就是维护交易模式、交易纪律了。

三、有利则止，积少成多

短线交易最大的特点就是持仓时间短，资金使用效率高。哪怕每个交易日能有一点点利润，只要积累起来都是不得了的一笔收益。股票交易过程中，要注意以下几点。

第一，绝不可将盈利做成亏损。在有盈利的情况下，只要发现股价存在回调的风险，哪怕自己感觉回调之后上拉的可能很大，也要先出局，先保住先前的盈利。

第二，持仓时间越短越好。很多游资的交易都是"当日进，次日出"。有些游资可能会等等看次日股价有没有涨停的可能，即股价若涨停就不卖出；而有些游资总是非常干脆地有利就出，不考虑是否有涨停的可能。毕竟游资的资金量很大，大家都想出的时候，他可能就出不去了。因此，在大家都看好的时候出局是最理想的出货时机。

第三，利润的产生源于资金的复利效应。资金都是一点点滚起来的，只要能够控制好回撤，点滴的积累就可以让自己逐渐变得强大起来。

下面来看一下游资"炒股养家"交易大理药业的案例，如图 6-18 所示。

2024 年 3 月中旬，市场上出现了一波炒作中药注射剂概念的风潮，大理药业成为该概念中的龙头股。

2024 年 3 月 12 日，该股股价收出第一个涨停板，从该股的龙虎榜可知，当日有多路游资入场抢筹，如图 6-19 所示。

从图 6-19 中可以看出，当日买入金额前五的营业部中，"炒股养家"就占了两个，还有"宁波桑田路""益田路"这种知名度较高的营业部。这就给了外界一种知名游资都在抢筹的感觉。次日，该股股价高开横向振荡了一波再度涨停。对于很多散户投资者来说，当日不应该卖出股票，但这些游资做出了相反的选择。

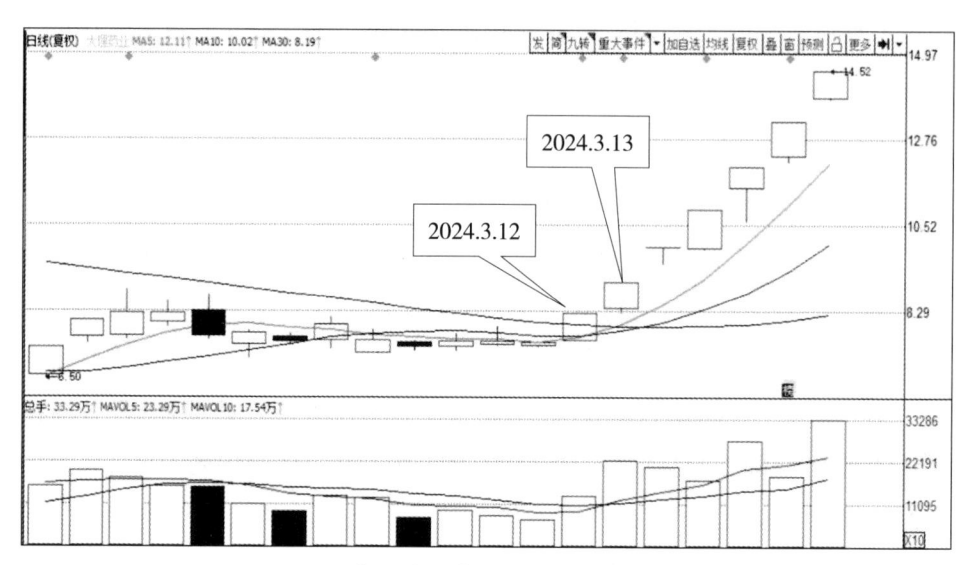

图 6-18　大理药业（603963）日 K 线走势图

营业部名称	买入金额(元)	占总成交比例	卖出金额(元)	占总成交比例	净额(元)
华鑫证券有限责任公司上海茅台路证券营业部　炒股养家	995.62万	9.60%	0.00	0.00%	995.62万
国盛证券有限责任公司宁波桑田路证券营业部　宁波桑田路	821.08万	7.92%	0.00	0.00%	821.08万
国盛证券有限责任公司上海浦东新区峨山路证券营业部	680.52万	6.56%	0.00	0.00%	680.52万
华鑫证券有限责任公司深圳益田路证券营业部　益田路	612.05万	5.90%	0.00	0.00%	612.05万
华鑫证券有限责任公司上海宛平南路证券营业部　炒股养家	521.02万	5.02%	0.00	0.00%	521.02万

买入总计：3630.29万元

图 6-19　大理药业买入前五营业部（2024.3.12）

下面来看一下 3 月 13 日卖出前五的营业部，如图 6-20 所示。

营业部名称	买入金额	占比	卖出金额	占比	净额
华鑫证券有限责任公司上海茅台路证券营业部　炒股养家	0.00	0.00%	1017.58万	2.95%	-1017.58万
国盛证券有限责任公司宁波桑田路证券营业部　宁波桑田路	0.00	0.00%	860.83万	2.49%	-860.83万
国盛证券有限责任公司上海浦东新区峨山路证券营业部	0.00	0.00%	704.34万	2.04%	-704.34万
华鑫证券有限责任公司深圳益田路证券营业部　益田路	0.00	0.00%	562.68万	1.63%	-562.68万
华鑫证券有限责任公司上海宛平南路证券营业部　炒股养家	0.00	0.00%	516.55万	1.50%	-516.55万

卖出总计：3661.98万元

图 6-20　大理药业卖出前五营业部（2024.3.13）

从图 6-20 中可以看出，几乎前一交易日买入前五的营业部在 3 月 13 日全部离场了。尽管 3 月 13 日大理药业同样以涨停板报收，但每家营业部的盈利幅度并不高（从交易金额对比来看，不排除手中留有少量仓位）。

从大理药业的股价走势来看，3月13日的涨停只能算该股启动的初期，但3月12日入场的游资不约而同地在3月13日全部离场了，一方面是为了保住到手的收益，尽管不算高；另一方面也是让渡一部分收益给市场、后来者。"炒股养家"曾说过，弱水三千只取一瓢。只有实现资金接力，让各方入场资金都能有钱赚，这类股票才能走得远。

四、滚动交易，让盈利倍增

滚动交易也是游资常用的一种短线交易技法，是在"当日买，次日卖"的基础上，进一步延伸出来的一种交易方法。也就是说，这是一种"当日买，次日卖"的叠加交易法。其具体操作要点如下。

第一，通常第一次买入的金额相对较少，带有一定的试盘性质。当然，具体金额与游资掌控的资金量以及个股盘子大小有关。

第二，次日开盘后，股价冲高时，先将前日筹码抛出。这样做有两个好处：其一，将利润兑现；其二，测试市场的承接能力。若市场承接能力较弱，这些筹码很可能会将股价砸到较低的水平，甚至引发抛售潮，将股价引向跌停；反之，若市场承接力较强，这些筹码抛出后，股价会很快重新拉升起来，甚至直冲涨停。此时，投资者若感觉后面行情仍旧十分看好时，就会反手做多，将卖出的股票再买回来，甚至增加仓位。

第三，从第三日开始重复第二日的操作，直至股价起不来为止。

滚动交易是很多游资在大龙头股票上常用的操作方法。比如，财通证券杭州上塘路证券营业部（简称"上塘路"）就曾在王子新材股票上应用过这一技法。

2024年3月中旬，低空经济概念成为市场热点，随着该概念的逐渐发酵，王子新材因其自身业务与很多低空经济行业内的企业存在业务关联，因而该股成为资金追逐的对象。王子新材的股价在2024年3月下旬出现了一波大幅拉升，财通证券杭州上塘路证券营业部也介入了该股，如图6-21所示。

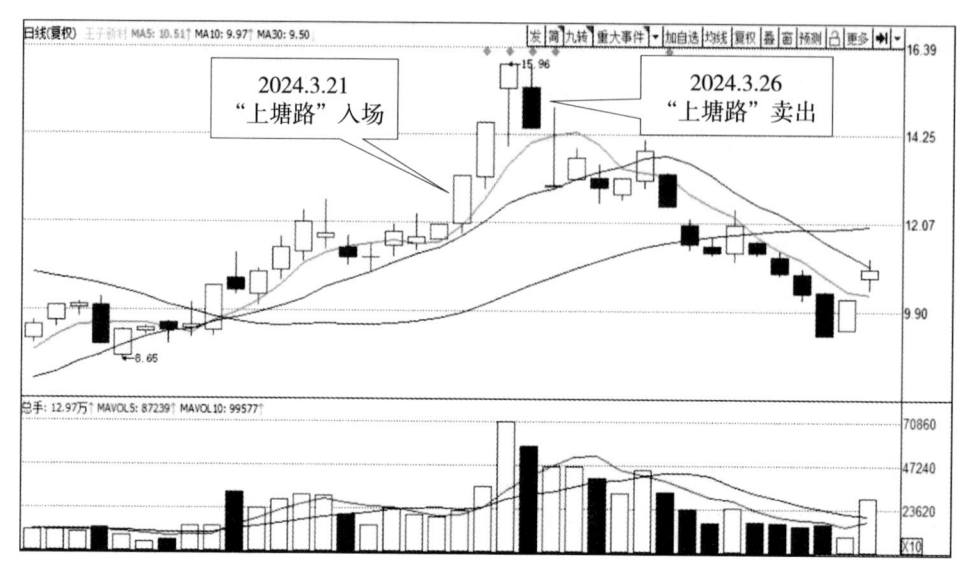

图 6-21 王子新材（002735）日 K 线走势图

王子新材的股价自 2024 年 3 月下旬大幅拉升，3 月 21 日，该股股价经过休整再度涨停，自当日开始，财通证券杭州上塘路证券营业部强势介入该股，并形成了一套滚动式交易模式，其交易记录如表 6-2 所示。

表 6-2 王子新材龙虎榜数据

日期	买入金额（万元）	卖出金额（万元）
2024.3.21	4756.1	—
2024.3.22	—	2406.5
2024.3.25	2701.38	3162.02
2024.3.26	0	2588.66

注：3 月 21 日和 3 月 22 日数据是 3 月 22 日龙虎榜一起给出的。

对照财通证券杭州上塘路证券营业部的交易记录以及王子新材的股价走势，可以发现以下几点。

第一，"上塘路"的交易十分简单直接，多数都是"今日买，明日卖"的模式，该交易过程十分有效。

第二，"上塘路"使用的技法属于标准的滚动交易，比如，在 3 月 22

日先将 3 月 21 日入手的股票卖出，然后又买入了一部分股票；3 月 25 日重复了上述操作。这两个交易日的滚动操作，让"上塘路"的盈利幅度大大提升。

第三，3 月 26 日，"上塘路"清仓了之前买入的股票，卖出金额为 2588.66 万元。由于行情不好，没有再买入。而且从卖出金额与前日买入金额对比来看，当日应该有一定的亏损，但相比前两个交易日滚动盈利的数额，亏损并不大。

从整体上来看，"上塘路"的交易还是不错的，取得了不错的盈利。这就是滚动交易的好处。

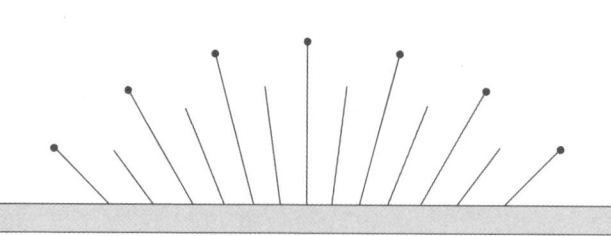

第七章
龙头思维：与强者同行

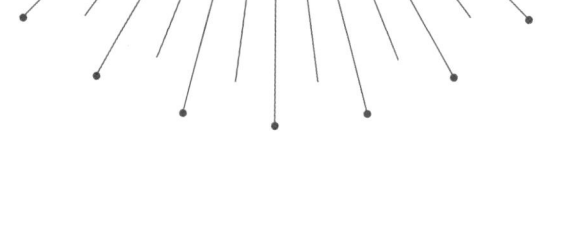

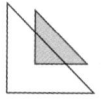

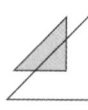

第七章 龙头思维：与强者同行

龙头思维，本质上就是一种强者思维，即从热点板块中选龙头焦点股票的思维方式。这里的龙头，并不是我们通常所说的行业内的标杆股票、超级绩优企业，而是在市场交易过程中产生的，能够带领同一板块、同一概念股票上行的热门股票。

想要炒短线的投资者，首先应该确立一种龙头思维。选股就选大龙头；炒股就炒大龙头。交易要围绕大龙头展开。

第一节 龙头思维与龙头股

龙头思维与其他交易策略并不是对立的，而是可以相互融合。无论是技术流，还是价值投资派，最终体现在盘面上的还是股价的上涨。而龙头战法则不考虑到底是何种原因促成的股价上行，只要能够上涨，且能够在市场上形成聚焦效应，引领板块内其他股票上行的股票，就可以成为候选的龙头股。

一、龙头股，整个行情的"旗帜"

龙头股，特别是整个市场的大龙头股，是市场资金炒作的风向标，更是整个行情的"旗帜"。"炒股就炒大龙头"是很多资深短线投资者的共识。

人们常说"短线重势不重价"，其实这是对散户选股而言的。若站在主力的角度来看，就需要为散户营造一种股价上升的"势"。只有"势"起，散户才有参与交易的意愿，主力才能将手中的筹码兑现。而塑造"大龙头"就是主力在每一波次或每个热点题材炒作过程中经常做的事情。

一波行情起来后，普通的跟风股可能有个30%的涨幅就非常不错了，而大龙头的涨幅超过100%的比比皆是。按说大龙头涨幅最高，肯定也是最危险的品种，其实不然，只要踏准了大龙头，不仅不危险，反而可能非常安全，这主要基于以下几点原因。

第一，大龙头就是一波行情中的"旗帜"，也是一波行情中较早启动的股票。大龙头不一定是行情中最先启动的，但一定是较早启动的一批股票中的一员。因为较早启动，涨幅往往非常可观，这也使得很多散户对其望而却步。

第二，主力需要大龙头带动其他股票，因而，大龙头往往最先封住涨停板。经常操作涨停板的投资者知道，封涨停板的时间，往往反映了主力的做多意愿和实力强弱。一天中，往往最先封住涨停板的股票最为牢靠，相反，进入下午时段才封住涨停板的股票，则存在"炸板"的可能。

第三，主力需要反复拉升大龙头来激发整个市场对其所炒作板块的信心。若大龙头过早倒掉，则可能导致市场人心涣散，主力后面就没法继续操作了。正因如此，大龙头往往是整个板块最后一个炒作退潮的股票。

比如，2020年以后受疫情影响，传统零售势弱，新零售概念横空出世。进入2022年年初，随着疫情的反复，新零售的优势开始显现。新零售概念成为2022年开年后第一个被炒作的概念。新零售概念的龙头股翠微股份一马当先，率先完成了涨停。此后，该股正式开启了一波快速上攻走势，如图7-1所示。

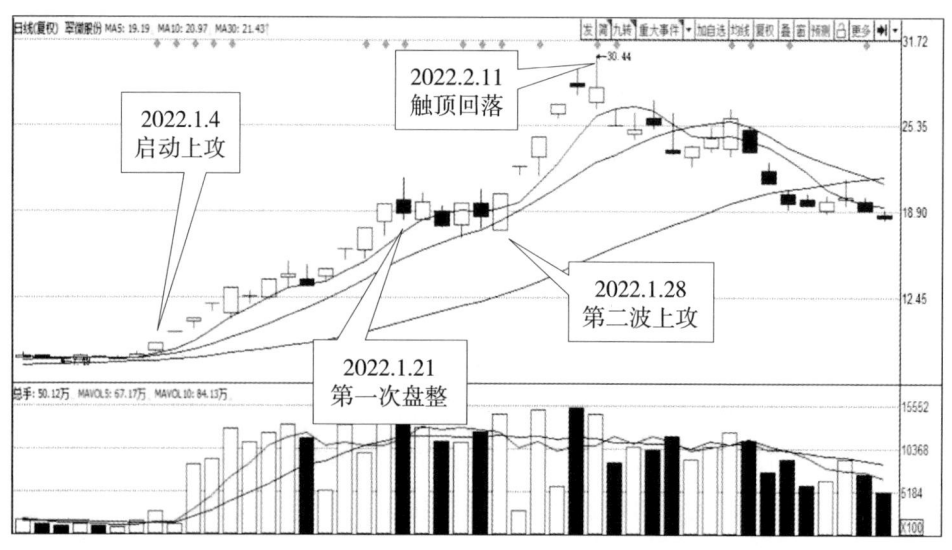

图7-1 翠微股份（603123）日K线走势图

第七章 龙头思维：与强者同行

在新零售概念成为市场主要炒作对象时，翠微股份率先在2022年1月4日封上了涨停板，此后更是连续拉出多个涨停板，龙头风采开始显现。

到了1月21日，该股股价已经上涨了较大幅度，开始横向盘整。自1月28日开始，该股又发动了第二波上涨浪潮。至2月11日，该股股价的上攻趋势才算终结。自1月4日启动至2月11日的高点，该股股价翻了将近三倍。

下面再来看一下新零售概念中另外一只股票人人乐的走势情况，如图7-2所示。

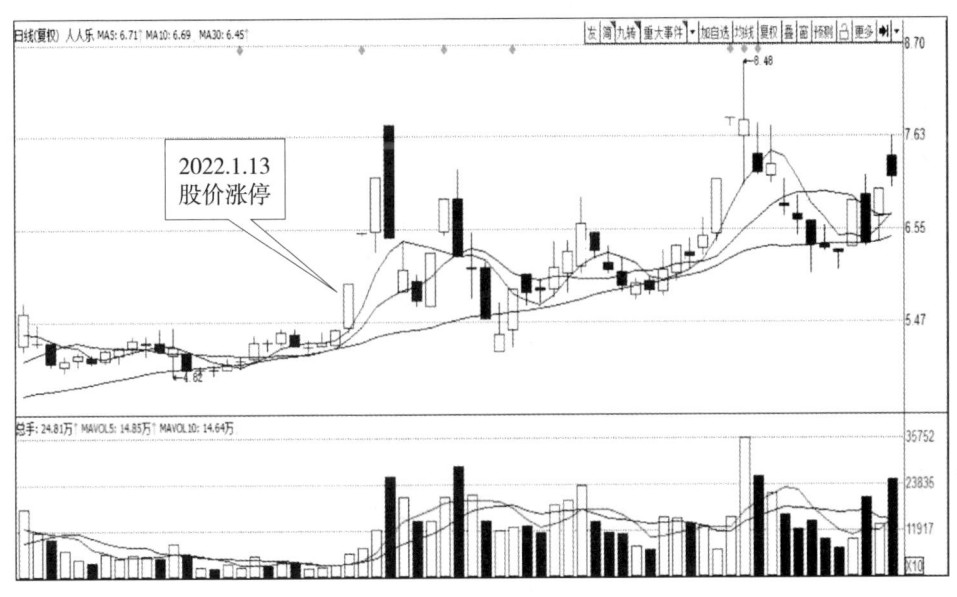

图7-2　人人乐（002336）日K线走势图

人人乐的股价进入2022年后出现了缓慢上升走势。尽管此时新零售概念已经开始发酵，翠微股份已经连续数个涨停，但显然这种热度在1月初还没有传递到人人乐。

1月13日，该股股价完成了第一个涨停，此后的两个交易日，又实现了三连板。不过，很快就转入了回调走势。

对比翠微股份与人人乐的走势可以看出，市场上的资金并没有因为翠微股份的股价被炒到高位而恐惧，反而更愿意参与其中，而一些非龙头股上涨趋势来的晚，可能结束的还早，回调力度更大。其实，这就是龙头股与非龙头股的区别所在。

二、人心所向，牛股所聚

人气是游资交易成败的关键。大家观察游资操作与主力庄家操盘的特点可以发现，二者之间存在一个显著的区别。主力庄家运作股票时，很少会采用涨停板的拉升方式，除非迫不得已，或者已经进入拉升尾声，否则主力庄家是不愿意打板的，毕竟打板需要耗费较多的资金，还会引起各路资金关注。与主力庄家不同，游资操盘最想要的效果就是市场的关注和热度。只有市场关注度够高，赚钱效应够强，才能引来跟风盘，自己的筹码才会有人接。因此，游资炒作的基础就是人气。市场上的人气聚焦于一类股票，那么这类股票中就容易产生大牛股。

对于很多投资者来说，当牛股启动后，一方面会对其高股价望而却步；另一方面则会不断地为其赚钱效应所吸引，希望能够有机会分一杯羹。与此同时，牛股则在每天创下新高。游资在拉升末端势必需要考虑出货与离场的问题，因此盘中振荡与尾盘涨停就会不断出现。这会给很多投资者以假象，认为自己只要在盘中进入，至少能够享受一波涨停的红利，哪怕次日再出来。其实，游资鼓励的就是散户的这种想法。

2023年9月底，新能源汽车零部件概念成为市场上的炒作热点，而圣龙股份成为整个市场炙手可热的大龙头，如图7-3所示。

圣龙股份的股价自2023年9月28日启动上攻，第一波拉升至10月26日结束，共收出14个涨停板。10月26日，该股冲击涨停未果，开启了一波调整走势。到了11月17日，该股股价再度爆发第二波上涨走势，并在11月23日触顶回落。至此，此波行情彻底终结。

该股上攻过程中曾有多路游资参与其中，包括顶级游资银河证券北京中关村证券营业部、甬兴证券宁波和源路证券营业部、游资大佬葛卫东等。

回顾圣龙股份的炒作过程可以发现，该股股价在上攻过程中，投资者若想要入场，其实是有很多机会的。游资每天都给投资者以入场机会，股价每天都上涨，这就具有了典型的赚钱效应。市场上关注该股票的人会越来越多，

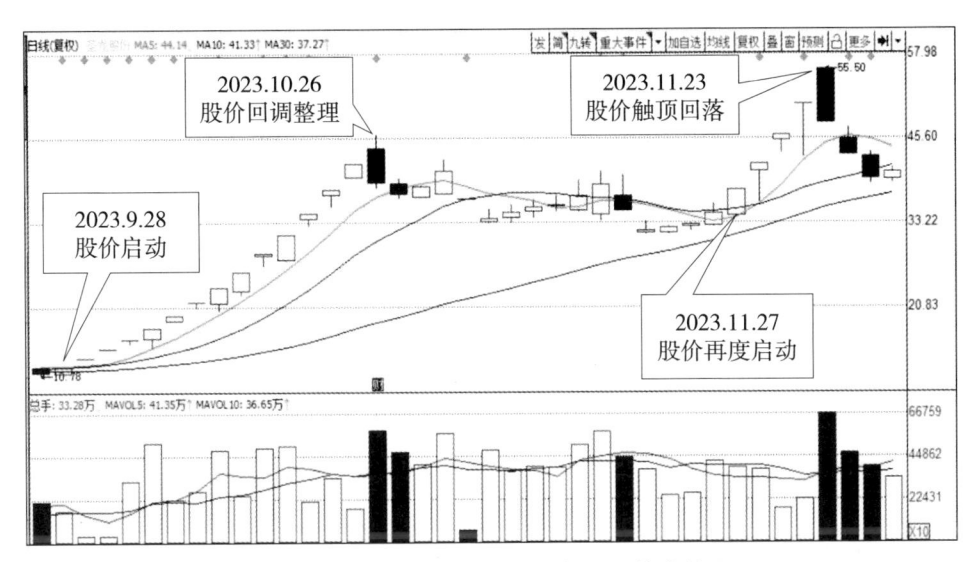

图 7-3　圣龙股份（603178）日 K 线走势图

人气都被这只股票吸走，游资操作起来就会越发容易。

　　该只股票在拉升中途有过一个调整期。在此期间，有些游资退场了，另外一些游资入场后，又启动了拉升。当然，并不是所有的牛股都会有二度拉升。游资是否会对之前的牛股进行二度拉升，主要还是看市场的人气。如果整个市场赚钱效应较差，没有出现什么特别好的炒作概念，而之前股票的人气还没有消散，这时游资就会二度拉升；反之，若人气已经消散，则不会再拉升。若人气不足，游资可能面临没有下家接盘的窘境，这是他们不愿意看到的。

三、多维共振，龙头出世

　　市场上，几乎每隔一段时间就会诞生一只超级大牛股。这只大牛股几乎会吸引市场上所有投资者的目光，成为整个市场的明星。但其实主导大牛股拉升走势的游资，在拉升开始前，也不清楚这只股票到底能不能成为大牛股，到底能走多远。

　　大牛股在上攻过程中往往会经历多轮炒作，需要不断地有新的利好消息刺激，新的增量资金入局，股价才能继续走高。很多游资也是走一步看一步，越是到了拉升尾声，游资就会越警惕，一旦人气不足，游资会坚决离场。换句话说，大牛股的诞生，是多重利好消息共振，加之游资的不断炒作，散户的持续关注，共同作用的结果。当然，在炒作大牛股的过程中，一方面需要板块的协同效应，也就是说，整个板块都能受到市场的关注，这是大牛股诞生的基础；另一方面，市场上被炒作的热点题材不能太多，若题材过多会分走大牛股的关注度，这也不是大牛股诞生的理想环境。

下面看一下 2021 年年度大牛股九安医疗的走势情况，如图 7-4 所示。

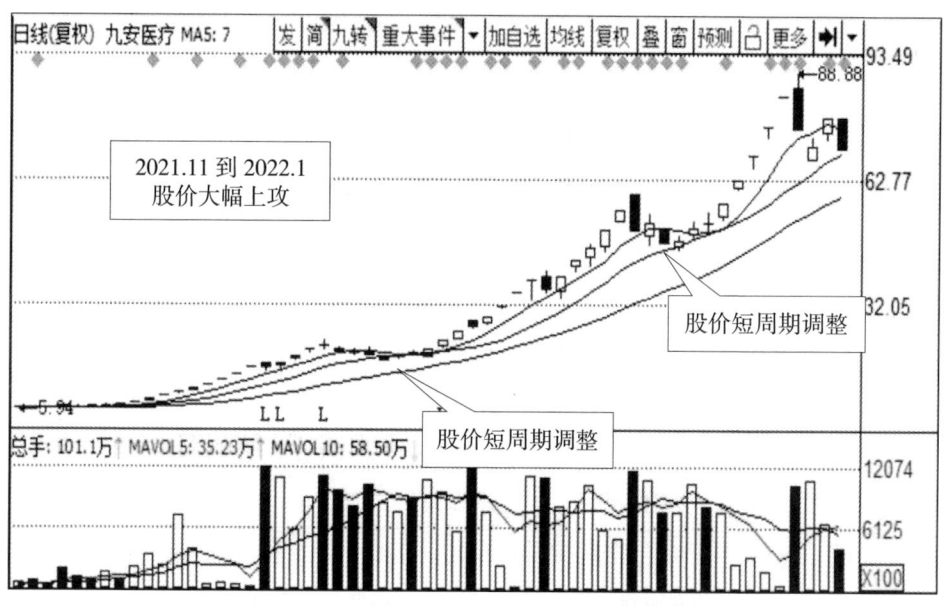

图 7-4 九安医疗（002432）日 K 线走势图

九安医疗的股价自 2021 年 11 月中旬开始启动上升走势。之后该股股价连续上攻，各路游资接连入场，形成了游资接力的态势。在股价上攻过程中，也曾出现多次回调。

在此期间，有两个情况需要投资者特别关注。

第一，随着新冠疫情的持续，新冠检测概念成为市场上为数不多的亮点。而九安医疗又接连拿下美国市场的大单，且美国疫情持续不见好转，这都为炒作九安医疗提供了支持。

第二，随着九安医疗炒作的火爆，整个新冠检测板块都出现了大幅上升走势，九安医疗、明德生物、奥泰生物都出现了大幅上攻走势，这就为概念赚钱效应的延续提供了支持。

第三，当时整个 A 股市场环境并不理想，特别是 2022 年年初，整个市场出现了大幅回调走势，这就使得该板块受到了更多的关注。

第二节　龙头股是如何炼成的

龙头股并不是某个权威机构给贴的标签，也不是哪个游资指定的，而是在市场交易过程中，通过激烈的竞争形成的。

一、三板分化原则

市场上的龙头股总是会吸引最多的关注。很多大龙头股在一波上涨浪潮中就可能实现利润的翻番，这又如何能让人割舍呢？正因如此，很多投资者热衷于寻找龙头股。其实，从本质上来说，龙头股并非天生的，都是在与同类股票的走势竞争中形成的。当然，市场龙头也不是主力资金随意强加的，其背后有一定的内在逻辑。

其实，锁定目标时，主力也不确定哪只股票能够成为龙头股。龙头股的形成，更多的是一种市场的选择。

龙头股都是由资金推动的，但更需要题材。股价的上涨都是由资金推动的，龙头股的形成更需要大量的资金。一个涨停板的出现都需要市场上大量的买入资金，而龙头股都是在三个涨停板以后形成的，其对资金的需求量更是十分庞大。所有关于龙头股的分析本质上都离不开资金量。

主力会对盘面、国内与国际的各路消息进行汇总，寻找重点突破方向。大家要清楚如下两个事实。

第一，各路游资或主力资金可能会对某一板块或概念形成一致性的意见，即该板块将会成为收益板块，因而，资金都会争相涌入这一板块。但至于哪只股票最终会成为龙头股,大家心里其实是没数的。

第二,三板分化原则。一波行情被爆炒后,必然会有很多同类概念股票同步出现上涨。在行情出现的第一个交易日,可能会有很多只相同概念股涨停,此时判断未来的龙头是非常困难的。第二日涨停的个股明显少了,到了第三个交易日势必会出现分化。很多龙头股就是在这个时候开始显露龙头本色的。由于市场资金有限,很多非市场热度集中股将很难再聚集人气,很难涨停。此时,真正的龙头股就会继续自己的上涨之路。因此很多游资喜欢抢筹三板以上的股票。

从普通投资者的角度来看,连续三个涨停板的股票,若出现下跌,风险是非常大的,但其实从以往的经验来看,三板股票相对而言,风险比一两个涨停板的股票下跌幅度要小。对于普通投资者来说,可能对风险无法承受,但主力资金或游资可以通过少量试盘、滚动交易的方式,逐级防控风险。

与此同时,情绪也是很多资金,特别是游资重点考虑的内容。对于实力雄厚的游资来说,将某只小盘股拉升至涨停板并不是多么困难的事,但是小盘股本身的股本较小,很多股票进入高位后,人气散了,换手率不多,游资想要出来就会十分困难。而三板以上的股票往往会收获诸多短线交易者的关注,那些一两个涨停板的股票人气也会被吸引过来,这类股票就容易成为市场的焦点。游资对这类股票拉升之后,想要出来会相对容易。

笔者经过对市场上涨停板的研究与分析,也是支持这一操作方法的。假如第一个交易日,涨停板数量在 70 只左右;第二个交易日,能够成功封住二板的,一般不会超过 10 只(经验老到的游资,也许会在该日入场);第三个交易日,能够成功封住三板的,一般不会超过 4 只(这是很多游资开始抢筹的日子)。当然,这种涨停板的数据与大盘环境有关,在大盘环境极好或极差时,涨停连板数量相对较少,而振荡行情中,连板率会高一些。大盘环境极差,很多散户不愿意接盘,连板率自然走低;大盘环境极好,市场热点就会很多,也会更加分散,散户情绪很难聚焦,连板率相对较低。

总之，能够达到三板的股票还是少数中的少数，成功封住三板之后，最后成为龙头股的概率要更高一些。

二、龙头股必须爆量

游资"赵老哥"曾这样说：没爆量的都不能说是龙头，既然是领袖，必须爆量，接受群众的检验。通常来说，股价连续拉升三到五个涨停板时，市场多空双方就会产生巨大的分歧，容易出现第一次"爆量"。一方面，股票的利好已经在股价上体现，甚至已经出现了透支，先前的获利盘肯定要出货兑现利润；另一方面，也会有一些资金将该股看成未来的大龙头（毕竟龙头是可以有更高预期的，也有更大的上涨空间），于是纷纷入场买入股票。

正是由于这种分歧的存在，才会让股票的成交量异常放大。爆量，意味着这只股票在当日出现了非常大的成交量、非常高的换手率，想要离场的投资者都有机会离场，此时，若股价还能收出涨停板，说明该股的人气仍旧很旺，承接盘足够，未来股价可以继续看高。这也是很多牛股、强势股进化为大龙头的必经之路。只有经历了这次"爆量"的洗礼，才能吸引更多的市场人气，才能带动板块内的其他股票，成为真正的大龙头。

主要从事精密零部件制造的艾艾精工在 2024 年 3 月成为市场上的头号龙头股，如图 7-5 所示。其实，以股票的概念标签来看，该股并不具备成为大龙头的条件，但是前面也说了，龙头不是谁封的，而是市场走出来的。

该股股价自 2024 年 3 月 5 日出现第一个涨停板后正式开启涨停模式。该股上攻初期，所受的市场关注并不算大，毕竟每天市场上都有大量的涨停股，也有很多连板股。但是在 3 月 11 日当天，情况发生了一些变化。

下面来看一下 3 月 11 日该股的分时走势图，如图 7-6 所示。

从图 7-6 中可以看出，艾艾精工经历了先前的四个涨停板后，在 3 月 11 日早盘集合竞价阶段直接以跌停价开盘。这给人一种股价即将终结上升趋势的感觉。但是，当日开盘不久，该股的跌停板就被打开，并一路上攻，说明有大量场外资金入场抢筹，并推动股价直接冲击到了涨停板位置。

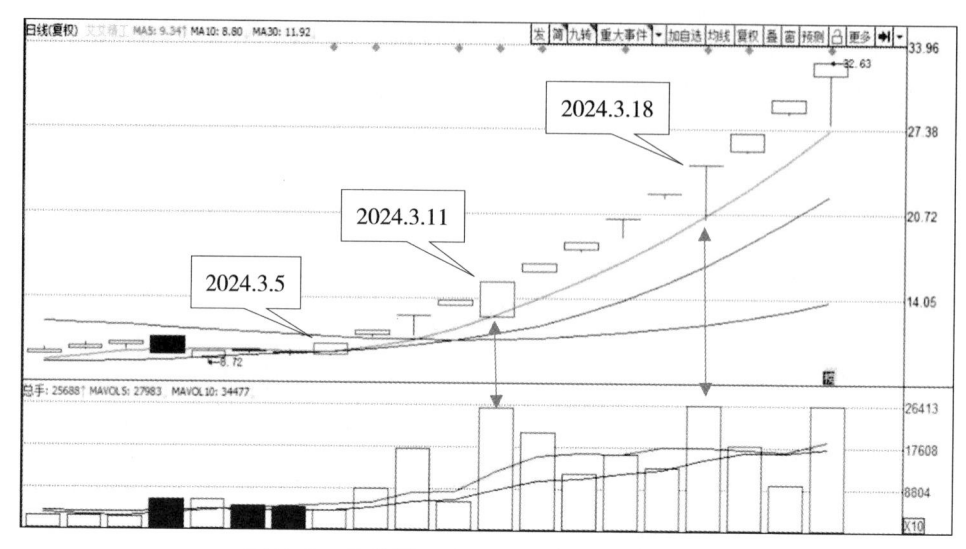

图 7-5　艾艾精工（603580）日 K 线走势图

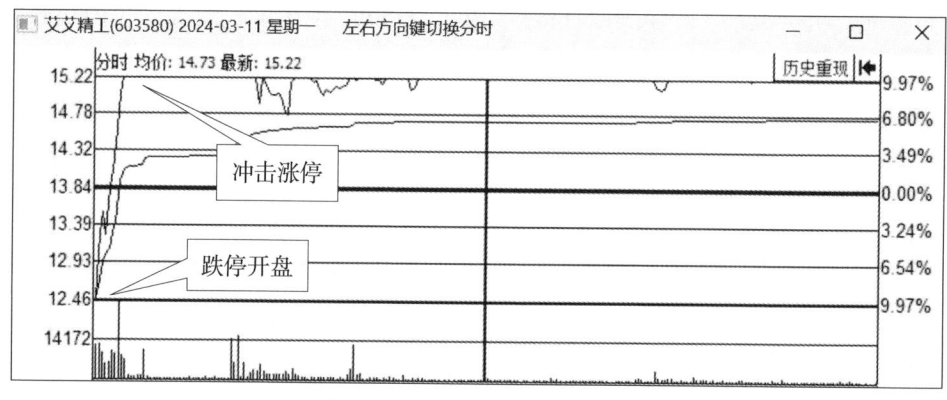

图 7-6　艾艾精工（603580）分时走势图（2024.3.11）

尽管在涨停板上仍有大量先前的获利盘出局，但承接盘的承接力度仍旧十分强大，股价最终还是被封死在涨停板上。当日，该股出现了自开启涨停模式以来的第一次"爆量"，并接受住了市场的检验，正式晋升为龙头股。

此后，该股股价又连续拉出多个涨停板。"赵老哥"也是在 3 月 11 日该股"爆量"之后才入局参与该股炒作的。

与其他龙头股不一样，艾艾精工在 3 月 18 日又经历了一次"爆量"的检验，并再度成功通过了考验。由此可见，该股的龙头地位十分稳固。

三、龙头股有多条命

发现某只股票开始显露龙头特质之后，众多游资就会不顾一切地入场抢筹，这也使得龙头股的股价越走越高，越走越容易。

新生代游资"92科比"曾这样表示：龙头有多条命，有反包的机会，有二波机会。从这一点来看，只要入的是龙头股，那么，一般来说，就不太容易被套牢，即使当日该股没有涨停板，但后面也存在反包的机会；股价即使出现调整，也更容易引发二波上升行情。总之，龙头的形成本身就是多方资金共振的结果，是市场合力塑造的成果，当然不可能瞬间就归于沉寂。比如在2022年年初的房产基建炒作热潮中，浙江建投成为这一波行情的龙头股票，引领整个板块前行。

浙江建投的股价自2022年2月7日强势涨停，并正式开始大幅上攻趋势，如图7-7所示。

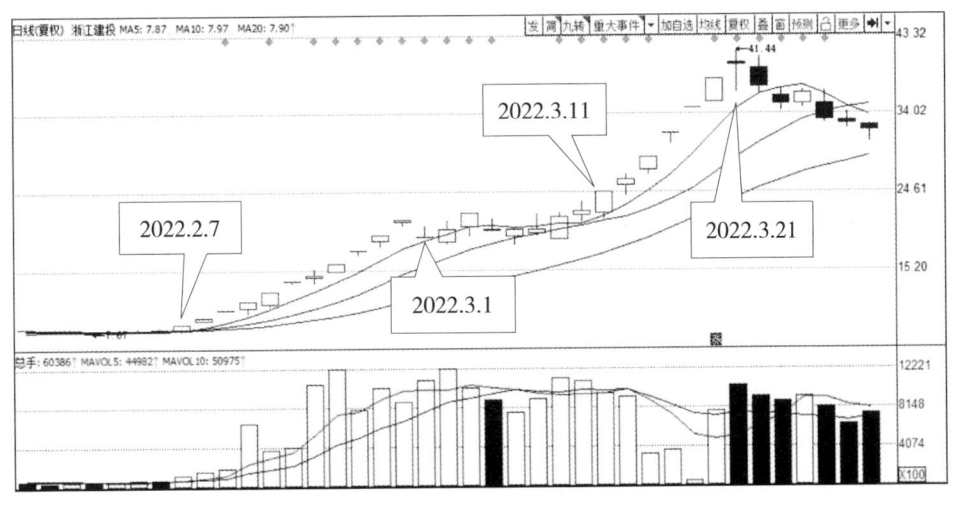

图7-7 浙江建投（002761）日K线走势图

2022年2月7日，浙江建投的股价以涨停的方式迎接春节后的第一个交易日。此后，该股股价连续拉出多个涨停板，龙头风采尽显。

到了3月1日，该股股价终结了之前的强势涨停态势，第一次在上攻过程中收出了跌停板。如果不是龙头股，那么该股就会自然而然地进入下行通道。但该股毕竟属于龙头股,没有继续下跌,而是开始横向盘整。

2022年3月11日,该股股价重新启动,再度拉出涨停板,就此开启了第二波上攻狂潮。这就是典型的大龙头走势。

再来看一下捷荣技术的股价走势情况,如图7-8所示。

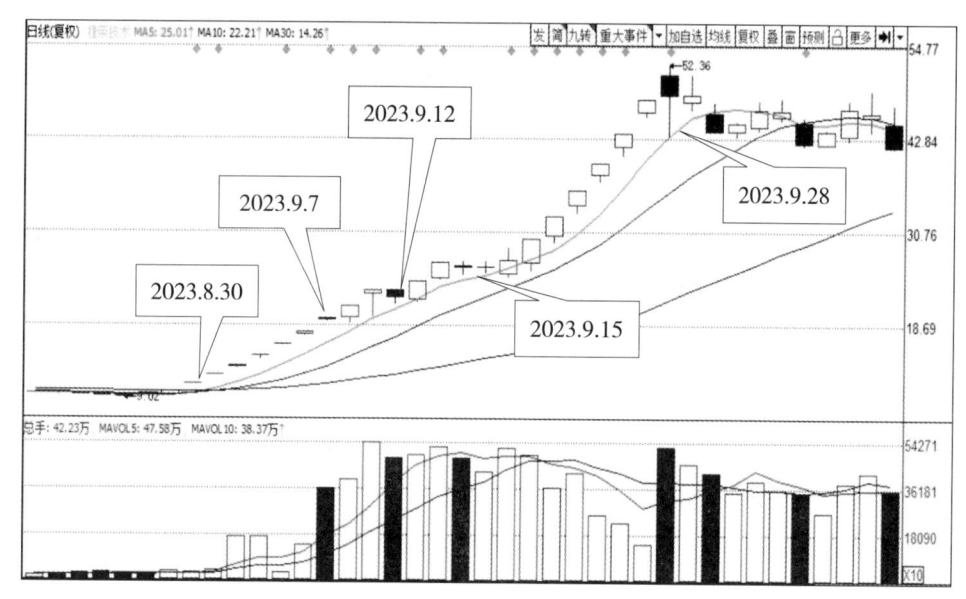

图7-8 捷荣技术(002855)日K线走势图

在2023年8月底到9月期间,A股市场掀起了一波炒作虚拟显示概念的浪潮,捷荣技术成为这一波行情的绝对龙头股。

该股股价自2023年8月30日收出第一个涨停板后,连续拉出多个涨停板,在9月7日涨停板尾盘小幅打开;9月12日,该股首次收出一根阴线。次日,该股股价就实现了反包,再度以涨停报收。

9月15日,该股股价的涨停又一次中断,但很快又在两个交易日后重新封住涨停板。一直到9月28日,该股股价才算彻底终结了上攻狂潮。但该股在顶部仍旧横盘了一段时间,这也就意味着投资者想要出货,仍旧有机会。

这就是大龙头股票的典型特征,即有多条命,上升行情没那么容易终结。

四、龙头股的生命周期

游资"章盟主"从操作的角度,将龙头股的生命周期分为四个阶段,如图 7-9 所示。

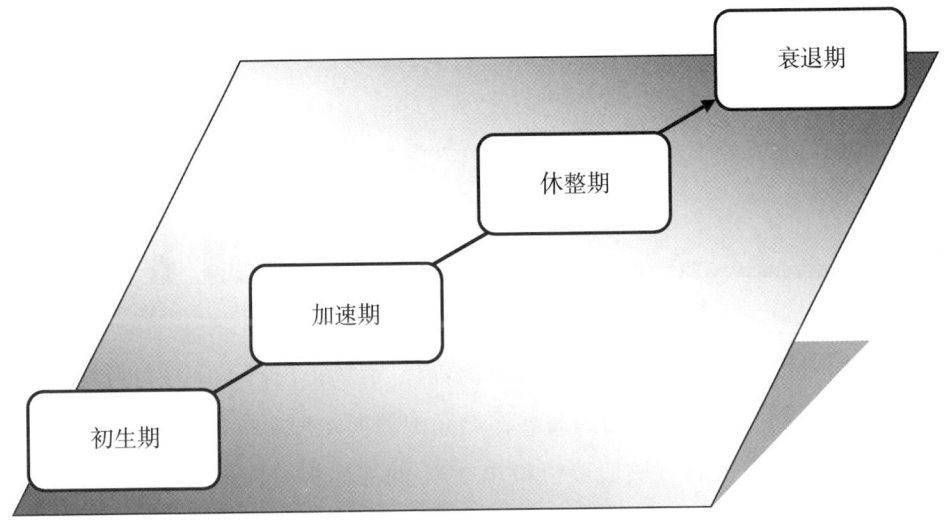

图 7-9　龙头股的生命周期

在"章盟主"的龙头股生命周期划分中,各个阶段的股票走势明显不同。

初生期:通常属于龙头股的大幅启动初期,一般以首个涨停板的出现为显著标志。当然,一般来看,在这个时候,市场上的投资者还很难将其看成龙头股,但在其后的走势中,会逐渐显露龙头本色。

加速期:经过连日大涨,市场已经认定其龙头属性,于是追涨资金纷纷入场买入股票,推动股价持续大幅上攻。连续涨停是其主要特征,甚至还会出现很多一字涨停板。

休整期:股价通过连续大涨,积累了相当多的获利盘,存在兑现利润的需求。于是股价开始回调或横向盘整。

衰退期:股价跌破 5 日均线的次日,没有再重新实现涨停,这往往意味着龙头股此波上攻行情的终结。

下面来看一下维海德的走势情况,如图 7-10 所示。

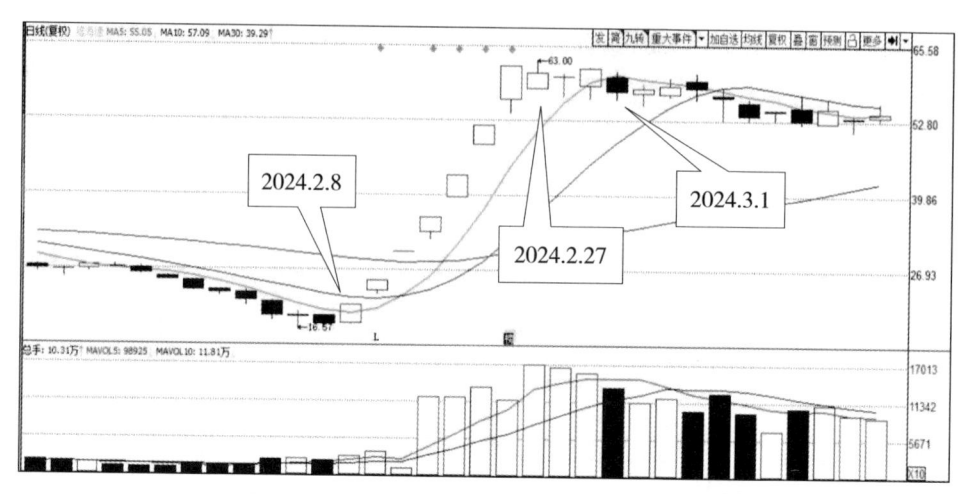

图 7-10 维海德（301318）日 K 线走势图

2024年2月，受人工智能发展的影响，市场上出现了一波炒作多模态 AI 概念的热潮。维海德成为这波炒作热潮中的大龙头。

2024年2月8日，该股股价拉出 20% 的涨停板，标志着炒作行情正式启动。此后，该股股价更是连续拉出多个涨停板，说明该股股价直接进入了加速上升期。在此期间入场的投资者都获利颇丰。

2月27日，该股股价终结了涨停趋势。在这波行情中第一次没有封板，意味着该股可能进入了休整期，至于未来还能否继续上升趋势，则不得而知。很多先前入场的投资者则趁机兑现了盈利。

3月1日，该股股价第一次跌破了 5 日均线。此后，若股价不能很快再度收出涨停板，就意味着这波行情大概率会终结。

事实上，大多数投资者都会在此时离场，毕竟股价已经被炒到很高的位置了，而且连续多日没有实现涨停，意味着该股的人气可能已经不足，投资者不宜再入场交易。

第三节　如何选到龙头股

从市场人气角度来看，龙头股似乎是可遇而不可求的，但能够被市场上的多数投资者所追捧，这类股票本身也会具有某些与众不同的特征。

一、龙头股的典型特征

通过对以往龙头股特征的研判，概括起来说，龙头股一般具有如下几个显著的特征，如图 7-11 所示。

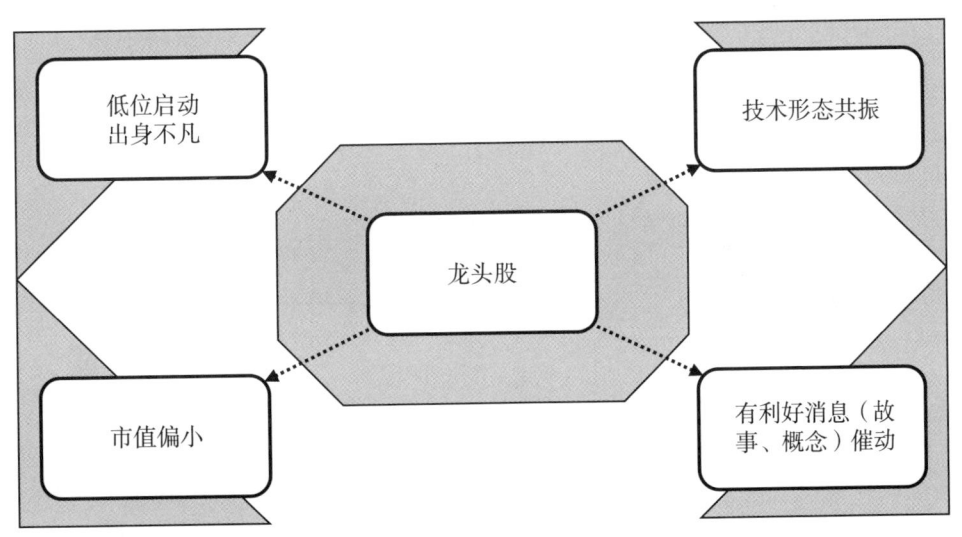

图 7-11　龙头股的典型特征

第一，低位启动，出身不凡。

从以往的经验来看，绝大多数龙头股都是自低位启动的，股价偏低，一般以 10 元左右的股票为多。这类股票的股价偏低，即使股价翻倍，也不算高。A 股市场上以散户为主，游资炒作的股票，最终的接盘方也是以散户为主。散户其实是很在乎股价高低的，这点与机构投资者正相反。很多机构投资者不怎么看股价的高低，毕竟股价与内在价值有关。股价高的股票，内在价值很可能会更大，更值得投资。因此，机构投资者的压仓股票多为高价股，比如贵州茅台等。

龙头股的启动往往是以涨停形式直接拉升启动，从启动伊始，就注定了这只股票与板块内其他股票存在不同。如果这只股票还具有某些先天的条件则更佳，比如带有央企背景或与跨国企业巨头有业务往来等。

第二，技术形态共振。

大多数龙头股启动初期，在技术形态方面都是无可挑剔的，多以突破重要阻力位，比如年线、半年线、前期高点为显著特征。

第三，市值偏小。

多数龙头股启动初期，流通市值都没有超过 100 亿元。毕竟盘子越大，往后的拉升就越困难。多数龙头股启动初期的市值集中在 50 亿元左右。

第四，有利好消息催动。

股票必须有一个好听的，便于市场炒作的利好消息、故事、题材等。题材越新越好，越朦胧越好。

下面来看一下深中华 A 的案例，如图 7-12 所示。

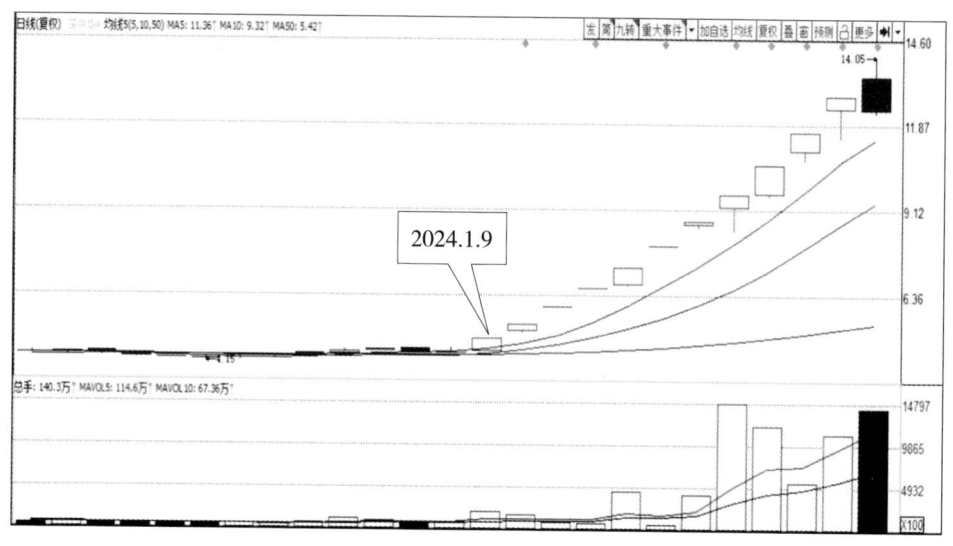

图 7-12　深中华 A（000017）日 K 线走势图

深中华 A 的股价自 2024 年 1 月 9 日自低位反攻，连续拉出 11 个涨停板，成为 2024 年开年后的第一只龙头股。

抛去该股所拥有的巨大人气，来看看其自身所具有的典型特征。

第一，该股起涨前，股价不到 4.5 元，总市值在 30 亿元左右，属于典型的小盘股，是市场上的游资最喜欢拉升的对象。

第二，该股启动初期就完成了对诸多阻力位的突破，这点与其他龙头股、强势股无异。

第三，从该股的概念上来看，本身属于自行车概念股，同时跨界进入了黄金销售行业。尽管这一板块的营收还不太理想，但 2024 年年后黄金价格暴涨，也给了这只股票一定的想象空间，在诸多因素的推动下，大龙头股诞生了。

二、新题材易出龙头股

以前没有炒作过的题材，更容易获得主力资金的关注。人人都有喜新厌旧的倾向，同时旧题材已经被反复炒作多次，想象空间已经不大了，新题材则完全不同，由于之前没有被炒作过，这就有了更大的炒作空间。

比如 2021 年 9 月，受脸书投资元宇宙消息刺激，国内各路资金开始寻找元宇宙核心标的。9 月 6 日，中青宝官网发布消息，其基于元宇宙中虚拟与现实相结合的模拟经营类游戏《酿酒大师》上线。中青宝一时间成为元宇宙概念的核心标的，各路资金争相入局，爆炒该股，如图 7-13 所示。

2021 年 9 月以前，中青宝受到的关注较少，股价一直呈低位横向振荡态势。

2021 年 9 月 7 日，元宇宙概念横空出世，中青宝作为"元宇宙"概念的龙头股率先启动，被封上涨停板。此后，该股股价连续拉出多个涨停板后进入调整阶段。

2021 年 10 月 22 日，中青宝再度启动上攻，标志着"元宇宙"概念第二波炒作浪潮启动。这一阶段的涨幅竟然比第一阶段的涨幅还要大。

其实，该股股价的走势基本符合游资短线炒作的特征。由于元宇宙概念

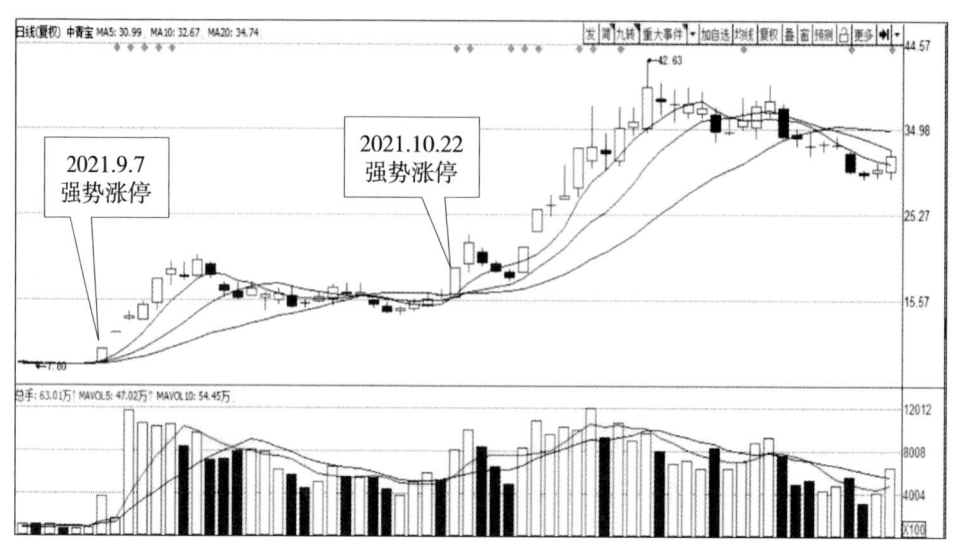

图 7-13 中青宝（300052）日 K 线走势图

属于新兴概念，之前从来没有炒作过，因而第一波炒作只是一个预热。随着元宇宙概念的逐渐发酵，市场对元宇宙概念的挖掘也越来越多，因而，当第二波炒作启动后，追涨的资金也更多，所涉及的领域也更广泛。而这正是龙头股走得更远的基础。

三、大题材出大龙头

大题材拥有更大的想象空间。在 A 股市场上，最大的题材一般都来自国家政策与规划方面，毕竟国家政策与规划所涉及的领域、行业与企业较多，都是关系国计民生方面的重要规划，这些政策、规划所孕育的投资机会也会比其他题材更多。国家政策与规划有国家级新区的建设、自贸区建设以及针对个别产业、行业的规划等，比如 2013 年的上海自贸概念、2017 年的雄安新区概念等。

海南自贸港也是其中的典型代表。海南自由贸易港是按照中央部署，在海南全岛建设自由贸易试验区和中国特色自由贸易港，是党中央着眼于国际国内发展大局，深入研究、统筹考虑、科学谋划做出的重大决策。

2020 年 6 月 1 日，中共中央、国务院印发了《海南自由贸易港建设总体方案》，并发出通知，要求各地区各部门结合实际认真贯彻落实。

海德股份属于典型的海南本地股，其所处的行业为房地产开发、酒店以及制药等行业，同时还有不良资产管理等业务。海南自贸港的建设将会对该股有直接利好效应，因而在《海南自由贸易港建设总体方案》印发前后，海德股份的股价出现了一波暴涨行情，如图7-14所示。

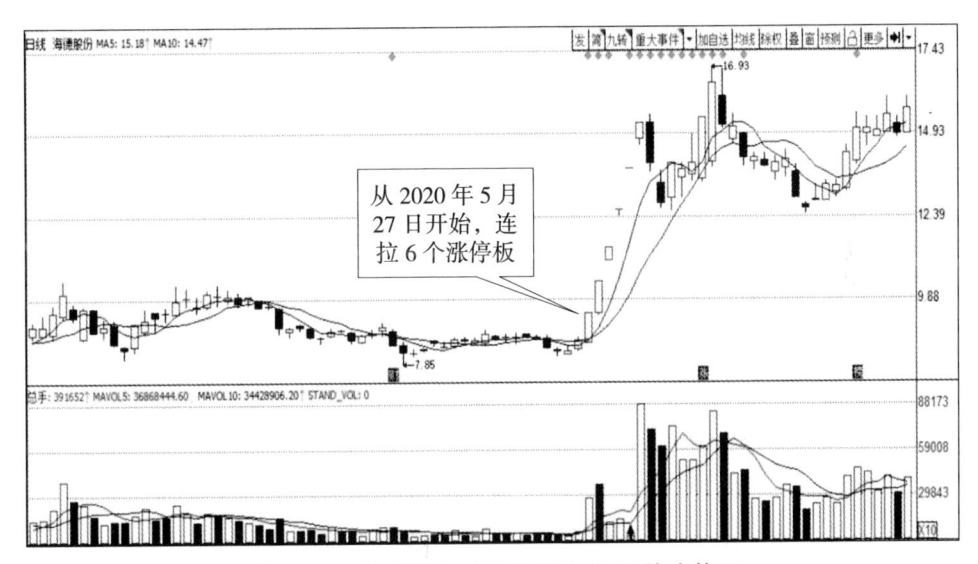

图7-14 海德股份（000567）日K线走势图

海德股份的股价在2020年5月初开始横向筑底走势，股价波动较小，这可能是股价正在选择突破方向。到了5月下旬，股价突然下挫，给人一种即将向下突破的感觉。之前介绍股价突破形态时曾经说过，当主力将要拉升股价时，往往可能先向下打压。此时投资者要密切关注股价的变化。

2020年5月27日，该股股价突然放量拉升至涨停板，当时市场就有传闻，海南自贸港相关规划文件将要出台。此后几个交易日，该股股价连续拉出涨停板。到了6月1日，相关规划文件正式出台。该股股价又连续拉出两个涨停板后，宣布拉升结束，股价开始进行高位调整走势。

四、想象空间大的题材

炒股票，更多的是在炒一种预期。因此，一些题材朦胧、想象空间大的题材，受到的追捧会更多。想象空间越大，市场做多的意愿就会越强烈。比如，市场上经常炒作的一些重组题材个股，就是单纯的炒作想象空间的概念。个股本身的破产重组并不意味着业绩一定会变好，却给市场提供了一个可以变好的想象空间。比如，2022年大放异彩的预制菜概念，从本质上来说并非一个全新的概念。

预制菜是运用现代标准化流水作业，对菜品原料进行前期准备，简化制作步骤，经过卫生、科学的包装，再通过加热或蒸炒等方式，就能直接食用的便捷菜品。

据艾媒咨询调查，2021年中国预制菜市场规模为3459亿元，同比增长19.8%，到2025年，中国预制菜市场规模或将突破8000亿元。据相关机构预测：受疫情的影响，预制菜的销售规模将会连续保持高速增长。

到了2022年，预制菜概念股开始被市场关注。很多预制菜概念股开始被资金频频炒作，得利斯成为预制菜的龙头股。得利斯是一家以生猪屠宰、肉制品深加工、速冻调理产品加工、牛肉系列产品精细加工为主营业务的企业。"得利斯"牌低温肉制品连续多年在全国市场同类产品中保持销量第一。

近年来得利斯公司在冷却肉、低温肉制品等基础上，拓展了牛肉系列产品、速冻米面产品、预制菜产品相关业务，产品结构不断完善。这也使得该股成为"预制菜"概念股。

下面来看一下该股的财务数据情况。

截至2021年年底，得利斯的总营收为31.3亿元，每股盈利0.09元，每股净资产为2.77元。2022年6月底，该股总市值为50亿元左右，每股股价为8元左右。

得利斯的基本面一般，每股盈利较低，同时该股的总市值较小。在该股因预制菜概念被大幅炒作前，股价更低。这就使得该股非常容易成为短线资金炒作的对象，成为预制菜概念的龙头品种。

下面来看一下该股的股价走势情况，如图7-15所示。

2022年1月中旬以前，得利斯受到的关注较少，股价一直在低位徘徊。

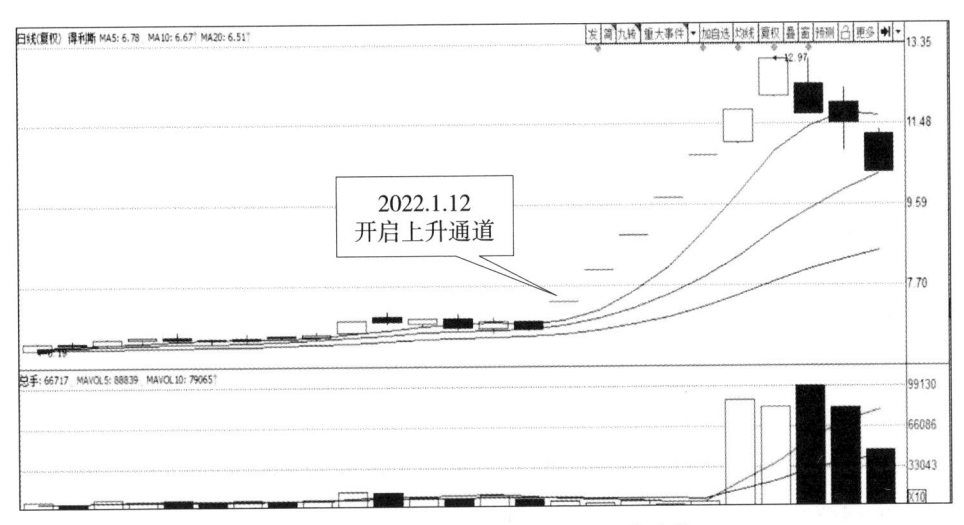

图 7-15 得利斯（002330）日 K 线走势图

2022 年 1 月 12 日，预制菜概念受利好消息的刺激掀起了涨停潮。多只预制菜概念股强势涨停，得利斯更是直接一字封板，强势尽显。

此后的几个交易日，得利斯更是连续拉出涨停板。该股股价在几个交易日内涨幅超过 90%。由此可见，市场资金对预制菜概念的追捧程度。

预制菜概念能够被热炒，与其有一个巨大的想象空间密不可分。毕竟，在疫情的影响下，堂食餐饮行业受到了较大的影响，越来越多的家庭选择在自己家中就餐，而预制菜正好拥有了可以施展拳脚的舞台。

第四节 龙头操盘战法

游资炒作龙头股的策略，概括起来大概有三类：抢大龙头、接力龙头股、押注龙头股二次启动。但在具体的操盘过程中，又可以衍生出多种具体的操作策略和方法。

一、抢大龙头

一波行情起来后，最终只会塑造一到两只大龙头股。大龙头股就是这一波段炒作的风向标，板块内其他个股的炒作都会看大龙头股的眼色。前面提到了，很多游资在入场时，并不能确认自己持有的股票是否能成为大龙头。因而，当行情演绎几个交易日后，真正的大龙头现身时，很多先前没有介入的游资就会入场抢筹。

按照游资的理论，真正持续性较好的大龙头，并非是那种开始就天天一字板的股票，而是上升初期每天都有入场和离场机会的股票。只有这样，股票才能产生接力效应，才有成为大龙头的可能。在游资的意识中，所谓龙头股，都是股价连续三个交易日以上涨停后才能看出来。这时候又是很多散户因畏惧高点而不敢介入的时刻。对于游资来说，虽然抢入这类股票不是一定就安全，但他们能将仓位控制得很好。比如，龙虎榜上的常客"赵老哥"抢入很多股票涨停板的资金额度也就两三千万元的水平，除非特别看好的股票，才会投资更多。这个数额虽然对散户而言是个大数目，但对游资来说，这个资金量可能连总仓位的 5% 都不到。

很多时候，游资并不按照个股股价回调几个点作为止损点，而是通过仓位控制来回避风险。如果一只股票占总仓位不到 5%，那么即使下跌，也不会对总资金产生太大的影响。而散户在操盘时，总是会一时冲动全仓买入，一旦出现判断错误，就会全仓被套。

当然，抢大龙头也不是看见有三板以上的股票就可以抢，还要考虑当时概念的发酵程度。最简单的方法是看涨幅榜上该热点板块内涨停个股的数量、板块整体涨幅情况等。只有整个板块涨停个股数量增加并且相关联的领域不断被挖掘，才能说明这个概念还将延续，这时候才能考虑抢大龙头。

比如，2021 年的超级大牛股九安医疗就是这种情况。2021 年下半年，很多国内医疗器械公司生产的新冠检测产品通过了美国相关部门的认证与许可，开始在美国市场销售。于是新冠检测概念成为当时的热点概念，九安医疗成为市场的热门品种，如图 7-16 所示。

第七章 龙头思维：与强者同行

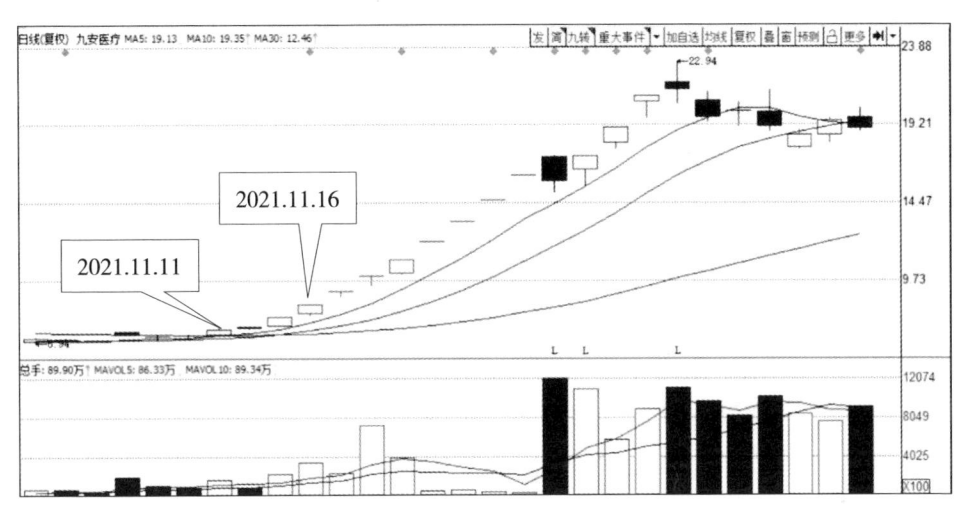

图 7-16　九安医疗（002432）日 K 线走势图

九安医疗的股价自 2021 年 11 月 11 日开始启动上升走势。11 月 15 日和 11 月 16 日，该股连续两个交易日涨停，开始显现龙头特色。11 月 16 日，九安医疗的龙虎榜上出现了很多游资的身影，如图 7-17 所示。

图 7-17　九安医疗（002432）龙虎榜（2021.11.16）

在 2021 年 11 月 16 日的龙虎榜上，国内顶级游资"赵老哥"常用的营业部浙商证券绍兴解放北路证券营业部、华泰证券浙江分公司的席位进入买入榜前五位，说明该只股票已经显露了龙头本色，"赵老哥"笃定该只股票未来还有较大的上升空间，并率先开启了抢龙头之路。

此后，该股股价一路狂飙。

二、接力龙头股

游资的接力一般只会发生在热点板块，以大龙头和次级龙头为主。游资愿意参与接力的股票，肯定是其非常看好的，十分具有潜力的股票。

这是一个让散户十分不理解的形态。游资参与接力，就意味着后进入的游资要接盘前面进入的游资，而且股价已经被大幅拉升，此时介入的风险可想而知。不过，从股市实践来看，从事接力的游资还是挺多的。参与接力的游资包括两类。

第一，持续看好热点板块以及龙头股的游资。

这是游资继续抢筹和参与接力的基础依据。一般来说，只有板块热度还维持在很高的程度，而龙头股依然后劲十足，每日的热搜排名仍能高居前三名，这说明仍有很多的场外资金在关注这只股票。该只股票的上攻动力和情绪仍然可以维系股价的继续上行，而且，仍持续有大量利好消息公布。与此同时，盘面其他热点较少，市场更容易将注意力聚焦于这只股票上。

凡此种种共同促成了游资对高价龙头股的接力。通过这种接力，更易引爆市场的情绪，让更多散户入局。

第二，自导自演剧情，以骗取散户入局的游资。游资通过自买自卖的方式，让股价持续涨停。这是很多"妖股"后期为了寻找接盘侠采取的策略。这种方式形成的涨停，一旦涨停结束，股价很可能会大幅下跌。

先来看一下国脉文化的案例，如图7-18所示。

2024年2月中下旬，文生视频（SORA）概念被热炒。国脉文化在2月19日直接一字封板涨停，此后这波涨停狂潮一直持续至2月28日。短短几个交易日内股价就翻了一倍有余，让很多投资者心生羡慕。不过，观察该股的走势可知，该股的上攻都是一字板无量涨停式上攻，也就是说，在股价上攻过程中，场外资金是很难买到股票的。这就意味着，股价在上攻过程，只有少数资金成为赢家。随着股价的走高，场外资金入场的意愿也会随之降低，

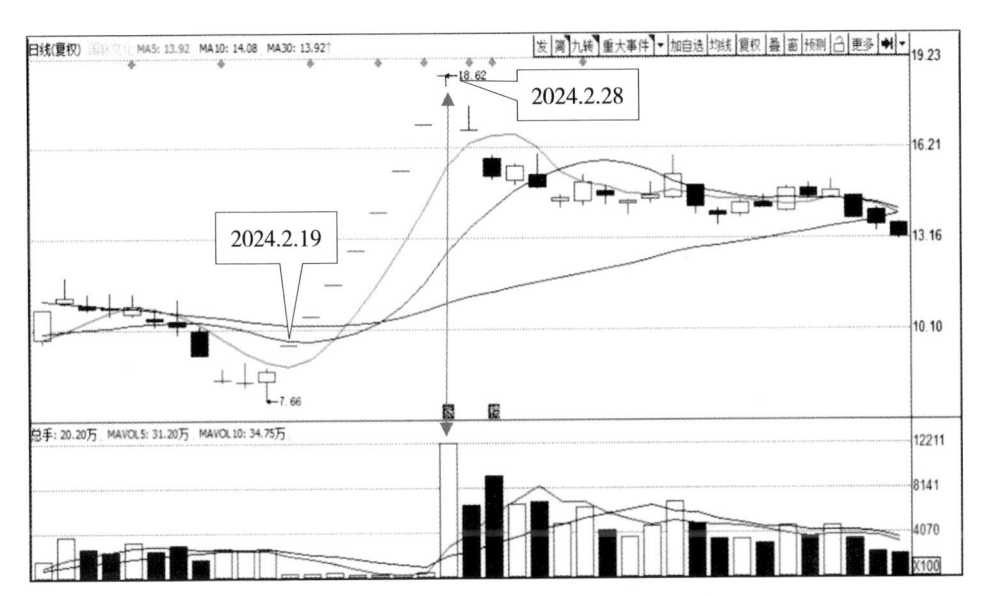

图 7-18　国脉文化（600640）日 K 线走势图

毕竟谁也不愿意当接盘侠。

2月28日，该股收出最后一个涨停板，且该涨停板并非一字板，成交量出现了大幅放大，这是一个明确的场内资金离场信号。此后，该股股价出现倒 V 形反转，走出了振荡下跌走势。

三、龙头股二次启动

很多大龙头都会有第二波行情。对于游资来说，炒作第二波要比第一波更加安全。股价的第一波上攻结束后，很多获利颇丰的游资会选择撤出，一些散户也有兑现利润的需求，这时股价就会出现回调走势。而能否再度上攻，要取决于以下几方面因素。

第一，龙头股的市场热度。市场热度包括龙头股本身的热度、龙头股所处板块的热度等。只有热度保持良好的龙头股，才具备未来继续上攻的炒作基础。

第二，市场炒作题材情况。如果市场炒作的题材较多或者有新的热点题材出现，则龙头股二度启动的概率就会降低；反之，则可能会提升。

第三，先前有被套牢其中的游资，也可能借势出于自救目的牵起一轮炒作行情。

第四，若市场消息面能够提供新的炒作故事或理由，龙头股就会更容易掀起二轮炒作行情。

下面来看一下以岭药业的股价走势情况，如图7-19所示。

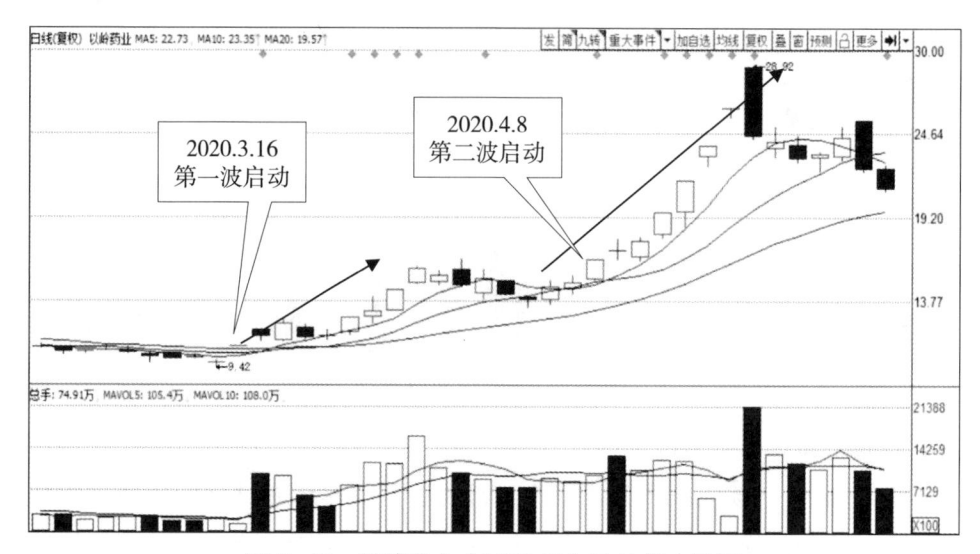

图7-19　以岭药业（002603）日K线走势图

2020年年初，新冠疫情突然袭来，市场普遍担心疫情会给经济带来较大的打击，因此股市同步出现了回落走势。

3月中旬，不断有专家提及连花清瘟胶囊（以岭药业拳头产品），并认为该药对新冠有一定的疗效，于是从3月16日开始，市场开始了对以岭药业的炒作。

经过一波拉升之后，该股股价出现了回调走势。不过，由于此时受到疫情的冲击，股市热点匮乏，使得市场自2020年4月8日开始，启动了第二波对以岭药业的炒作热潮。4月8日，诸多顶级游资出没于以岭药业的龙虎榜，如图7-20所示。

从以岭药业4月8日的龙虎榜可以清晰地看到，游资"湖州路""溧阳路"以及"赵老哥"全部现身于该股。由此可见，多路游资齐聚以岭药业，该股股价未来想不涨都难。

以岭药业龙虎榜数据
2020-04-08

日期：2020-04-08 总成交金额：224048.10万元，总成交量：9506.69万股

排序	营业部名称	买入金额/万	占总成交比例	卖出金额/万	占总成交比例	净额/万
买入金额最大的前5名　买入总计 27481.75 万元，占总成交比例 **12.27%**						
1	华鑫证券有限责任公司湖州劳动路浙北金融中心证券营业部	5422.98	2.42%	0.00	0.00%	5422.98
2	中信证券股份有限公司上海溧阳路证券营业部	4943.35	2.21%	124.32	0.06%	4819.03
3	华泰证券股份有限公司上海静安区威海路证券营业部	4596.56	2.05%	31.56	0.01%	4565.00
4	兴业证券股份有限公司陕西分公司	4561.01	2.04%	33.21	0.01%	4527.80
5	中国银河证券股份有限公司绍兴证券营业部	2962.37	1.32%	46.76	0.02%	2915.61
卖出金额最大的前5名　卖出总计 **18202.25** 万元，占总成交比例 **8.12%**						
1	中国国际金融股份有限公司广州珠江新城证券营业部	0.00	0.00%	8942.06	3.99%	-8942.06
2	东方财富证券股份有限公司拉萨团结路第二证券营业部	1386.16	0.62%	2750.61	1.23%	-1364.45
3	深股通专用	2184.11	0.97%	2707.75	1.21%	-523.64
4	中信证券（山东）有限责任公司淄博世纪路证券营业部	24.53	0.01%	1788.26	0.80%	-1763.73
5	东方财富证券股份有限公司拉萨东环路第二证券营业部	1400.68	0.63%	1777.71	0.79%	-377.03

买卖净差：9279.50万元

图 7-20　以岭药业龙虎榜数据（2020.4.8）

四、龙头首阴战法

龙头首阴战法是针对龙头股实施的特定操盘战法。该战法只适用于龙头股，其他股票并不适用。这里的龙头股是已经有大量资金介入，并展开了大幅上涨攻势，且能够带动板块整体上行的股票，同时龙头股至少有三个以上涨停板，说明该股已经能足够吸引市场的注意。

龙头首阴，是指龙头股连续上攻多个交易日后，第一次以阴线报收。当然，这里的阴线可以是真阴线，也可以是假阴线。该战法的基本要求及操作要点如下。

第一，龙头股出现首阴的前一个交易日，股价就已经经历了大幅振荡，但最终以涨停报收，成交量呈放大态势。

第二，龙头股首阴当日，股价也应该出现大幅振荡，且成交量出现放大。这说明市场上的资金存在分歧。

第三，龙头股首阴当日不能以跌停或接近跌停价收盘，以带长下影线收盘的 K 线形态为宜。

第四，龙头股经历强力下杀后，有被拉升的情况，说明股价下行空间已经被锁死。

第五，龙头首阴的买入时机如下。

其一，首阴当日，临近收盘时段，只有确认股价不会跌停才能入场。

其二，首阴次日，若竞价时段高开，则需考虑抢入；若低开，则可在股价下杀企稳位置入场。

第六，龙头首阴的卖出时机是股票买入次日，若股价不能涨停即卖出。

下面来看一下长白山的案例，如图 7-21 所示。

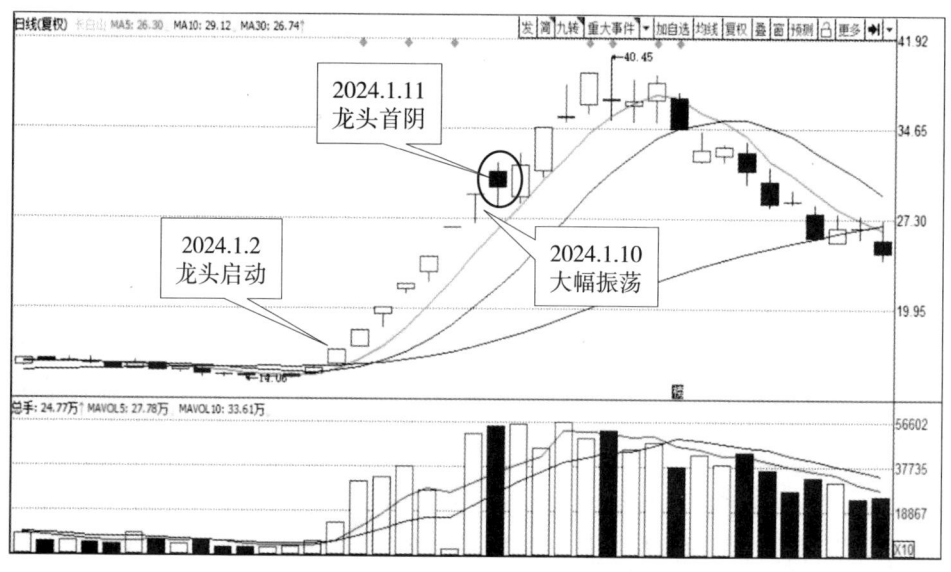

图 7-21　长白山（603099）日 K 线走势图

2024 年年初，随着东北冰雪旅游景气度不断提升，长白山作为冰雪旅游概念的龙头股，自 2024 年 1 月 2 日开始启动。此后，该股股价更是连续走出了 7 个涨停板。特别是第 7 个涨停板出现的 1 月 10 日，该股股价以涨停开盘，盘中被抛盘砸开，尾盘又重新回封，带动了成交量的大幅走高。这也说明资金对股价未来的走势存在分歧。1 月 11 日，长白山出现了自上攻以来的首个阴线收盘日，如图 7-22 所示。

长白山的股价在 2024 年 1 月 11 日早盘高开后振荡走低，盘中该股股价跌幅在 4 个点左右。此后股价在低位徘徊了一段时间，临近尾盘时开始反攻，并以上涨 2 个点报收。

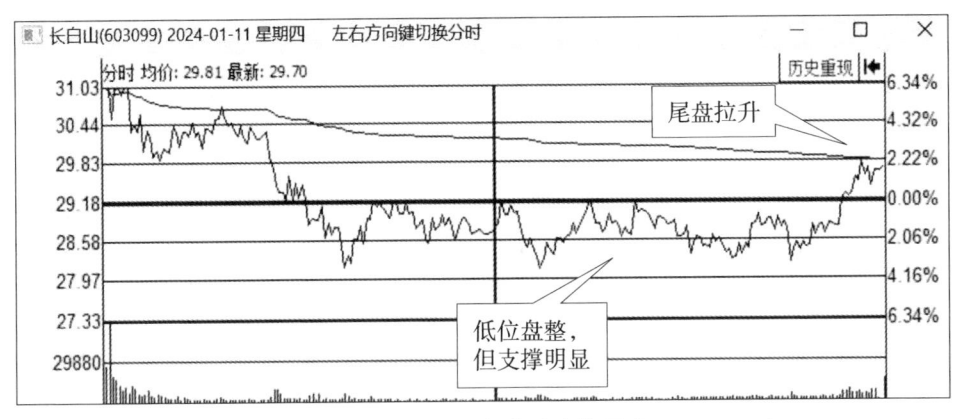

图 7-22　长白山（603099）分时走势图（2024.1.11）

投资者可在尾盘临近收盘的时段入场，也可以在 1 月 12 日股价低开时段入场。其后，该股股价又重新延续了上升态势。

五、龙头不倒，行情不灭

龙头股就是市场情绪的测温计，是多维共振的结果，也是市场情绪高涨的集中表现，还是凝聚市场人气的核心力量。投资者在观察市场热点时，首先考虑的就应该是龙头股。只有某一热点板块内的龙头股还在上攻，而且还在持续涨停，就说明这波行情没有结束。市场上有这样一句话"龙头不倒，行情不灭"。当然，这里的龙头，并非特指单一的某只大龙头股，也可能是当大龙头终结连续涨停后，补涨龙头又撑起来连续涨停的大旗。这仍可看作龙头不倒。

自 2023 年 11 月中旬开始，抖音传媒概念成为市场上的热门概念之一。先后有多只牛股接连发动上攻狂潮，中广天择、龙韵股份、引力传媒等股票轮流扛起抖音概念的大旗。这就更容易让市场资金聚焦到抖音概念上来，投资者也可以沿着这一概念进行操作。

如图 7-23 所示，2023 年 10 月 30 日，中广天择的股价率先启动，收出涨停，"深南系"游资常用的广发证券北京建外大街证券营业部强势登上龙虎榜。不过，该股连续拉出两个涨停板后就终结了强势上攻趋势，出现了回调走势。此时并没有其他抖音传媒概念股跟进，这说明该概念还需市场情绪进一步发酵。

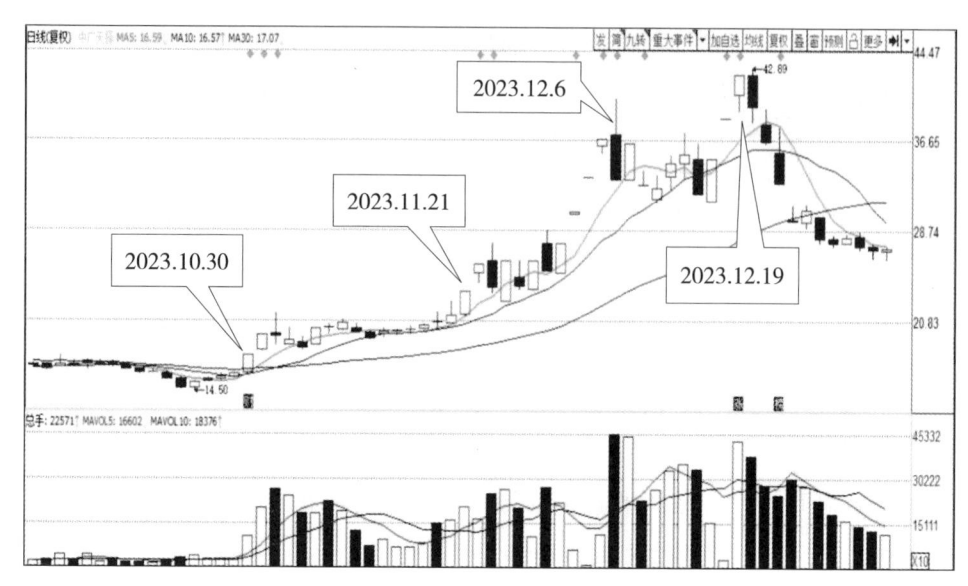

图 7-23 中广天择（603721）日 K 线走势图

11月2日，当中广天择拉出两个涨停板后熄火的第二个交易日，抖音概念另一只股票龙韵股份强势涨停。此后，该股股价更是连续拉出多个涨停板，一时间成为抖音概念的龙头标的，如图 7-24 所示。

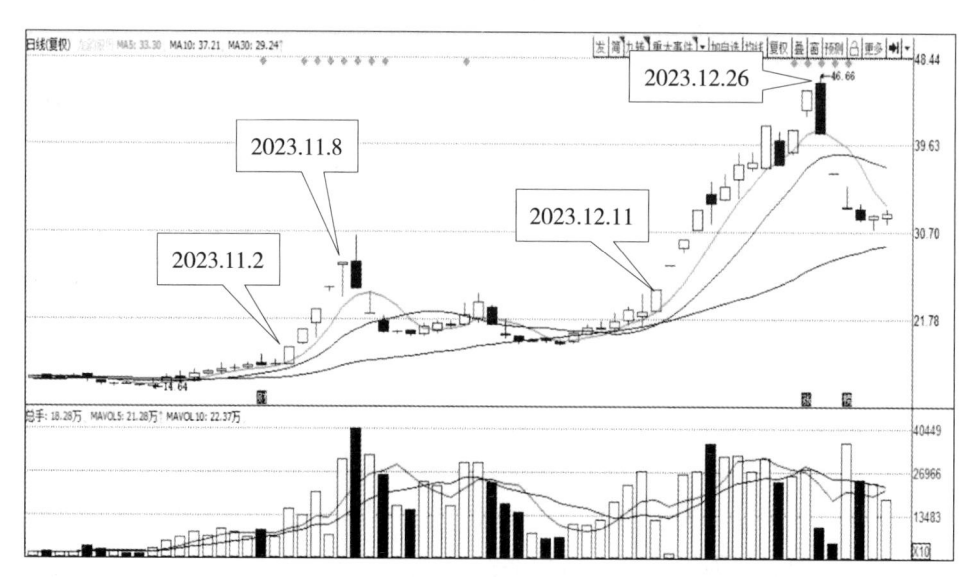

图 7-24 龙韵股份（603729）日 K 线走势图

第七章 龙头思维：与强者同行

11月9日，龙韵股份封上第六个涨停板后时间不长，涨停板就被砸开了，此后直接走出了"天地板"形态，以跌停板报收，给人一种抖音概念终结的感觉。但此时市场情绪已经获得了极大的提升，与抖音概念相关的股票还在继续酝酿上攻。

11月16日，又一只抖音概念龙头股爆发了，引力传媒强势涨停，如图7-25所示。

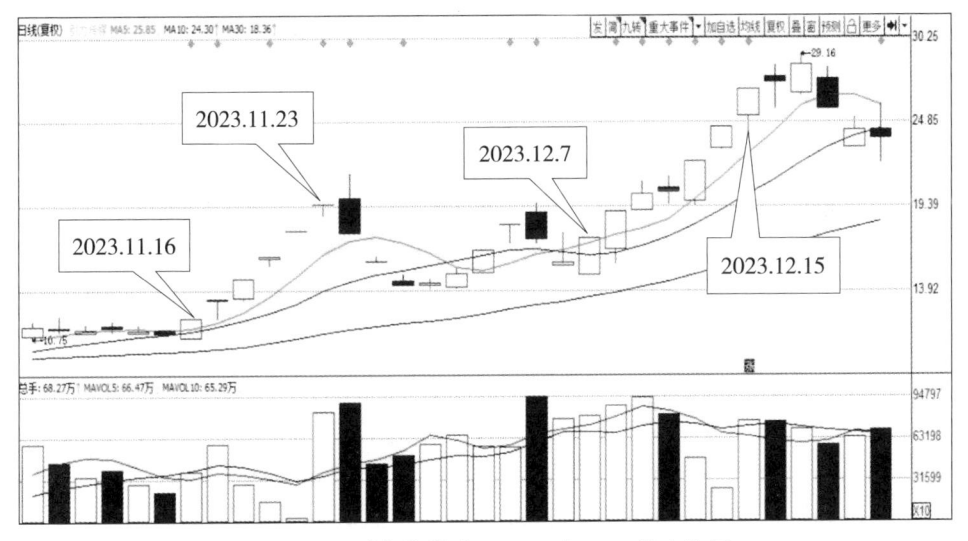

图7-25 引力传媒（603598）日K线走势图

还是11月16日，其他几只抖音概念股也出现了涨停，包括广博股份（见图7-26）、省广集团、佳云科技等。一时间，抖音概念成为整个市场最热门的概念。

在这波抖音概念炒作过程中，引力传媒和广博股份成为次轮领涨龙头。引力传媒强势拉升了6个涨停板，广博股份则为5个涨停板。这一个涨停板之差，就决定了谁是这轮行情的真正龙头。在引力传媒调整时段，第一波启动的中广天择于11月21日强势涨停，接续了引力传媒的领涨大旗；12月6日，中广天泽在4个连续涨停板后开始了回调；而经过回调的引力传媒又从12月7日开始引爆了第二波上攻行情；12月11日，第一波上攻行情的大龙头龙韵股份强势涨停。抖音概念又一次迎来全线上攻节奏。

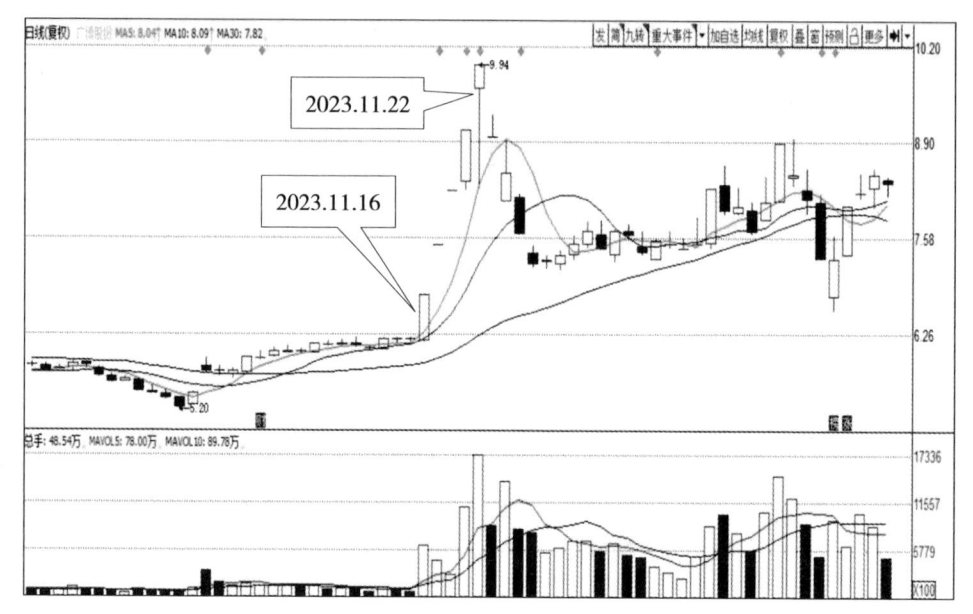

图7-26 广博股份（002103）日K线走势图

市场情绪已经全部聚集在抖音概念身上。此时投资者想要入场交易，可以围绕抖音概念进行反复操作。只要抖音概念的几只龙头股中还有能够持续涨停的，投资者就可以安心交易。直至12月下旬，引力传媒、中广天择和龙韵股份相继终结涨停浪潮。特别是12月26日，龙韵股份走出最后一个涨停板。次日，该股低开低走后直接下跌，标志着抖音概念行情的结束。

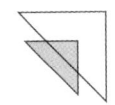

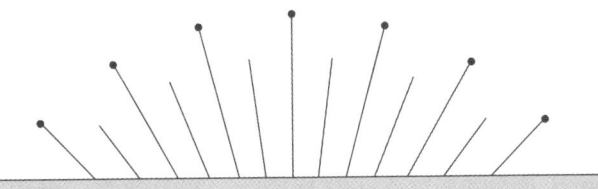

第八章
打板思维：实现最大确定性

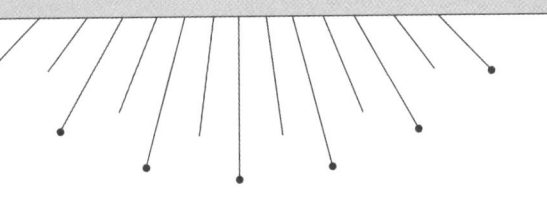

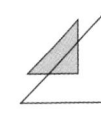

打板思维，即股票达到涨停板位置或马上达到涨停位置时，才考虑入场买入股票的一种交易思维。通常来说，当日涨停的股票，次日都会有一个惯性上攻的过程，而这波上升流，在游资眼中就是最容易把握的一波利润。也正因如此，才会有很多游资热衷于打板操作，更有甚者，市场上还有一类量化打板的机构，专门在股价打板时自动入场买入股票。

第一节　打板思维与股票涨停板

从游资的短线操作手法来看，有低吸的，也有打板的，但更多的还是偏向于打板。低吸，从某种意义上来说，大多数的低吸都是在赌反包，赌二次启动，归根结底，还是在赌股票会涨停，也是一种另类打板。因为这类在上攻过程中回调的股票，若不能及时回封涨停板，则意味着将要开启下跌模式。

一、打板最好要有板块效应

孤木难成林。这一点在股市打板方面表现得尤为明显。对于很多散户来说，打板时最担心的就是炸板。一旦炸板，损失会很大。因此，在打板前，应对市场上的环境进行了解，如整个大盘环境和板块情况。

第一，大盘环境。

大盘环境大家都比较好理解，只有大盘环境不错，投资者打板赚钱的概率才会增加；否则，若大盘环境不佳，股票即使成功封板，也存在炸板的风险。特别是每天下午两点之后的时段，当大盘出现大幅调整时，很多封板的股票也可能会出现炸板情况。

第二，板块情况。

板块整体情况就是个股前进的基础和保障。当整个板块开始启动，板块内大部分股票出现上攻时，从属于本板块内的强势股更容易涨停，且更容易封得牢固一些；反之，若板块内个股都是下跌的，那么个股即使出现了涨停，也是很难封住的。

总之，投资者在参与打板前需要先研判大盘环境，了解整个市场都有哪些板块在上涨，甚至是领涨，而后再择机加入打板大军。比如 2024 年 3 月 21 日，大盘呈现横向振荡态势，而当日飞行汽车概念成为市场资金追踪的热点，多只概念股冲击涨停，飞行汽车概念指数大涨，如图 8-1 所示。

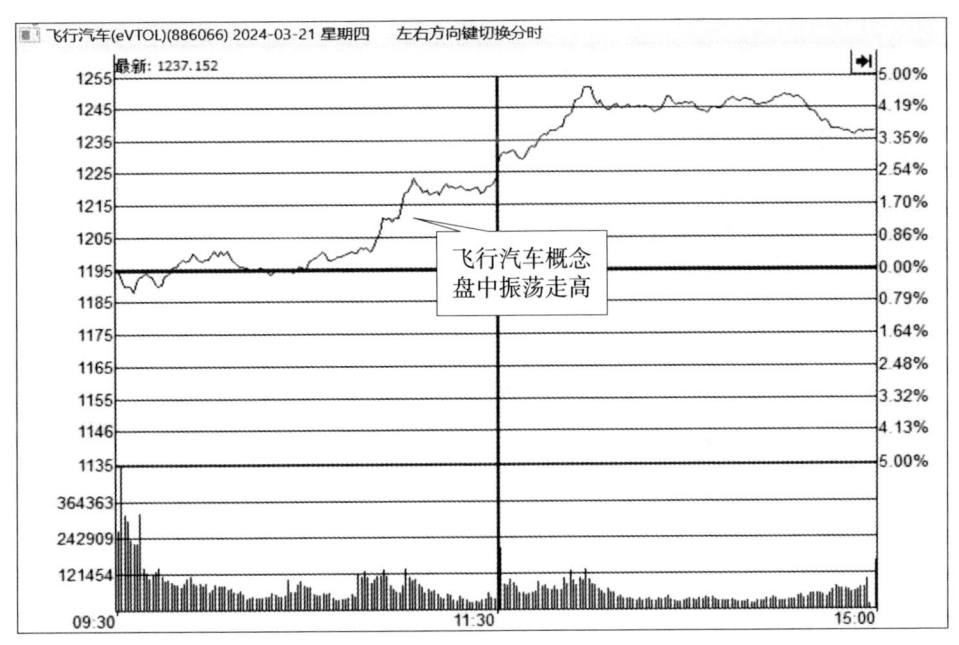

图 8-1　飞行汽车概念指数（886066）分时走势图（2024.3.21）

飞行汽车概念指数在 2024 年 3 月 21 日开盘后，呈现出横向振荡态势，随后多只概念股出现异动，带动整个板块指数走高。王子新材成为飞行汽车概念中典型的龙头股，如图 8-2 所示。

从图 8-2 中可以看出，在上午临近 11 点的时段，王子新材的股价突然出现直线拉升态势。其实，此时段很多飞行汽车概念股都出现了异动上攻。投资者可抓住机会，打板进场，毕竟此时整个概念都在启动。

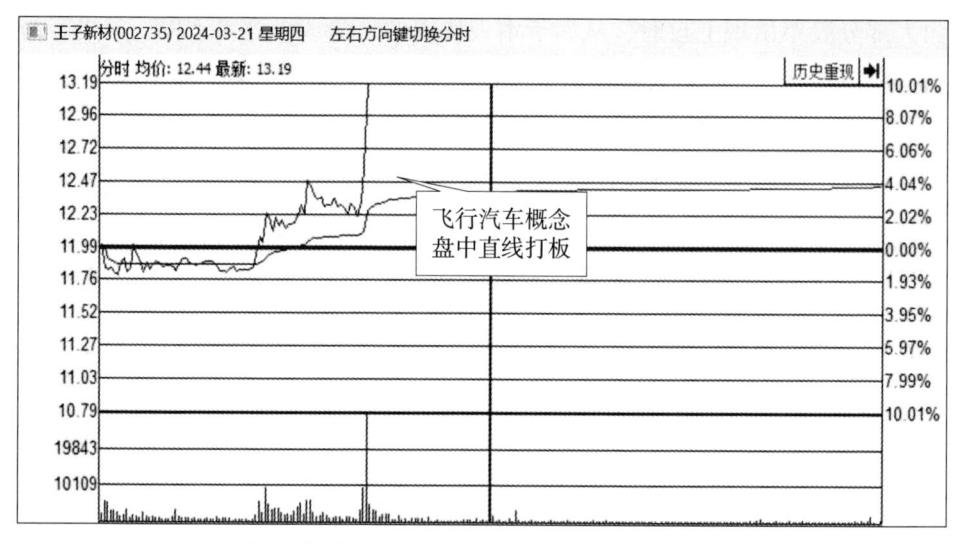

图 8-2　王子新材（002735）股价分时走势图（2024.3.21）

二、打板成功率提升三要素

打板并不是单纯地为了感受涨停的那一下，而是为了盈利。抢入涨停板并不困难，但最让人担心的是封板之后会不会炸板。如果看到股价涨停就冲进去，那么有很大的概率会亏损，在熊市期还可能会爆亏。因此，投资者在打板时必须要有所选择，不能什么板都打。

通常来说，可以从以下三个维度来考虑，如图 8-3 所示。

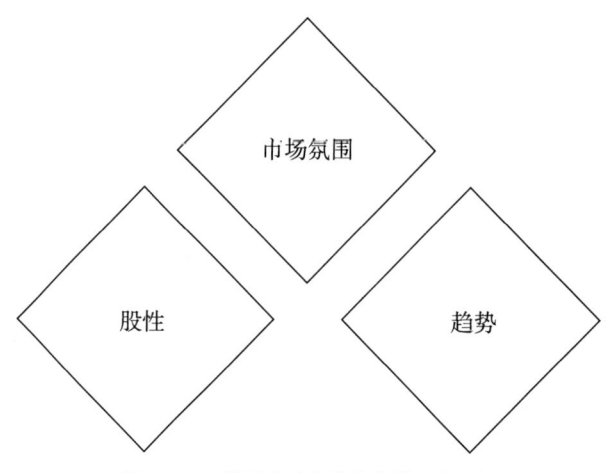

图 8-3　提升打板成功率的三要素

1. 市场氛围

市场氛围是整个打板战法的核心，也是重中之重。只有大盘环境安全时，股票的炸板率才会下来，打板的成功率才会高。试想一下，如果在沪深两市的涨幅榜上躺着众多跌幅在5%以上的股票，跌停股票一大堆，那还有场外资金愿意入场接盘吗？再想象一下，如果两市涨幅榜上涨停板的股票有几百只，是不是会有很多资金想要入场分一杯羹呢？总之，只有让大家看到赚钱的希望，才会有资金愿意入场，只有资金持续入场，股价上升的概率才会更大。

2. 股性

个股的股性、人气也是很重要的条件。一只股票在过去常常拉出涨停板，那么未来这只股票收出涨停板的概率也会远远大于其他股票。这就是股性。当然，这些能够收出涨停板的股票，最好在次日还能不被封在跌停板上。有些股票虽然也容易拉出涨停板，但与此同时跌停板也很多，甚至很多涨停板后就是跌停板，这类股票的股性也不好，投资者最好少碰这类股票。这类容易涨停的股票往往也是最容易聚集人气的股票，只要市场环境不太差，有机会或炒作由头就可能启动。

3. 趋势

如果盘面中并没有明显的投资主线或者超级人气股、人气概念，那么，打一些趋势板也是可以的。市场上有些个股的走势与大盘走势有关，但影响又不是特别大，一路按照自己的趋势行进，通常会沿着某条均线如10日均线、30日均线上行或下跌。股价进入上升趋势后，涨幅会逐渐加大，最后会推升至涨停板位置。这类股票的涨停板多由机构资金推动。

下面来看一下太极集团的股价走势情况，如图8-4所示。

太极集团的股价自2022年年底触及阶段低点后开始振荡走高。该股股价在振荡上升过程中，几乎是沿着30日均线上行的。

2023年2月下旬，该股股价出现小幅下跌后，遇30日均线反弹向上，此后股价重拾升势，同时上升势头有加速态势。

图 8-4 太极集团（600129）日 K 线走势图

2023 年 3 月 31 日，该股股价平开后振荡走高，并在下午时段封上了涨停板，如图 8-5 所示。

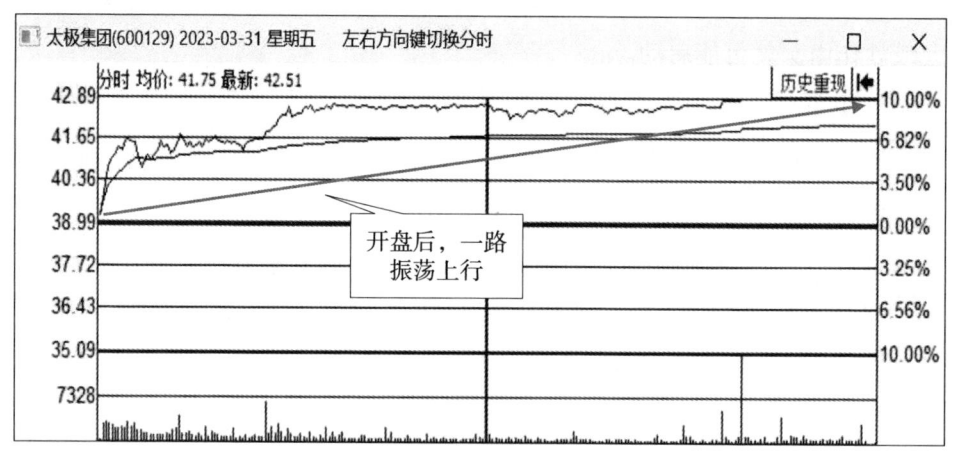

图 8-5 太极集团（600129）分时走势图（2023.3.31）

太极集团的股价在 2023 年 3 月 31 日早盘平开后迅速被拉高，此后该股股价一直沿着均线振荡走高，到了下午时段，股价更是封上了涨停板。对于没有找到人气股打板机会的投资者而言，这类趋势板也可以参与一下。毕竟这类股票处于上升趋势，进场后亏损的概率不是很大，特别是股价进入主升趋势后的第一个涨停板，亏损的概率相对还是比较低的。

三、为何会有那么多人追捧打板

游资偏爱打板交易，很多超短线交易者也喜欢打板交易。为何打板交易这么受欢迎呢？其实这都是大家通过实战总结出来的经验。相对而言，在强势上升周期内，打板交易更容易捕捉到盈利的机会；在弱势行情中，打板交易则可以让自己避开下跌的股票。

1. 上升行情中的打板交易

当整个市场进入上升周期时，强势个股往往早早地就封上了涨停板，此时，投资者若不通过打板抢入的方法进行交易，是很难买到强势股的。这些强势股涨停后，往往还会掀起一波上升行情，投资者放弃了打板交易就等同于放弃了后面的行情。

2024年2月初，大盘指数经历了一波V形反转走势。上证指数自2月6日触底后大幅反攻，整个市场氛围也随之从看空转为看多，如图8-6所示。

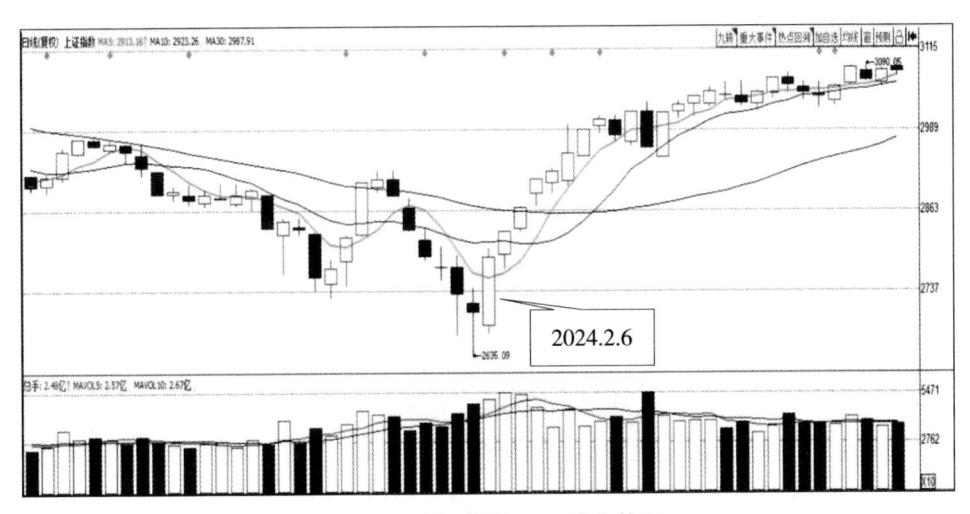

图8-6 上证指数日K线走势图

上证指数在2024年2月5日创出阶段低点后，自2月6日开始正式启动反弹走势。很多强势个股在2月6日纷纷拉出涨停板，并自此开启了一波上升行情。比如，光启技术就是其中一只比较有代表性的股票。

下面来看一下光启技术的分时走势图，如图8-7所示。

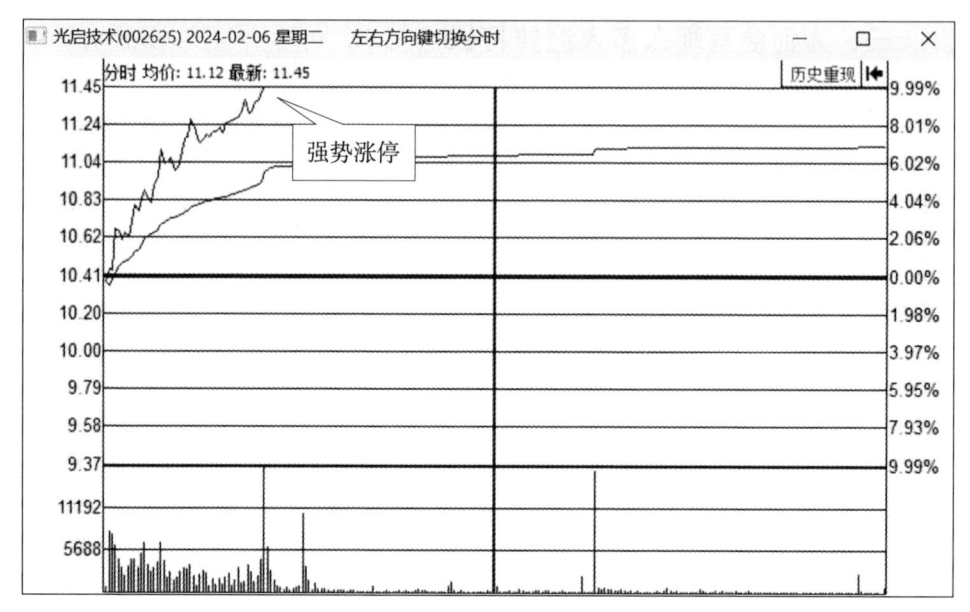

图8-7 光启技术（002625）分时走势图（2024.2.6）

光启技术的股价在2月6日早盘平开后，随着大盘走高的带动发力上攻，到了10点半左右，股价就已经来到涨停板附近。对于投资者来说，如果不能打板抢入该股，就会错失买入强势股的机会，次日可能需要花费更高的价格才能买入。

再来看一下该股的日K线走势图，如图8-8所示。

从图8-8中可以看出，光启技术的股价自2024年2月6日启动反弹，并收出涨停板后，股价连续大幅上攻，并走出了三连板形态。投资者若在2月6日没有入场，相当于白白错过了这波行情。

事实上，在整个市场呈现强势的情况下，封上涨停板就是强势股最显著的特征。投资者如果不愿意打板入场，就会错失这些强势股；反之，一些无力封上涨停板的股票，更多的属于弱势股票，就算拿到手了，也很难有多少利润。

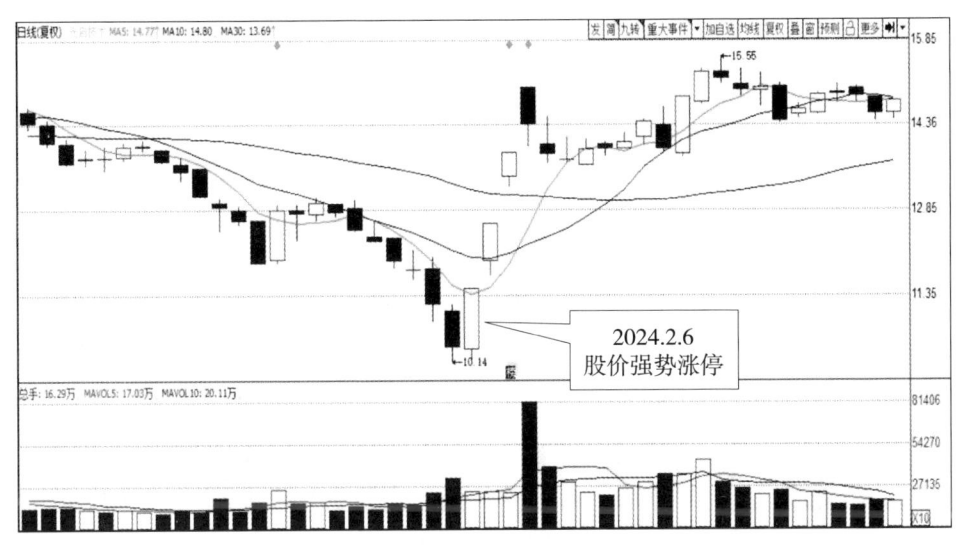

图 8-8　光启技术（002625）日 K 线走势图

2. 下跌行情中的打板交易

在强势趋势中打板交易，对于大多数投资者来说算比较好理解的，但在下跌趋势中打板交易，很多投资者都会感到十分困惑。毕竟在下跌行情中，股价无论如何反弹或拉升，最终到收盘时，大多数还是会下跌。

在下跌趋势中，市场上绝大多数股票都不具备抵抗趋势下跌的能力，因此，最佳的选择还是空仓。如果想要入场交易，那么选择股票非常重要。先来看一下大盘指数在 2023 年 12 月的走势情况，如图 8-9 所示。

2023 年年底，大盘指数呈现单边下跌态势。随着指数的走低，市场上绝大多数个股都出现了下跌走势。但在这种多数股票下行的趋势中，还是会有一些股票逆流而上，发动上攻行情。这类股票就是真正意义上的强势股。而这类股票对抗股价下行的方式就是持续地拉出涨停板，以吸引市场上投资者的关注。

下面来看一下引力传媒的股价走势情况，如图 8-10 所示。

从图 8-10 中可以看出，在大盘指数整体下行的时段，引力传媒却呈现出了逆势上升态势。特别是 2023 年 12 月 13 日，正是大盘指数加速下行的时刻，引力传媒却强势涨停，如图 8-11 所示。

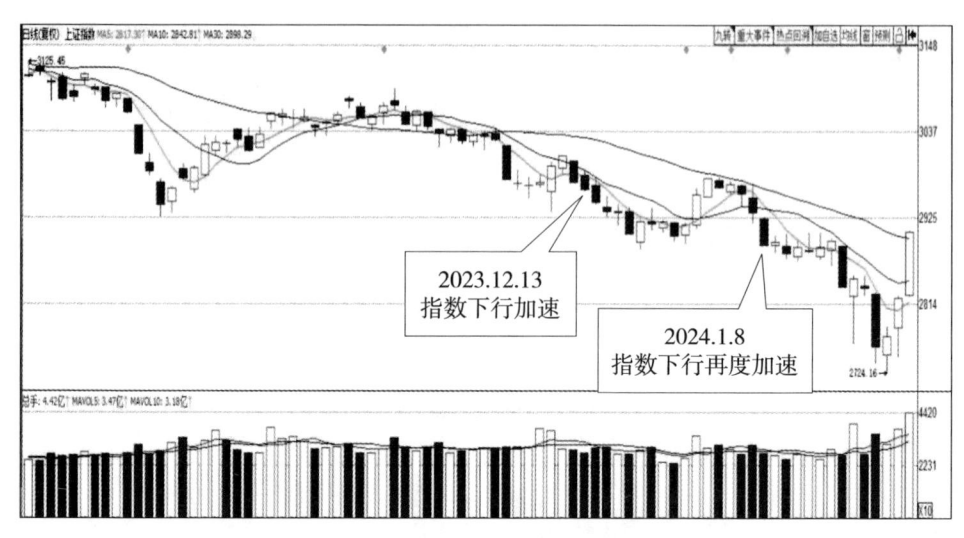

图 8-9　上证指数日 K 线走势图

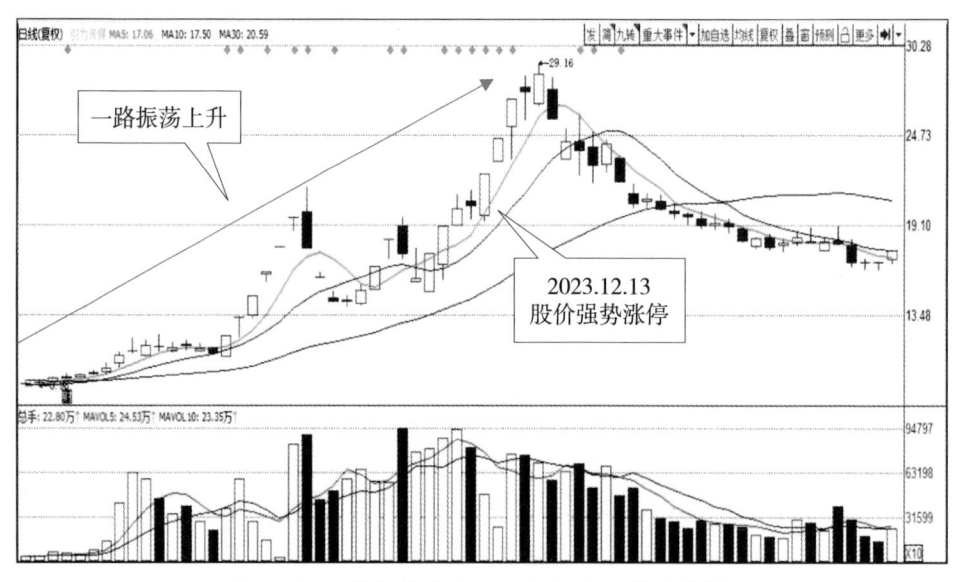

图 8-10　引力传媒（603598）日 K 线走势图

引力传媒的股价在 2023 年 12 月 13 日低开后，迅速走高。因此，给投资者的选择并不多，要么远离这只股票，要么打板买入。该股股价其后的走势也印证了，打板入场的话，能够获得不错的收益。其他股票都在大盘走低的带动下全面下跌，只有引力传媒通过连续的涨停，延续了上攻态势。

第八章 打板思维：实现最大确定性

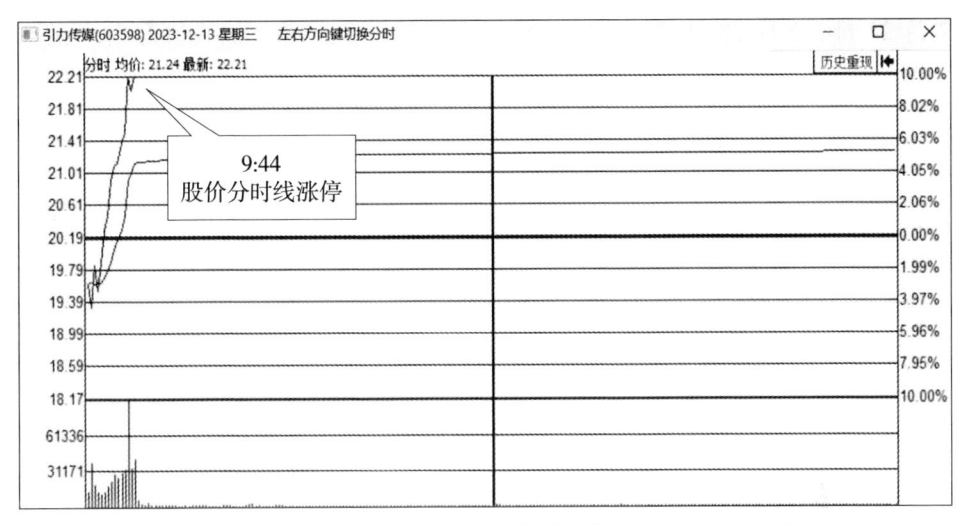

图 8-11 引力传媒（603598）分时走势图（2023.12.13）

四、选择打板就是选择确定性

著名游资"作手新一"在谈及为什么要打板时说：做涨停更有效率更确定，能力不足时需要这些。

几乎所有的游资大佬都喜欢使用打板这一招，就是因为这一招的确定性更高。由于A股执行的是"T+1"交易规则，这就意味着，当日买入的股票要等到次日才能卖出，很多机构专门利用这一规则吸引散户上当，即盘中通过大幅拉升股价吸引散户追涨，而后再反手抛出手中筹码，股价就被打了下来。散户迫于交易规则发现自己判断错误，也无法卖出股票。

但是，涨停板就是另一种情形了。当一只股票封上涨停板的时候，意味着在最高价位置还有大量未成交买盘。这些买盘从理论上来说都可能成为次日股价上攻的推动力量。这也是第一日涨停的股票，次日股价会冲高的原因所在。而选择打板时段入场，就是选择了买入股票当日不会回调（炸板除外），次日冲高的确定性。

下面来看一下标准股份的股价走势情况，如图8-12所示。

从图8-12中可以看出，标准股份的股价在2024年2月出现了一波上攻走势。该股股价在上攻过程中，多次拉出涨停板，比如2月21日、2月26日、

2月27日、2月28日等。观察涨停板之后的一个交易日，股价都出现了冲高走势。

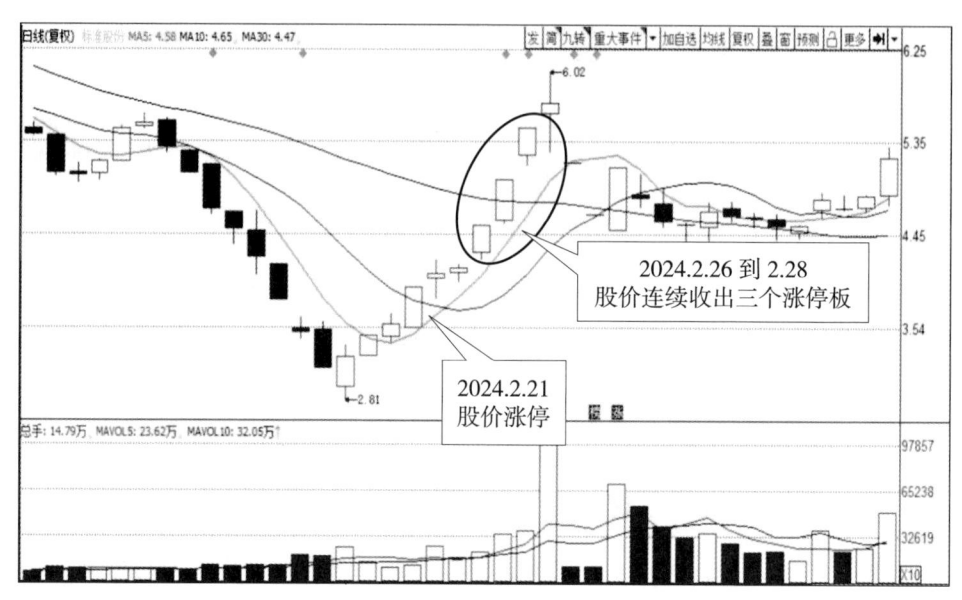

图8-12 标准股份（600302）日K线走势图

来看一下2024年2月29日的分时走势图，如图8-13所示。

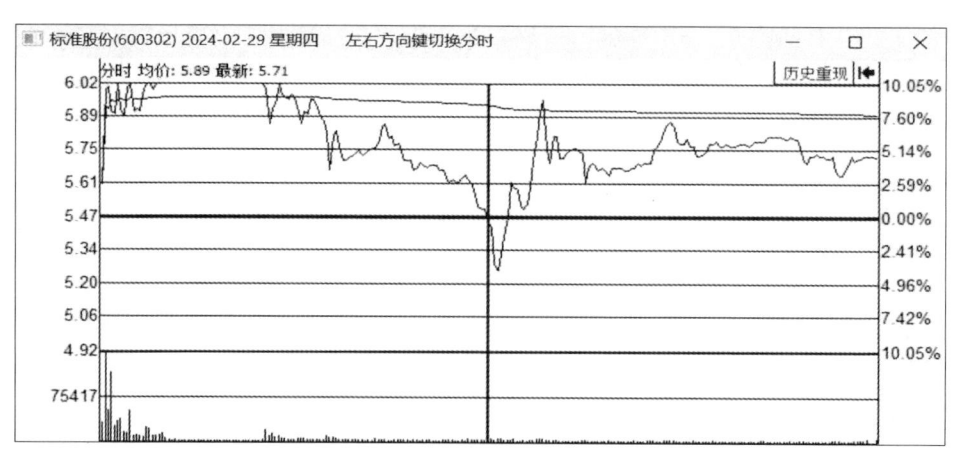

图8-13 标准股份（600302）分时走势图（2024.2.29）

该股股价在2月28日涨停后，2月29日又一次出现了高开高走态势，股价一度到达涨停板位置。投资者若在2月28日打板入场，则应在2月29

日择一高点卖出。特别是股价封涨停板后被砸开之时，更应该及时卖出股票。

打板入场的确定性其实就是高开冲高的这一波涨幅。能涨停最好，如果股价不能涨停或涨停后又打开，则应该立即兑现利润。

第二节　游资经典打板战法

尽管同样属于打板战法，但不同的游资，不同的环境，在应用方面也会有所不同。

一、追涨热点，短线的基本操作

追涨短线热点，是游资的主要操作策略。同样，对于短线交易者来说，这也应该成为主要的盈利策略。事实上，在交易过程中最忌讳的是交易策略的游动，即明明按照短线思路买入了股票，当股价下跌后，又要进行长线持仓。也就是说，在介入股票前，必须明确交易策略，即追逐短线热点，博取的也是短线收益。

归纳游资的操盘路线，有以下几个步骤，投资者可以以此为核心，设置自己的交易体系，也可以根据个人喜好或感觉，在此基础上进行调整。

第一步：判断主流热点。

符合主流热点的强势股，提供了难得的挣钱机会。若有机会上车，千万不要随意下车。即使行情发展弱于预期，也可以等到出现回调少挣一点儿再卖出，这类机会提早卖出，错过的可能是数年中都难以寻找和再遇的机会。由此可见，寻找热点、追踪热点，是操盘的基础。

先判断市场的主流热点在哪个方向，同时也要清楚自己要参与的是主流热点、次主流热点，还是非主流热点。关于主流热点的判断，可以借助沪深两市的涨幅榜来分析。

下面来看一下 2022 年 4 月 29 日的沪深两市涨幅榜，如图 8-14 所示。

序号	代码	名称	现价	涨幅%↓	涨跌	市净率	每股盈利	细分行业	所属行业
1	001228	N永泰运	43.86	+43.99	+13.40	3.18	0.485	物流	物流
2	301162	N国能	57.00	+26.30	+11.87	4.19	0.075	软件开发	计算机应用
3	300117	嘉寓股份	3.34	+20.14	+0.56	13.38	0.110	专业工程	建筑装饰
4	300199	翰宇药业	13.78	+20.03	+2.30	8.12	-0.060	化学制剂	化学制药
5	300049	福瑞股份	19.00	+20.03	+3.17	3.27	0.033	医疗设备	医疗器械
6	301119	正强股份	27.24	+20.00	+4.54	2.75	0.150	汽车零部件	汽车零部件
7	301163	宏德股份	49.30	+17.52	+7.35	3.80	0.250	金属制品	通用设备
8	688529	豪森股份	22.13	+17.28	+3.26	2.51	0.210	其他专用设备	专用设备
9	300408	三环集团	28.80	+16.84	+4.15	3.31	0.260	被动元件	半导体及元件
10	300629	新劲刚	23.32	+16.08	+3.23	2.86	0.250	军工电子	国防军工
11	688800	瑞可达	94.15	+15.52	+12.65	9.66	0.520	其他电子	其他电子
12	301057	汇隆新材	19.33	+15.40	+2.58	3.44	0.110	涤纶	化工合成材料
13	688091	上海谊众-U	110.90	+15.28	+14.70	9.73	0.290	化学制剂	化学制药
14	688110	东芯股份	31.10	+15.19	+4.10	3.50	0.250	集成电路设计	半导体及元件
15	300793	佳禾智能	14.28	+15.16	+1.88	2.12	0.060	消费电子...	消费电子
16	301018	申菱环境	21.38	+14.76	+2.75	3.47	0.150	制冷空调设备	通用设备
17	300356	*ST光一	1.92	+14.29	+0.24	1.05	-0.078	电气自控设备	电力设备
18	688190	云路股份	57.90	+13.69	+6.97	3.72	0.320	其他金属	金属新材料
19	300301	长方集团	2.17	+12.44	+0.24	1.47	0.017	LED	光学光电子
20	300860	锋尚文化	41.50	+12.37	+4.57	1.74	0.650	专业服务	专业服务
21	688697	纽威数控	12.29	+12.14	+1.33	3.10	0.162	机床工具	通用设备
22	301133	金钟股份	21.07	+11.48	+2.17	2.75	0.150	汽车零部件	汽车零部件
23	688269	凯立新材	97.37	+10.98	+9.63	10.79	1.99	其他金属...	金属新材料
24	688046	药康生物	17.59	+10.91	+1.73	3.92	0.074	医疗研发外包	医疗服务
25	688058	宝兰德	57.22	+10.89	+5.62	2.37	0.360	软件开发	计算机应用
26	300093	金刚玻璃	29.38	+10.83	+2.87	22.64	-0.145	玻璃玻纤	建筑材料
27	688272	富吉瑞	22.93	+10.67	+2.21	2.63	-0.220	军工电子	国防军工
28	688111	金山办公	175.94	+10.66	+16.95	10.12	0.544	软件开发	计算机应用
29	300876	蒙泰高新	20.83	+10.56	+1.99	2.43	0.158	其他纤维	化工合成材料
30	688006	洁特生物	50.37	+10.56	+4.81	5.18	1.73	其他塑料制品	化工合成材料
31	300969	恒帅股份	48.59	+10.38	+4.57	4.75	0.400	汽车零部件	汽车零部件
32	688575	亚辉龙	32.36	+10.29	+3.02	6.40	1.26	体外诊断	医疗器械
33	300452	山河药辅	15.11	+10.29	+1.41	4.05	0.190	原料药	化学制药
34	688590	新致软件	13.34	+10.25	+1.24	2.10	0.780	软件开发	计算机应用
35	600162	香江控股	2.26	+10.24	+0.21	1.05	0.012	住宅开发	房地产开发
36	002486	嘉麟杰	2.59	+10.21	+0.24	2.24	0.003	其他纺织	纺织制造

图 8-14　沪深两市涨幅榜（2022.4.29）

借助之前讲解的寻找热点的方法，结合图 8-14 可以看出如下几点。

第一，图 8-14 所示的涨停板为第一页面的数据，也就是说，当日涨停股票数量众多，超过 200 只个股涨停。这也就意味着，当日股市走势极强，整个市场做多气氛较浓。

第二，从上榜企业的行业或概念分布来看，相对比较分散，如军工电子、汽车零部件、计算机软件等。说明当日股市已经呈现百花齐放的态势，这是一种市场强劲的体现。当然，从另一个角度来看，市场热点没有集中于一两个特定板块，这对于寻找主流热点并不是好事。

第三，寻找那些在早盘开盘后不久就进入涨停位附近的股票。一般来说，封住涨停的时间越早越好。若之前几个交易日板块内个股已经出现多个涨停板，且当日多只个股封住涨停板或即将封住涨停板，则属于强势板块，可以考虑追涨。

第二步：试错。

试错的核心，就是轻仓买入。千万不要以为自己发现了一个金矿而全仓杀入，也不要因为自己轻仓买入错过很多利润而懊恼。在市场上，机会有很多，但资金并不是随时都有。大家要清楚，若利润能够每周增加1%，都是了不得的事情。因此，保护本金安全，才是投资的第一要务。

在具体买入时，一定要争取介入主流热点中的大龙头品种。大龙头介入的机会稍纵即逝，若无法及时介入，买入二龙头也可以收获一定的利润。对于次级主流热点，若机会好也可以重仓参与，对于非主流热点，若要参与，需考虑在次日及时退出。热点排名越靠后，持续性越容易不足。

第三步：确认后加仓。

此步骤是短线盈利的关键。只有在试仓产生盈利的基础上，才能进一步追加仓位。当然，也可以主力拉升至高点时，将试仓买入的股票卖出。总之，必须要在试仓产生盈利后才加仓。

试仓产生利润，说明先前的判断是正确的，否则说明判断错误。在操作中，最忌讳一点：试仓出现亏损后，仍然坚定地看好这只股票，并认为是自己介入的良机（毕竟买入成本降低了），于是加仓买入。其实，很多短线交易者的亏损都是这么形成的。

第四步：卖出。

一般来说，当股价上攻的势头一旦出现停滞，投资者就应该离场观察了。这也是让大家分批入场、滚动交易的原因。由于A股市场是"T+1"交易制度，所以要尽可能保证自己容易离场。对于先前连续涨停的个股，一旦涨停板无法回封，就应该坚决离场。大家回顾一下顶级游资的交易可以发现：这些顶级游资也不是神仙，他们也会判断错误，也会买在高点。但这些游资和散户相比，有一点做得特别好，即行情于己不利时，会坚决离场，而不是持仓观望。他们宁可先离场，再观望；宁可错过一段上升幅度，也不愿意坐以待毙。

最后说一句：如果你没能及时把握第一波热点行情，也可以接着重点关注这一板块，待第二波行情起来时，再杀入。

二、游资经典打板术1：涨停打板

前些年，"宁波涨停敢死队"曾经成为游资的代名词，也是游资领域极具代表性的一股力量。时至今日，涨停打板已经成为游资领域最重要的入场方式了。通过前面介绍的几路游资的操作手法，大家也可以发现，这几路游资几乎都有涨停打板入场的操作。

很多时候，尤其是资金实力相对较弱的游资，在涨停板附近入场相对更保险一些，毕竟抢入的股票之前大多已经有了一定的涨幅，若能再度拉升至涨停位附近，就说明市场情绪仍旧较高，此时入场，只需再给其加一把火，就能将这股情绪推向更高的高点，何乐而不为呢？

在具体操作层面有如下几个要点。

第一，下方要有承接盘。即股价拉升回调时，下方立即会有大量买盘出现，这是承接能力强的表示，也是游资可以入场的信号。

第二，不见涨停位不入场。当然，游资可以在股价即将达到涨停板时抢入，而若普通投资者想要参与炒作，一定要等到涨停位才能入场。事实上，这类股票往往是越早入场风险越大，到达涨停位再入场，风险相对要小一些。

下面来看一下因赛集团的案例，如图8-15所示。

因赛集团的股价在早盘平开后经过一波小幅振荡后直线拉升，成交量急剧放大。"低位挖掘"（国泰君安宜昌珍珠路证券营业部）等知名游资在涨停板附近疯狂抢入。这就属于典型的涨停打板抢入打法。

从盘后龙虎榜数据可以看出，还有其他游资参与了该股的涨停打板抢筹，如图8-16所示。

从当日因赛集团龙虎榜数据可以看出，不仅"低位挖掘"参与了抢筹，另一知名游资"山东帮"（东海证券厦门嘉禾路证券营业部）也参与了该股的抢筹。这说明这些游资都非常看好该股其后的走势。

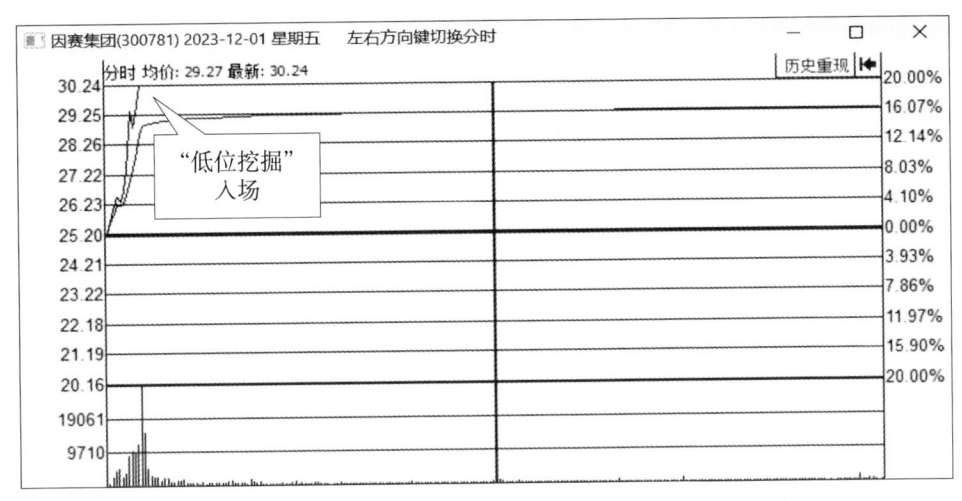

图 8-15　因赛集团（300781）分时走势图（2023.12.1）

图 8-16　因赛集团（300781）龙虎榜数据（2023.12.1）

三、游资经典打板术 2：快速涨停第一板

快速涨停第一板的股票，即股价长期未出现涨停板后，走出来的第一个涨停板，且涨停时间较早，一般在开盘半小时内实现涨停的股票。当然，这类股票需要将前期经历过大幅炒作的股票排除掉。很多前期经历了大幅炒作的股票，也可能在沉寂一段时间内收出涨停板，但这种涨停板往往带有很大

的诱多性质。

打板快速涨停第一板的好处有如下几点。

第一，前期获利盘小，相对而言，即使出现回撤，幅度也不会太大。

第二，一旦成功实现连板，后期获利巨丰。

第三，次日出现惯性冲高的概率很大。

快速涨停第一板的操盘要点如下。

第一，股价经过一段时间的振荡后，在某一交易日突然大幅拉升。若股价大幅拉升前，出现了"挖坑"走势更佳。

第二，股价从开始大幅拉升到涨停，用时非常短，说明资金做多态度非常坚决，没有任何犹豫。

第三，股价大幅拉升时，市场开始流传关于该股票的利好消息，则可能会为股票带来一定的助涨效应。

事实上，很多游资都偏好打首板。下面来看一下顺威股份的案例，如图8-17所示。

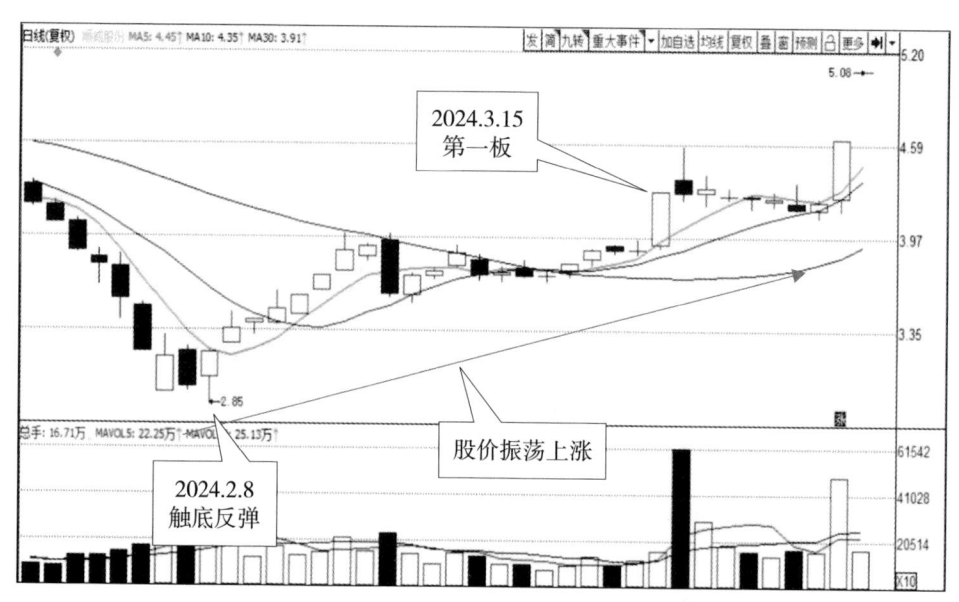

图8-17 顺威股份（002676）日K线走势图

顺威股份的股价在2023年年底到2024年年初的一段时间内呈现了单边

第八章 打板思维：实现最大确定性

下跌态势。

2024年2月8日，该股股价在大盘向好的带动下，出现了触底反弹走势。此后，该股股价一路小幅振荡上扬。

3月15日，在市场大幅炒作飞行汽车概念的刺激下，顺威股份的股价在开盘不久后就封上了涨停板，如图8-18所示。

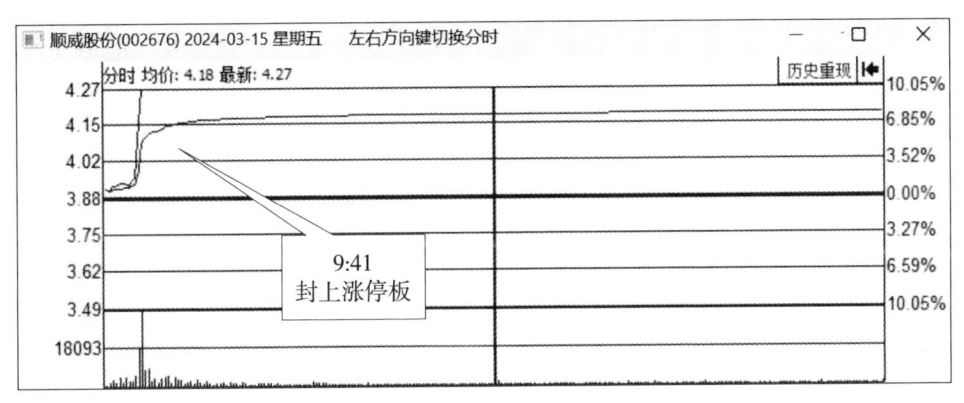

图8-18 顺威股份（002676）分时走势图（2024.3.15）

从图8-18中可以看出，2024年3月15日，顺威股份在早盘开盘10多分钟的时间里，经过一波拉升就封上了涨停板，说明资金做多该股的态度非常坚决，也反映了资金对其后市的看好。想要打板的投资者应该第一时间入场抢筹。

此后，该股股价出现了一波振荡上升走势。

四、游资经典打板术3：龙头分化打板

前面多次提及游资大佬"赵老哥"的那句"一个板是看不出什么龙头股的。三个板后，股票开始分化，龙头股才会显身。"

一般来说，龙头分化打板操作需要注意以下几点。

第一，在概念炒作初期，同一概念板块内应该有多只涨停股，这说明市场对该概念的认可，同时大家也对哪只股票是大龙头没有准备。

第二，热门概念启动第二日，先前涨停的股票，很多没能二度封板，说明市场已经开始有所选择了，毕竟要想让龙头股走得远，资金必须集中火力才行。

第三，热门概念启动第三日，热门概念股票进一步分化，通常来看，同一概念内的股票已经不超过3只，甚至只有1只了。当然，这并不意味着这一概念内只有1只股票涨停，事实上，该概念内可能还有其他股票出现涨停的情况，只是三连板的股票没有几只了。这时候龙头股基本显身。

第四，通常来说，龙头股在第三个或第四个涨停板附近也会出现大幅振荡，这是资金产生分歧的标志。很多场内资金获利流出，场外资金继续看好该股入场买入，成交量放大是其显著标志。另外，在很多游资大佬看来，没有经过放量检验的龙头，都不能成为真正的龙头。而这一放量阶段也是投资者判断龙头股的试金石。股票若能在放量振荡后继续回封涨停，就可以认定该只股票很可能就是引领股价上行的真正龙头股。

比如，2023年11月新能源汽车概念以及与之相关的汽车零部件概念成为市场热炒的概念。我国最近几年正在大力发展新能源汽车产业，而且新能源汽车已经颇具国际竞争力，这也使得该概念常常成为市场反复炒作的热门概念。2023年11月10日，新能源汽车概念以及汽车零部件概念炒作再起波澜，银宝山新、东风汽车、海马汽车、东安动力、福然德等多只同概念股票收出涨停板。

到了11月13日（11月11日和11月12日周末休市），能够成功实现两连板的股票只剩下银宝山新和海马汽车了。

先来看一下银宝山新在11月13日的分时走势图，如图8-19所示。

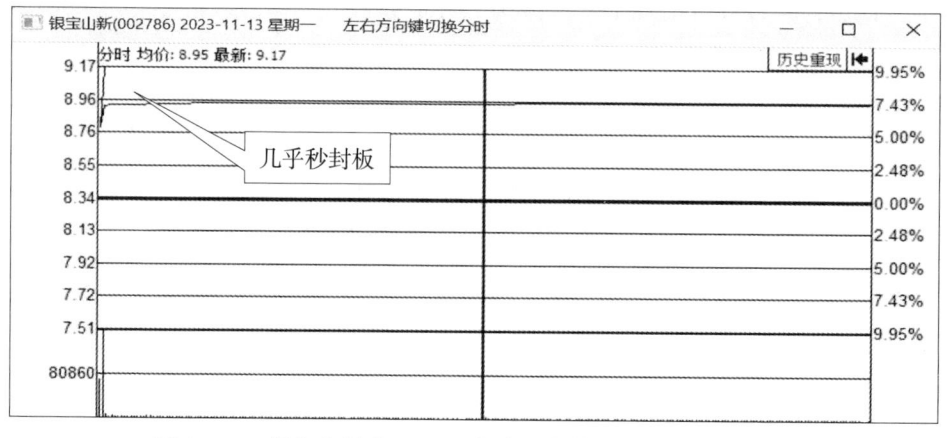

图8-19　银宝山新（002786）分时走势图（2023.11.13）

第八章 打板思维：实现最大确定性

从银宝山新 2023 年 11 月 13 日的分时图中可以看出，该股股价几乎是在开盘后秒封涨停板，从中也可以看出市场资金对其追捧的程度。

再来看一下海马汽车的分时走势情况，如图 8-20 所示。

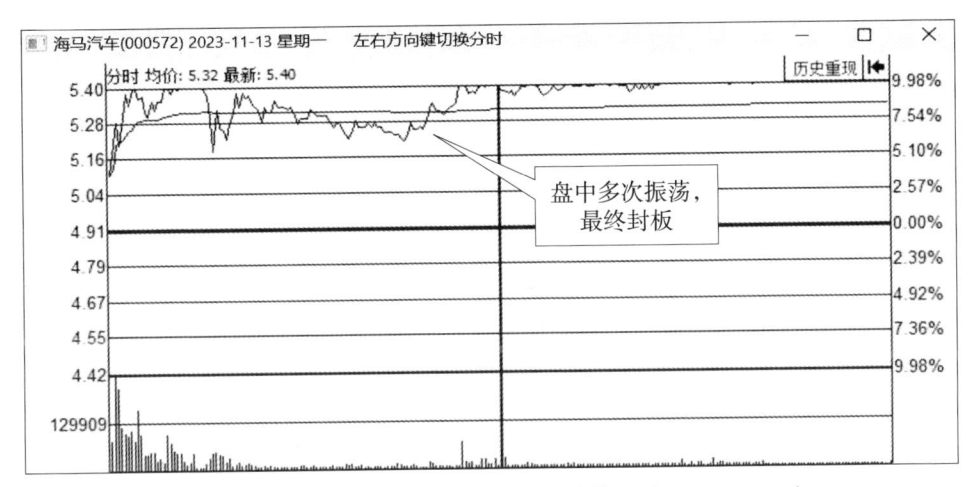

图 8-20 海马汽车（000572）分时走势图（2023.11.13）

从图 8-20 中可以看出，海马汽车的股价在盘中多次振荡，但最终还是封上了涨停板，只是封板不太牢靠，封板时间有点晚。相比较而言，肯定不如银宝山新更为干脆。再来看一下 11 月 14 日这两只股票的走势情况。

先来看一下银宝山新的走势，如图 8-21 所示。

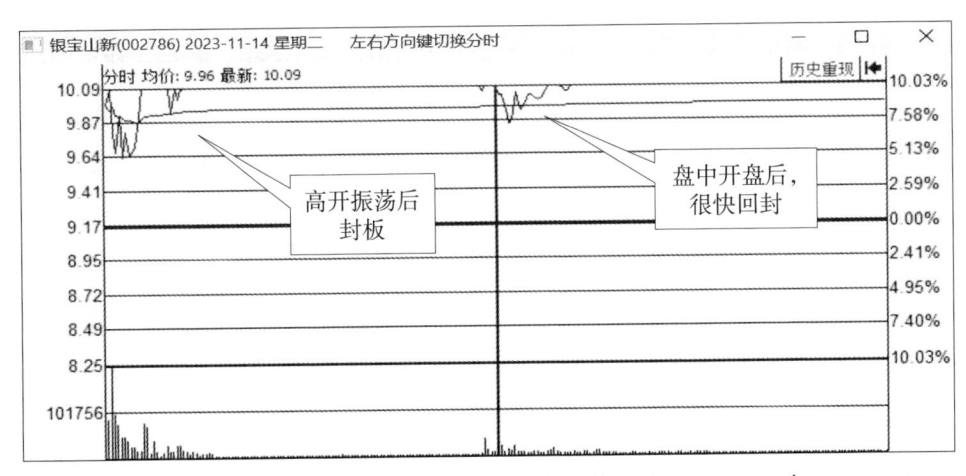

图 8-21 银宝山新（002786）分时走势图（2023.11.14）

银宝山新的股价在 11 月 14 日高开后，经过一波振荡，在半个小时左右的时间内成功封板，成交量也同步放大了很多。在午盘时段，该股的封板一度被砸开，但很快又回封了。说明此时资金分歧较为严重，很多获利盘出逃了。但该股仍能迅速回封涨停板，说明市场对该股的走势仍是十分认可的。

再来看一下海马汽车的股价走势情况，如图 8-22 所示。

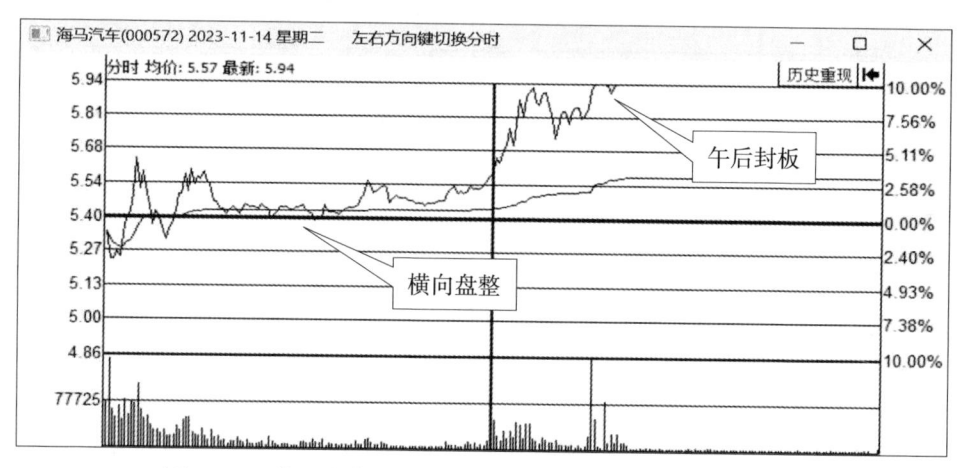

图 8-22　海马汽车（000572）分时走势图（2023.11.14）

从图 8-22 中可以看出，海马汽车在 1 月 14 日开盘后，一直呈现横向振荡态势，到了下午时段，在银宝山新重新封板的带动下，才再度起涨，并最终封上涨停板。

从两只股票的走势来看，海马汽车几乎每天都处于跟随状态，都是在银宝山新封板后才涨停的。银宝山新成为龙头股的概率要远远大于海马汽车。

到了 11 月 15 日，海马汽车没能延续封板节奏，而银宝山新再度高开高走迅速封板，如图 8-23 所示。

从图 8-23 中可以看出，银宝山新在 11 月 15 日大幅高开后，在 1 分钟内就完成了封板操作。至此，此波龙头就真正显身了。想要打真正的龙头板的投资者就应该在 11 月 15 日股价高开之日，第一时间迅速跟进买入该股。

该股股价此后又连续收出多个涨停板，如图 8-24 所示。

第八章　打板思维：实现最大确定性

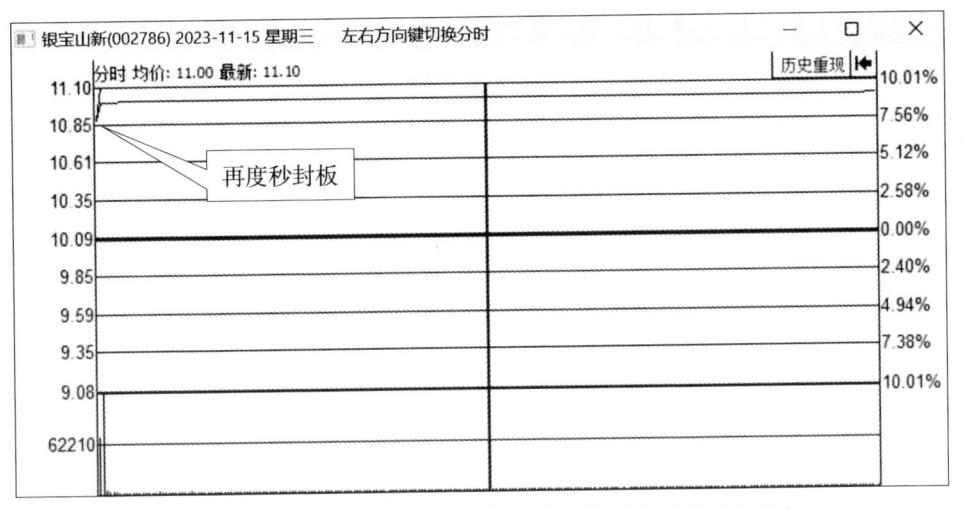

图 8-23　银宝山新（002786）分时走势图（2023.11.15）

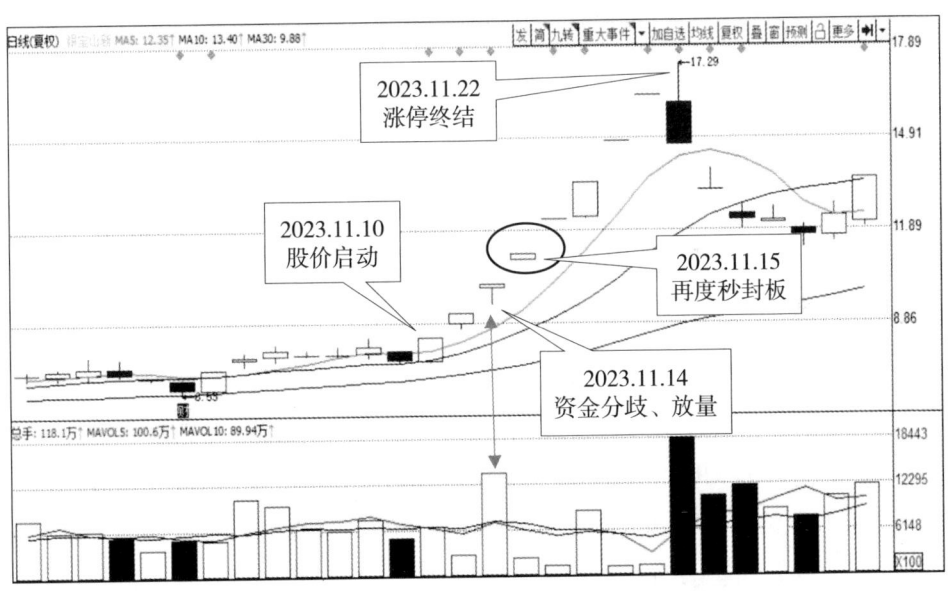

图 8-24　银宝山新（002786）日 K 线走势图

从图 8-24 中可以看出，银宝山新的股价自 2023 年 11 月 10 日启动，开始大幅上攻，并在 11 月 14 日收出第三个涨停板。在 11 月 14 日涨停过程中，股价出现了较大幅度的振荡，成交量同步出现了明显放大，这是资金分歧的标志，也是一只股票成为真正龙头股所必须经过的一个"坎"，只有经历了成交量放大的考验，才能成为真正的龙头股。

到了 11 月 15 日，该股股价再度大幅高开，意味着龙头股的上攻已经开始提速，想要打板入场的投资者，当日就是最佳时机。

第三节　游资打板实操案例

同样的打板思维，不同的游资会有完全不同的操作方式。当然，这种操作方式除了与游资本身的特征有关，也与市场环境、个股的热度等有直接的关系。

一、赵老哥：超短线打板获利

在游资圈，"赵老哥"绝对是一个风云人物，市场上也有很多投资者喜欢追随"赵老哥"运作的股票。"赵老哥"本名赵强，2015 年其操作中国中车大获成功，成就了"八年一万倍"的神话。

由于普通投资者获得的信息带有一定的滞后性，因此在追踪时，应该尽可能研究其操盘方法和思路，而非具体操作的个股，以免被套。

春晖智控的股价自 2021 年 11 月 22 日强势涨停，并出现了一波小幅上升趋势，如图 8-25 所示。

2021 年 11 月 19 日，春晖智控的股价拔地而起，并一举突破了多条均线。此后，该股股价连续出现大幅拉升。从龙虎榜数据来看，11 月 22 日"赵老哥"开始强势登榜。其实，11 月 19 日"赵老哥"常用的中国银河证券绍兴证券营业部就已经开始买入了。

不过，尽管该股涨幅并不理想，并没有成为大牛股，但"赵老哥"的短线交易还是收获颇丰，其具体交易记录如表 8-1 所示。

第八章 打板思维：实现最大确定性

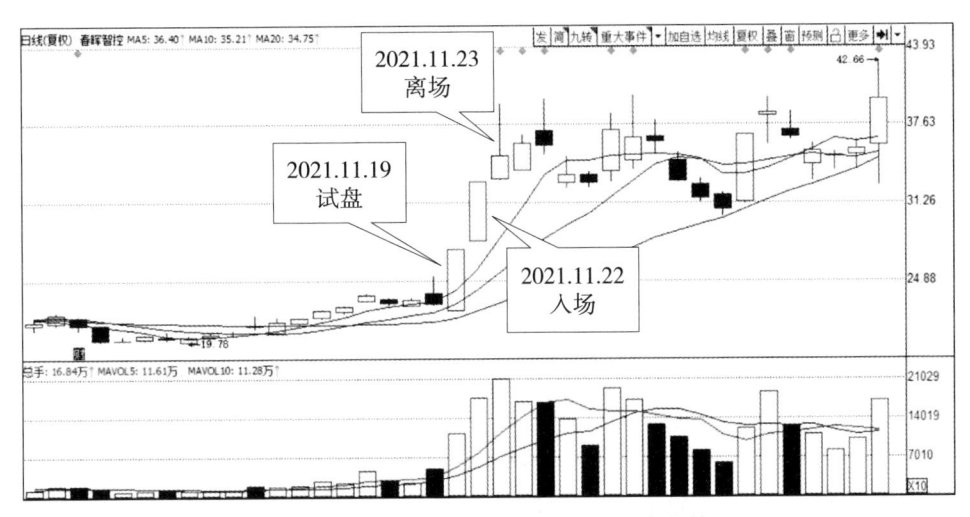

图 8-25 春晖智控（300943）日 K 线走势图

表 8-1 春晖智控龙虎榜数据

日期	买入金额（万元）	卖出金额（万元）
2021.11.22	1471.35	65.91
2021.11.23	5.33	1800.22

对照"赵老哥"的交易记录以及春晖智控的股价走势，可以发现以下几点。

第一，这是一次非典型的超短线交易，从入场到离场也就三个交易日。不过，这三个交易日却实现了较高的投资收益。

第二，从 K 线图上来看，11 月 19 日春晖智控出现第一个涨停板，"赵老哥"买入的量并不大，从第二天卖出金额来看，很可能就是 65 万元左右。这是一次试盘行动。也就是说，在第一个涨停板出现时，"赵老哥"也不能确认股价是否会继续上攻，所以只进行了少量试盘。

第三，11 月 22 日该股股价再度涨停，"赵老哥"使用的营业部买入了不到 1500 万元的股票，将前一交易日试盘的股票卖出了。从买入金额来看，赵老哥此时只是试探性建仓。

第四，11 月 23 日该股股价冲高涨停未果。"赵老哥"在高位直接出货，放弃了该股（卖出 1800.22 万元）。

通过交易金额可以看出，尽管赵老哥持仓时间很短，但收益率还是非常高的，可能在20%左右。

通过"赵老哥"操作春晖智控的过程可以发现以下几点。

第一，没有人能够准确预知股价的走势，即使顶级游资也一样。因此，试盘后只是入场了很少一部分资金，还没有进行二批次、三批次入场，行情就结束了。

第二，行情在第三个交易日就告一段落，"赵老哥"的操盘非常干脆，直接清仓了事，没有再等待下一步行情。

第三，从利润盈亏比来看，短短三个交易日，盈利可能达到20%，这是相当高的数字，但绝对值并不是很高。若第三个交易日股价能够涨停，相信"赵老哥"还会再度买入，只是股价没有达到涨停板，所以他在卖出股票后没有继续执行买入操作。

二、上海溧阳路：强攻第二波

中信证券上海溧阳路证券营业部（简称"上海溧阳路"）是一个游资聚集的营业部，据说有多位游资使用该营业部的席位。

浙江建投的股价自2022年2月7日强势涨停，并正式进入大幅上攻趋势，如图8-26所示。

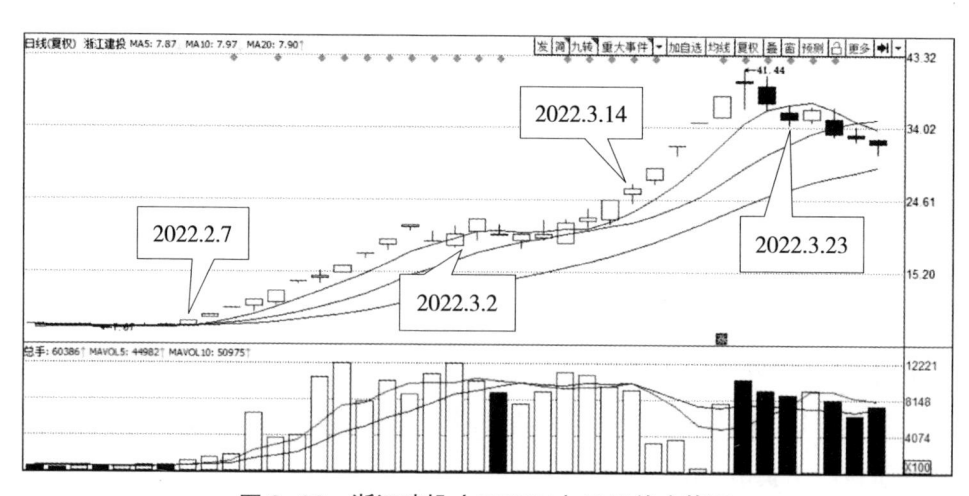

图8-26 浙江建投（002761）日K线走势图

2022年2月7日，浙江建投的股价以涨停方式迎接春节后的第一个交易日。此后，该股股价连续拉出多个涨停板，龙头风采尽显。

到了2022年3月初，浙江建投的股价出现了振荡调整，"上海溧阳路"就是在此阶段介入该股的。该股随后又发动了新一波上涨，并在3月20日前后进入顶部区域。从操作记录来看，"上海溧阳路"应该在3月23日全部清仓了该股，获利颇丰。其具体交易记录如表8-2所示。

表8-2 浙江建投龙虎榜数据（上海溧阳路）

日期	买入金额（万元）	卖出金额（万元）
2022.3.2	4385.94	9.36
2022.3.4	2160.86	1319.42
2022.3.14	538.01	4493.97
2022.3.23	192	15925.4

对照"上海溧阳路"的交易记录以及浙江建投的股价走势，可以发现以下几点。

第一，在浙江建投第一波上攻走势中，"上海溧阳路"并没有参与进来，在股价进入调整阶段后才入场，这说明即使是顶级游资，也不能确保第一时间发现牛股或强势股。也就是说，牛股或强势股是市场的选择，而非某游资刻意而为。从操作上来讲，"上海溧阳路"的操作属于典型的接力操作。

第二，在3月2日的龙虎榜上，"上海溧阳路"首次出现，并强势买入了4385.94万元，成本价应该不会超过21元。3月3日，该营业部没有登上龙虎榜，也就意味着该营业部的操作力度较小，买入与卖出金额应该不超过2100万元（龙虎榜最低买入金额为2192万元，最低卖出金额为2030万元）。结合后面的操作来看，该营业部当日卖出金额应该较少，买入金额可能接近2000万元。

第三，3月4日，该股振荡走低，并封于跌停板，该营业部仍买入（2160.86万元）多于卖出（1319.42万元）。这说明该营业部强烈看好该股，并且已经深度建仓布局。这与其他几个顶级游资的操作思路有所不同，其实这也是资金实力的体现。

第四,3月14日,股价在3月13日涨停的基础上再度冲击涨停失败,该营业部直接卖出了4493.97万元,获利较好。从后面的龙虎榜数据来看,应该还有相当一部分底仓。

第五,该营业部其后一直到3月23日之前都没有出现在龙虎榜上,意味着该营业部即使有交易活动,金额也相对较少。3月23日,该营业部一次性卖出约1.59亿元。这应该是典型的清仓操作,将该只股票的底仓全部抛出了。

从该股的走势来看,"上海溧阳路"的操作应该获利颇丰,3月23日清仓点的掌控也比较到位。

三、首板挖掘：风格偏向首板

从名字就可以看出"首板挖掘"的大致操作风格。当然,这并不意味着该游资只做首板,其他涨停板也会做,只是比较倾向于首板。在操盘过程中,"首板挖掘"比较偏重于快进快出的打法,一般都是当日进次日出的超短线操作模式。喜欢或者说善于做首板的游资不只有"首板挖掘",其实很多游资都喜欢抢入首板。

下面来看一下"首板挖掘"操作福晶科技的案例,如图8-27所示。

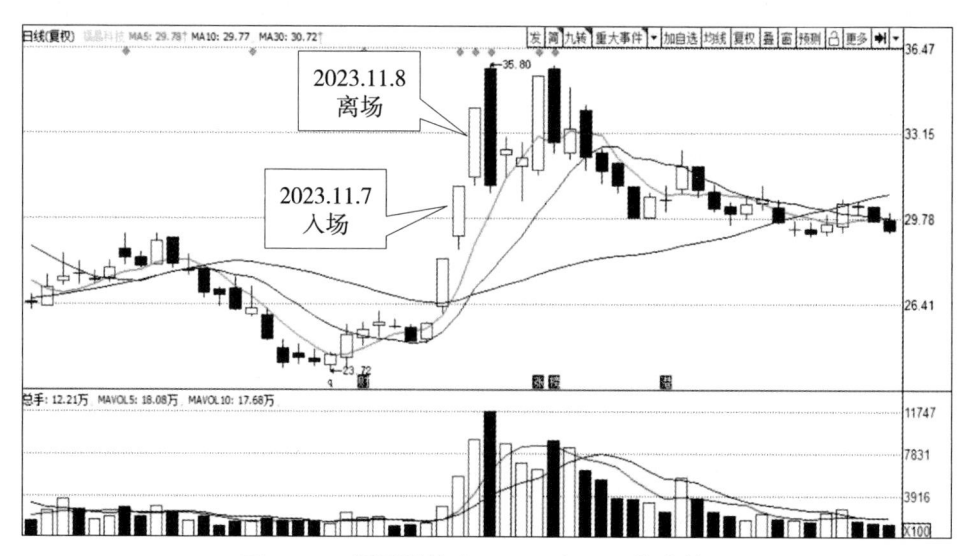

图8-27 福晶科技(002222)日K线走势图

2023年11月上旬,华为概念出现了一波炒作行情(事实上,最近几年华为概念曾掀起多轮炒作行情)。福晶科技作为华为概念股,在11月6日强势涨停。11月7日,"首板挖掘"强势入场,买入了3136万元;次日,该股股价再度高开高走,"首板挖掘"卖出了3205万元。也就是说,游资"首板挖掘"只拿了一个交易日,就将股票全部出清了。这也是其操作风格最典型的表现。

四、炒新一族:偏好新股一字板

"炒新一族"属于典型的新生代游资,自2017年开始活跃于股市,并频繁现身于龙虎榜。其操作风格与各路游资也比较相似,只是相对更喜欢参与新股的炒作,特别是在逆市的环境下,多数股票出现杀跌走势时,其交易更为活跃。

下面来看一下游资"炒新一族"操作永顺泰的案例,如图8-28所示。

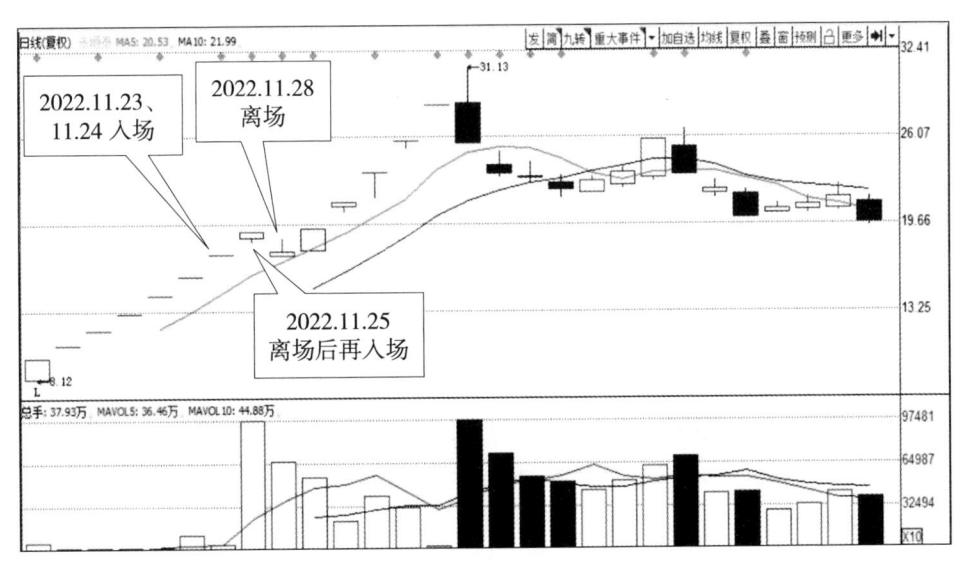

图8-28 永顺泰(001338)日K线走势图

永顺泰的股价自2022年11月16日上市后连续走出多个一字板。前期的一字板,股票的成交量极为稀少,很多游资想要入场都没有机会。

2022年11月23日和11月24日,游资"炒新一族"才得到入场机会。

两个交易日，"炒新一族"共买入了1577万元。

11月25日，"炒新一族"将先前买入的1950万元股票全数卖出，盈利370万元；接着又买入了3129万元。

11月28日，永顺泰的股价低开冲高后回落。"炒新一族"选择了清仓操作，卖出了2998万元，对比先前买入的3129万元，亏损为131万元。

整个交易过程，先盈利后亏损，整体盈利200多万元。其实，这就是游资操盘的真实写照。他们并不会每笔交易都盈利，但整体上可以维持盈利的格局，再通过复利效应将自己的资金量滚大。

喜欢抢入新股一字板，是游资"炒新一族"的一个显著标签。同时，他也比较喜欢在弱市格局中交易次新股。

五、炒股养家：引领补涨行情

"炒股养家"是最近几年众多知名游资中比较活跃的一个，其使用的营业部有多个，有一些已经公开，其中以华鑫证券上海茅台路证券营业部最为知名。"炒股养家"的打法也比较简单、直接，都是以短线交易为主，其在2024年3月中旬操作英利汽车就是比较有代表性的一个案例。

英利汽车是一家从事汽车零部件生产和制造的企业，主营业务涉及车身结构零部件及防撞系统零部件的设计、研发、制造及销售等，因而该股也带有一定的新能源汽车色彩。

自2023年10月开始，新能源汽车概念被市场反复炒作，多只新能源汽车概念股都出现了较大幅度的上涨。鉴于新能源汽车热度仍在，游资每隔一段时间就会进一步挖掘没有出现大幅上涨的股票，英利汽车就是其中之一。

英利汽车的股价自2024年3月12日强势涨停，并顺势走出了连续上攻趋势，如图8-29所示。

英利汽车的股价在2024年3月中旬以前，一直呈横向盘整走势。3月12日，该股股价在新能源概念走强的影响下，直线拉升至涨停板。"炒股养家"常用的华鑫证券上海茅台路证券营业部从当日开始介入，其交易记录如表8-3所示。

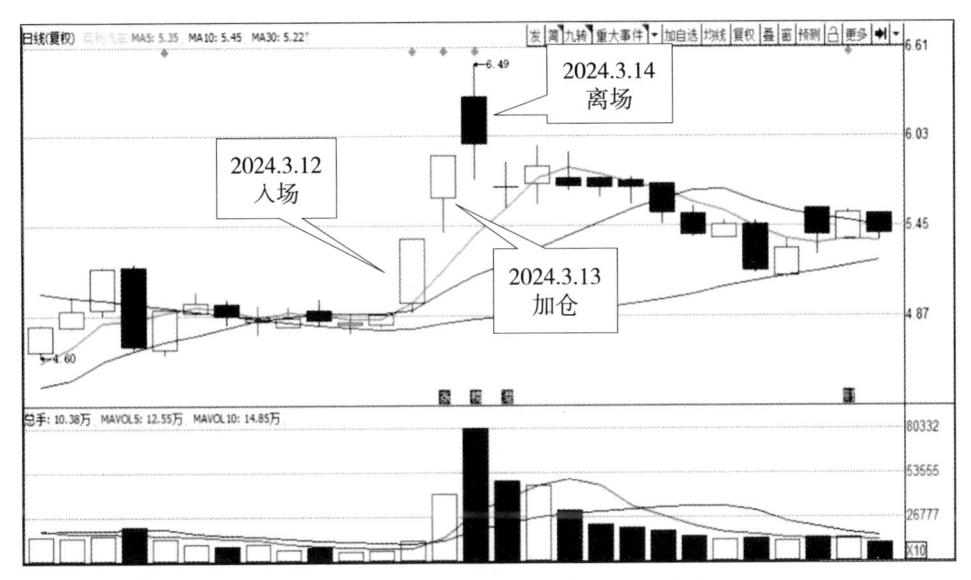

图 8-29 英利汽车（601279）日 K 线走势图

表 8-3 英利汽车龙虎榜数据

日期	买入金额（万元）	卖出金额（万元）
2024.3.12	994.84	0
2024.3.13	998.45	745.76
2024.3.14	0	1377.95

对照华鑫证券上海茅台路证券营业部的交易记录以及英利汽车的股价走势，可以发现以下几点。

第一，从"炒股养家"的操作来看，整个过程如行云流水，在上攻的初始阶段入场，并在股价大幅拉升出现乏力时撤出。追求股价上升初期的利润，而非后期利润，可以将风险控制在较低的水平。当然，这也存在股价涨幅不达标，筹码难以兑现的风险。因此，试盘就是游资必不可少的步骤。

第二，3月12日，英利汽车强势涨停，"炒股养家"介入了该股，买入994.84万元。3月13日，该股开盘后经过一波振荡，先是卖出了745.76万元（并未全部卖出）；开盘1个小时，股价很快再度封板，"炒股养家"再度买入998.45万元。

第三，3月14日，英利汽车的股价开盘后一度冲击涨停板，但很快涨停板被砸开，"炒股养家"坚决出逃，清仓卖出。整个交易过程获利约130万元，还是非常不错的收益。

对于游资来说，由于资金量较大，如何安全地将资金撤出，是比捕获涨停板更为优先的事项，而"炒股养家"对出货时机的把握非常到位。